KB195692

사 물 의 투 명 성

사물의 투명성

1판 1쇄 발행 2025년 1월 23일

지은이   루퍼트 스파이라
옮긴이   김주환
펴낸이   박선영

편집   양은하
영업관리 박혜진
마케팅   김서연
디자인   씨오디
발행처   퍼블리온
출판등록 2020년 2월 26일 제2022-000096호
주소   서울시 금천구 가산디지털2로 101 한라원앤원타워 B동 1610호
전화   02-3144-1191
팩스   02-2101-2054
전자우편 info@publion.co.kr

ISBN   979-11-91587-76-0 03190

경 험 의 본 질 을 관 조 하 다

사물의 투명성

The Transparency
of Things

루퍼트 스파이라 지음
김주환 옮김

퍼블리온
Publion

이 책은 나의 동반자인 엘런과

나의 친구이자 스승인 프랜시스 루실에 대한

감사와 사랑의 마음을 담아 썼습니다.

존재하는 것은 결코 없어지지 않는다.

존재하지 않는 것은 결코 생겨나지 않는다.

———

파르메니데스Parmenides

이 책의 제목은 『사물의 투명성』이지만, 단순히 '사물'에 관한 이야기가 아닙니다. 그보다는 세상 만물을 인식하는 인식 주체로서의 의식에 관한 것이고, 우리 자신과 세상을 경험하고 존재하는 방식에 대한 깊은 탐구서입니다. 이 책이 주로 다루는 것은 사물의 본질이 아니라, 사물과의 관계를 통해 드러나는 의식의 본질입니다. 의식Consciousness이 세상 만물과 상호작용하며 그것들을 어떻게 경험하고 이해하는지에 대해 탐구합니다. 따라서 경험에 관한 것이면서 동시에 의식에 관한 이야기입니다.

이 책은 경험의 대상이 사물이라면 그 경험의 주체는 의식이며, 이 두 가지는 본질적으로 하나로 연결되어 있다는 점을 강조합니다. 여기서 말하는 '사물'은 몸, 마음, 세상의 모든 것을 일컫습니다. 이러한 사물들이 투명하다는 것은 존재하면서도 존재하지 않는다는 뜻입니다.

무엇인가를 인식할 때 우리는 '나'라는 관념을 갖게 됩니다. 즉, "내가 인식한다"는 관념을 지닌 것이 곧 의식입니다.

저자가 거듭 강조하는 것은, 의식과 그 대상은 '하나'라는 사실입니다. 의식에 의해서 대상적 경험이 창조되며, 모든 대상적 경험은 의식 안에서 이루어진다는 것입니다. 세상 만물은 의식을 향해 있다기보다는 의식 속에서 존재합니다. 이것이 불이론의 핵심입니다.

이 책에서 스파이라는 불이론Non-Dualism의 관점을 가능한 한 알기 쉽게 설명하고 있습니다. 현학적인 개념을 동원하지 않고 일상적이고도 평범한 언어로, 그러나 비범하고도 아름답게 설명합니다. 만약 그의 설명이 어렵게 느껴진다면, 그것은 아마도 저의 미숙한 번역 탓일 가능성이 큽니다.

불이론不二論은 말 그대로 "둘이 아니다"라는 뜻입니다. 그렇다면 그냥 일원론이라고 하면 될 것을 왜 굳이 "둘이 아니다"라고 우회적으로 말하는 것일까요? 이에 대해 저자는 명확히 답변합니다. 비록 둘이 있는 것은 아니지만, 그렇다고 해서 "모든 것이 하나"라고 말하는 것은 너무 지나치다는 것입니다. 왜냐하면 세상 만물이 다 같은 한 덩이라고 말하는 순간, 그것을 하나의 커다란 인식 대상으로 만들어버릴 우려가 있기 때문입니다. 그리고 그 순간 "모든 것이 하나"라고 인식하는 인식 주체가 자연스럽게 떠오르게 됩니다. 즉, '한 가지'를 이야기하는 순간, 그것은 필연적으로 '두 가지'를 암시하게 됩니다. 우주의 전체성을 이야기하려면 반드시 우주의 전체성을 알아차리고 인식히는 인식 주체가 전제되어야 합니다. 그 인식 주체는 마치 우주 밖에서 우주를 인식하는 주체처럼 느껴지는 법이지요. 그래서 불가피하게 "하나다"라는 말 대신에 "둘이 아니다"라고 말할 수밖에 없는 것입니다. 불이론은 결국 오로지 현존으로서의 의식만이 참된 실체라고 봅니다.

우리는 늘 세상을 경험합니다. 그것이 경험자아가 하는 일입니다. 경험은 경험자아가 지속적으로 만들어내는 스토리텔링입니다. 이러한 모든 경험 속에서 변함없이 빛나는 존재가 있습니다. 그것이 바로 '의식'입니다. 이 존재는 우리 안에서는 '아이엠I am'이라는 경험으로 알려져 있고, 바깥세상에서는 "사물이 있다"라는 인식으로 알려져 있습니다. 나의 현존과 사물의 현존은 의식을 통해서 공유되는 동일한 현존인 것입니다. 나의 현존이 곧 사물의 현존입니다. 나와 사물은 구분되는 두 가지가 아닙니다.

우선 일반적인 통념(상식)에서 시작해보겠습니다. 인식 대상과 인식 주체에 대해 생각해봅시다. 여기서 인식 주체는 흔히 '나'라고 불리는 존재입니다. 이 '나'는 곧 나의 몸과 마음(생각, 감정, 의도 등)으로 이루어져 있다고 여겨집니다. 그러나 실제로 우리는 우리의 몸과 마음을 늘 대상적으로 인식합니다. 나의 감정, 생각, 느낌이나 내 몸의 상태 등에 대한 인식은 모두 의식이 사물을 인식하는 방식과 다르지 않습니다. 즉, 나의 몸과 마음은 인식 주체가 아니라 하나의 인식 대상인 것입니다.

나의 의식은 나의 몸과 마음 상태를 알아차릴 수 있기 때문에 이러한 인식 주체로서의 '나'는 나의 몸이나 마음으로 이루어져 있는 것이 아닙니다. 그래서 스파이라는 단언합니다. 우리의 몸과 마음은 세상의 일부이고 인식 대상이지 인식 주체가 아니라고. 몸과 마음은 단지 의식 속에 나타나는 대상이자 경험일 뿐이고, 의식이야말로 진정한 '나'입니다.

이처럼 인식 주체와 인식 대상을 뚜렷하게 구분하는 것이 스파이라의 불이론의 첫 단계입니다. 즉, 서로 구분되는 두 가지가 있음을 명료하게 알아차리는 것이 첫 번째 단계입니다. 하지만 두 번째 단계는 모든 인식 대상이, 모든 사물들이, 그리고 그 사물들에 대한 모든 경험이 모두 다 의식 그 자체라는 것을 깨닫는 것입니다. 구분되는 두 가지가 사실은 두 가지가 아님을 아는 것입니다.

일상적인 삶 속에서 우리는 보통 인식 주체와 인식 대상이라는 이원적인 방식으로 세상을 이해합니다. 그러나 이러한 이원성은 일종의 환상입니다. 주체와 대상은 하나의 의식 안에서 발생하는 동일한 실체의 양면인 것입니다. 우리의 지각 작용을 통해 의식에 떠오르는 모든 사물들은 사실 의식이 특정한 모습으로 드러난 것에 불과합니다. 이는 마치 바닷물 위에 바람이 불어 파도가 치는 것과 비슷합니다. 파도는 각기 독특한 형태를 지닌 채 우리 앞에 나타나지만, 사실 그 본질은 바닷물인 것입니다. 마찬가지로 우리가 보는 이미지, 듣는 소리, 그밖에 경험하는 모든 것은 다 우리 의식 속에 떠오르는 의식의 여러 형태들에 불과합니다. 마지 바다 위에 떠오르는 파도처럼 말이죠.

의식과 실체는 본질적으로 동일합니다. 의식은 모든 경험의 근본 실체입니다. 우리가 경험하는 모든 것은 의식을 통해 이루어지며, 의식 없이는 어떤 경험도 존재할 수 없습니다. 모든 실체들(몸, 마음, 세상)은 의식 속에서 나타나고 사라지는 현상이며, 의식 그 자체입니다.

의식은 공간적으로나 시간적으로 제한되지도 않습니다. 의식은 무한하며, 모든 존재와 사건을 포함하고 있습니다. 몸, 마음, 세상은 의식 속에서 나타나고 사라지는 일시적인 환영일 뿐입니다. 의식 그 자체만이 영원히 변치 않는 실체입니다. 시간과 공간이라는 개념도 결국 의식 안에서 만들어진 것이라는 불이론의 관점은 점점 더 많은 현대 물리학자, 생물학자들이 동의하고 있습니다. 즉, 시간과 공간이 곧 인간의 의식이 만들어낸 생물학적 실체라는 것이죠.

의식은 곧 '나'입니다. 그리고 세상 만물에 대한 우리의 경험은 곧 우리의 의식입니다. 따라서 세상 만물과 '나'는 본질적으로 동일합니다. 스파이라에 따르면, 그렇기에 우리가 찾고자 하는 진리는 이미 우리 안에 있습니다. 의식 자체가 바로 그 진리인 것입니다. 의식 자체가 이미 온전하기에 이를 깨닫는 것이 진정한 평온함과 고요함과 행복에 이르는 길입니다.

의식이 스스로를 깨닫는 것이 곧 명상입니다. 따라서 명상은 특정한 상태를 만들어내거나 바꾸려는 행위가 아니라, 있는 그대로의 자신으로 존재하는 것입니다. 의식은 이미 완전하며, 이 완전함을 깨닫기 위해 어떤 애씀도 필요하지 않습니다. 이러한 점에서 명상은 애쓰지 않는 애씀effortless effort입니다. 이처럼 명상은 삶이 자연스럽게 흐르도록 수용하는 태도와 연결됩니다.

저자는 명상을 통해 의식의 본질을 깨닫는 방법을 제시합니다. 그는 명상이 특정한 상태를 이루려는 시도가 아니라, 이미 존재하는 그대로의 자신을 알아차리는 과정임을 강조합니다. 의식의 본질을 이해함으로써 삶의 모든 측면이 조화를 이루게 되고, 기존의 이원론적 관점에서 벗어나게 된다는 점을 설명합니다. 이는 고통의 근본 원인인 잘못된 고정관념과 집착을 해소하는 길을 제시합니다. 이를 통해 우리가 추구하는 평온함과 자유가 이미 우리 안에 있음을 알려줍니다.

이 책을 번역하면서 가장 어려웠던 것은 스파이라가 사용한 단순하고도 아름다운 영어를 한국어로 온전히 전달하는 일이었습니다. 그의 글은 철학적이고 심오한 내용을 다루면서도, 독자가 자신의 경험으로 받아들일 수 있도록 설득력 있고 명료하면서도 단순한 문체를 유지합니다. 이를 한국어로 옮기면서 독자들에게 이러한 깨달음의 순간을 그대로 투명하게 전달하고자 노력했습니다.

스파이라의 글은 단순한 문장 속에 깊은 철학적 사유를 담고 있어, 이를 번역할 때 여러 차원의 균형을 유지하는 것이 중요했습니다. 철학적 개념을 일상적인 언어로 풀어내는 그의 접근 방식을 존중하면서도, 독자에게 충분히 이해될 수 있는 쉬운 한국어 표현을 선택하고자 했습니다.

예컨대, '열려 있는 알지 않고 있음open Unknowingness' 등 스파이라 특유의 표현은 직관적이면서도 깊은 명상적 통찰을 담고 있어 직역과

의역 사이에서 많은 고민을 했습니다. 그때마다 최우선적인 가치를 두었던 것은 독자가 저자의 의도를 최대한 쉽게 이해할 수 있도록 하는 것이었습니다. 그럼에도 불구하고 여전히 생소하게 들리는 표현들이 여기저기서 발견될 것인데, 그것은 영어 원문 자체가 흔히 쓰이지 않는 용어(Knowingness, Experiencingness 등)를 저자가 의도적으로 사용하고 있는 것임을 감안해주시기 바랍니다.

의식Consciousness이라는 개념은 철학·심리학·영적 전통에서 각각 다르게 사용되기 때문에, 이 단어를 한국어로 번역할 때 오해가 발생하지 않도록 최대한 신경을 썼습니다. 예컨대, 의식을 단순한 자각이나 인지로 축소하지 않으면서도, 그의 불이론적 맥락에서의 의식의 의미를 명확히 전달하려고 했습니다.

번역 과정에서 가장 어려웠던 부분 중 하나는, 명상의 체험적 측면을 표현하는 구절들이었습니다. 예를 들어, "의식이 스스로를 아는 경험"이라는 표현은 직관적으로는 명료해 보이지만, 이런 문장은 독자들에게 명확한 의미를 전달하기 어려운 점이 있었습니다. 이럴 때는 독자가 경험적으로 이해할 수 있도록 최대한 직역하는 방식을 선택했습니다.

한편으로는 스파이라의 글이 지닌 시적이고 은유적인 표현을 살리면서도, 철학적 논증의 명료함을 유지하고자 노력을 기울였습니다. 제가 저자의 글에서 느꼈던 울림과 깊이를 한국어로도 재현하기 위해 단어의 뉘앙스와 문장의 흐름 하나하나에 공을 들였습니다.

이 모든 과정에서 저는 단순히 텍스트를 번역하는 것을 넘어, 제가 체험하고 공감했던 저자의 가르침을 한국어로 독자들에게 그대로 전달하는 것을 최우선 과제로 삼았습니다. 그러다 보니 역설적이지만 오히려 의역보다는 직역을, 저의 주관이 들어가는 설명보다는 저자의 문장을 '투명하게 그대로' 옮기는 번역을 더 많이 하게 되었습니다.

『사물의 투명성』은 독자로 하여금 자신의 경험을 깊이 들여다보게 하고, 의식의 본질을 직접 체험하도록 이끌어줍니다. 이 책을 통해 의식의 본질을 이해할 수 있을 뿐만 아니라, 그 이해를 삶 속에서 구현할 수 있는 방법도 함께 배우게 될 것입니다. 그리하여 자신의 본질적 정체성과 세상과의 관계를 새로운 시각으로 바라볼 수 있게 될 것입니다. 저는 이 책을 통해서 저 자신과 세상을 보다 명료하게 바라볼 수 있게 되었습니다. 독자 여러분께도 이러한 변화가 일어나길 기대해봅니다. 아무쪼록 이 책이 독자 여러분에게 내면 소통의 깊은 고요함과 텅 빈 자유로움을 선사하기 바랍니다.

석수 김주환

2025년 1월

우리는 전례 없는 시대에 살고 있습니다. 오늘날 과학은 실재의 본성, 우주의 탄생, 생명의 기원 등 아주 오래된 질문에 대한 대답을 해주고 있습니다. 한 세기 전만 해도 공상과학소설이나 마술 등으로 여겨졌을 만한 일이 실제로 눈앞에서 벌어지고 있습니다. 무엇보다 인류의 진보가 지구 환경에 어떠한 영향을 미치고 있는지가 점점 더 명백해지고 있지요. 이처럼 빠르게 전개되는 변화와 더불어 우리가 알아채지 못하는 또 다른 발전이 있습니다. 우리는 전례 없는 영적 르네상스 한가운데에서 시대를 초월한 지혜를 현대적인 용어로 재발견하고 있습니다.

대부분의 영적 전통은 어떤 한 인간이 깊은 계시나 내면의 자각과 같이 변화를 가져오는 신비 경험을 체험하며 시작됩니다. 헌신적인 영적 수행, 깊은 신앙심, 힘든 고난, 혹은 불현듯 찾아오는 영원한 순간을 겪으면 신비 경험이 나타나지요. 여기에서 영원한 순간이란, 깊은 내적 안정감이라는 빛으로 개인적 사건이 바래지는 순간을 말합니다. 신비 경험이 어떻게 찾아왔든, 이 경험은 대개 살아 있음으로 환희에 찬 기쁨, 모든 존재에게 베푸는 무조건적인 사랑, 자아감의 녹아내림, 창조물과 일체라는 알아차림으로 이어졌습니다.

이러한 깊은 변화를 겪은 이들은 자신의 발견을 나누고, 다른 이들도 스스로 깨어나길 바라게 되었습니다. 하지만 이들의 가르침을 들은 사람들이 가르침의 일부를 오해하거나 망각하고, 또는 자신의 해석을 덧붙였을 수도 있습니다. 옮겨 말하기 게임에서 하나의 메시지가 방을 한 바퀴 돌고 나면 원래와 전혀 다른 메시지가 되어버리기도 하지요. 이와 마찬가지로 가르침은 어떤 이에게서 다른 이에게 전달되면서, 어떤 문화에서 다른 문화로 전해지면서, 어떤 언어에서 다른 언어로 번역되면서 서서히 원래와 달라지게 되었습니다. 시간을 초월한 지혜는 점점 더 가려졌고, 해당 사회의 신념과 가치라는 옷을 입게 되었으며, 결국 공통의 정수를 발견하기가 어려운 다양한 신앙이 생겨나게 되었지요.

오늘날 인간은 과거와 매우 다른 광범위한 영적 르네상스 한가운데에 있습니다. 인간은 더 이상 특정 문화의 신앙에 한정되지 않으며, 유사 이래 세상의 모든 지혜의 전통을 접하게 되었습니다. 더욱이 책과 기록물, 인터넷을 이용해 동시대 여러 스승들의 통찰도 쉽게 얻을 수 있습니다. 과거에는 모두 불가능했던 상황이지요.

이제는 유일한 지도자 대신 여러 지도자들과 영원의 철학을 경험하고 설명하고 있습니다. 좀 더 눈에 띄는 지도자도 있고, 좀 더 명확하게 이해하는 이도 있겠지만, 이들 모두 시대를 초월한 지혜를 점점 더 재발견하는 데 이바지하고 있습니다. 우리는 세상 여러 신앙의 외관적 차이를 꿰뚫고, 신앙의 다양한 문화적 장애와 해석을 지나 신앙의 핵심을 보고 있습니다. 진리가 전해지면서 점차 희석되고 가려지는 대신, 오늘날 우리의 발견은 서로 강화되고 있지요. 우리는 전체적으로 본질적인 가르침으로 나아가는 중입니다.

켜켜이 쌓인 모호함의 층을 벗겨낼수록 핵심 메시지는 더욱더 명확해지고 더욱더 단순해집니다. 그리고 그 길은 더욱더 쉬워지지요. 이와 같은 점진적인 자각의 최전선에는, 루퍼트 스파이라를 포함해 동시대 스승들이 말하는 '직접적인 길Direct Path'이 있습니다. 우리의 진정한 본성을 인식하기 위해 영적인 글을 열심히 읽거나, 수년간 명상을 수행하거나, 스승에게 깊은 신앙심을 품을 필요는 없습니다. 알아차림 자체의 본성을 철저하고 솔직하게 탐구할 의지만 있으면 됩니다. 이는 지적인 탐구가 아니며, 우리가 진정 누구인지 파고드는 개인적인 탐구입니다.

루퍼트 스파이라는 『사물의 투명성』에서 형이상학이나 심오한 교리를 언급하지 않으면서도 이러한 탐구의 정수를 뽑아 일상 언어로 만들어냅니다. 그는 우리의 직접적인 경험에만 호소하면서 독자에게 알아차림의 의미를 개인적으로 탐구해보라고 격려합니다. 만약 그렇게 한다면, 여러분은 역사를 통틀어 깨달은 이들이 누리던 깨달음을 음미하게 될 것입니다.

피터 러셀Peter Russell

2016년 3월

이 책은 경험의 본성(본질)을 다루는 관조와 대화를 모은 것입니다. 이 책에 목적이 있다면, 경험 그 자체를 명확하고 단순하게 바라보는 것이 유일하겠죠.

우리 경험을 관습적으로 표현하는 것 대부분은 더이상 탐색이 필요 없을 정도로 명백한 진실로 여겨집니다. 하지만 여기에서는 그 반대입니다. 우리가 소통할 수 있게 해주는 언어의 관습을 제외하고는 어떠한 것도 당연하게 여겨지지 않습니다.

어린 시절부터 우리는 경험을 표현하고 입증하는 것처럼 보이게끔 경험을 표현하라고 권장받았습니다. 그리고 이후에 이러한 표현은 세상이 보여지는 방식을 조건화합니다.

"데이비드가 제인을 사랑한다", "팀이 버스를 봤다". 우리가 처음으로 했던 서술은 경험을 '나I'와 '다른 이other'로, '나me'와 '세상world'으로,

즉 대상object을 경험하는 주체subject로 구분합니다. 그때부터 우리의 경험은 이러한 서술을 입증하는 것처럼 보였죠.

그러나 어느 특정 단계에 이르면, 이러한 서술이 우리 경험을 표현하는express 것이 아니라 오히려 경험을 조건화한다는condition 것을 우리는 깨닫기 시작합니다.

이 책은 경험 자체의 특성을 다루지는 않습니다. 경험의 근본적인 본성만을 탐사할 뿐입니다. 이러한 '나'는 무엇일까요? 이러한 '다른 이'와 '세상'은 무엇일까요? 또한 이들을 합치는 것처럼 보이는 이러한 '경험하기'는 무엇일까요?

모든 위대한 영적 전통에서는 의식Consciousness과 실재Reality가 동일하다는 것이 본질적으로 발견되고 있습니다. 즉, 우리 각자의 근본적 본성이 우주의 근본적 본성과 동일하다는 것이죠.

이를 표현하는 방식은 가지각색입니다. "아트만이 브라만이다", "나와 아버지는 하나다", "열반이 윤회다", "공불이색", "나는 저것이다", "의식이 전부다", "두 가지는 존재하지 않는다", "삿 칫 아난다Sat chit ananda".

모든 영적 전통은 각자의 방식으로 이러한 이해에 다다릅니다. 단순히 지적인 이해가 아니라 마음을 넘어서는 알기를 하는 것입니다. 그리고 각 전통 내에는 제자의 수만큼이나 다양한 여러 접근법이 존재합니다.

이 책은 진정으로 경험되는 것이 무엇인지 탐사합니다. "이 순간 우리 경험의 본성은 무엇인가?"라는 질문이 계속해서 되풀이됩니다.

하지만 이 책은 철학 논문이 아닙니다. 관조와 대화의 모음집인 이 책은 매번 조금씩 다른 각도에서 몇 가지 핵심적인 생각을 계속해서 탐사합니다. 때문에 필연적으로 반복되는 요소가 있습니다.

이 책은 어떠한 면에서는 한 편의 음악 작품처럼 쓰였습니다. 하나의 주제를 탐사하고, 질문하고, 변조하고, 다시 서술합니다. 하지만 매번 중심 주제로 돌아올 때, 앞서 일어난 관조로 이 책에 깊이와 공명이 더해지길 바랍니다.

단어의 의미는 단어 자체에 있지 않습니다. 의미는 관조 속에 있습니다. 단어는 관조에서 일어나며, 관조를 가리킵니다. 그래서 이 책의 본문은 관조적 접근을 위해 충분한 여백을 두고 있습니다.

하지만 여기에서 내려진 결론은 오래되고 관습적이며 이원적인 서술을 몰아낸다는 의미일 뿐입니다. 이러한 서술은 우리가 우리 자신과 세상을 경험하는 것처럼 보이는 방식에 깊이 연관되어 있었죠.

일단 오래된 서술을 몰아내면, 그 서술을 버릴 필요는 없습니다. 삶의 특정 측면에서 기능하는 잠정적 생각으로 이용될 수도 있으니까요.

이제 새로운 서술은 우리 경험을 좀 더 가깝게 또는 좀 더 정밀하게 표현할 수 있겠죠. 그렇다고 해서 새로운 서술의 목적이 오래된 확실성을 새 확실성으로 바꾸는 것은 아닙니다.

'열려 있는 알지 않고 있음open Unknowingness'에 이를 뿐입니다. '알지 않고 있음'을 경험의 본성을 묻는 질문을 포함해 주어진 상황에 맞게 매 순간 표현할 수 있습니다.

'열려 있는 알지 않고 있음'에 이르는 방법은 여러 가지가 있습니다.

이 책에서 우리의 거짓된 확신을 탐구로 분해하는 것은 그중 하나일 뿐입니다.

* * *

지금 여러 글자가 쓰인 이 책의 흰 종이에 우리의 주의를 기울인다면, 우리는 묘한 감각을 경험할 것입니다. 우리는 무언가를 갑자기 알아차리게 되는 동시에 그 무언가는 너무 분명해서 언급할 필요도 없다고 깨닫습니다. 그런데도 그 종이가 지적되는 순간 우리는 새로운 무언가를 경험하는 것 같습니다.

우리는 이미 알아차리고 있던 무언가를 알아차리게 되는 묘하게 낯익은 경험을 겪습니다. 종이를 알아차리고 있음을 알아차리는 것이죠.

종이는 이러한 지적으로 생성되는 새로운 경험이 아닙니다. 하지만 우리가 종이를 알아차리는 것은 새로운 경험처럼 보입니다.

종이를 알아차리는 알아차림 자체는 어떠한가요? 알아차림이 우리의 모든 경험 뒤편과 모든 경험 속에 늘 존재하지 않나요? 이 페이지에 쓰여진 글자 뒤편과 글자 안에 종이가 존재하는 것처럼 말이죠.

우리의 주의가 이 알아차림에 이끌려질 때, 사실 이미 언제나 알아차리고 있었지만 주목하지 못했던 무언가를 알아차리게 되었다는 앞에서와 동일하고 이상한 느낌을 갖지 않나요?

이러한 알아차림은 우리 경험에서 가장 내밀하고 분명한 사실이며, 또한 각 경험의 특성에 필수적이면서도 독립적이지 않나요? 이 페이지에서 종이가 가장 분명한 사실이며, 또한 각 단어에 필수적이면서도 독립적인 것처럼 말이죠.

종이가 모든 단어의 지지대이자 실체인 것처럼, 이 알아차림 자체가 모든 경험의 지지대이자 실체 아닌가요?

종이를 보려면 이 페이지에 새로운 무언가를 덧붙여야 하나요? 현재 경험의 지지대이자 실체인 알아차림을 알아차리려면 이 경험에 새로운 무언가를 덧붙여야 하나요?

우리가 종이를 알아채고 나서 단어로 돌아온다면, 종이가 보이지 않게 되나요? 지금 우리는 외관상 둘로 보이는 것을 동시에 하나로 보고 있지 않나요? 그리고 우리는 이미 늘 그 둘을 하나로 경험하고 있었지만 이를 깨닫지 못한 것 아닌가요?

마찬가지로, 우리가 각 경험 뒤편과 각 경험 속에 있는 알아차림을 알아채고 나서 경험의 대상적 측면에 다시 주의를 기울이면 그 알아차림이 사라지지 않나요? 지금 우리는 외관상 둘로 보이는 것, 즉 알아차림과 알아차림의 대상을 동시에 하나로 보고 있지 않나요? 그리고 늘 그래왔지 않나요?

단어 자체가 종이에 영향을 미치나요? 단어에서 언급하는 내용이 종이에게 중요한가요? 각 경험의 내용이 경험이 나타나는 알아차림에 영향을 미치나요?

이 페이지 위의 모든 단어는 사실 종이로만 이루어져 있습니다. 단어는 하늘의 달을 서술하더라도 결국 종이의 본성을 표현할 뿐입니다.

모든 경험은 무수히 다양하지만 알아차림, 즉 의식만을 표현할 뿐입니다.

알아차림, 즉 의식이란 모든 경험이 쓰여지는 '열려 있는 알지 않고 있음'입니다.

매우 명백해서 주목되지 않습니다.

매우 가까워서 하나의 대상으로 알려질 수 없지만, 그럼에도 늘 알려져 있습니다.

매우 내밀해서 작은 경험이건 큰 경험이건 그 존재로 완전히 가득 차고 그 존재가 스며들어 있습니다.

매우 사랑이 넘쳐서 우리가 상상할 수 있는 모든 사물이 무조건적으로 그 안에 담깁니다.

매우 열려 있어서 모든 사물을 그 속으로 받아들입니다.

매우 넓고 무한해서 모든 것이 그 안에 담깁니다.

매우 존재해서 모든 개별적 경험이 그 실체로 진동합니다.

여기에서 계속해서 지적되는 것은 '열려 있는 알지 않고 있음'뿐입니다. 모든 경험의 원천이자, 실체이자, 운명이죠.

루퍼트 스파이라Rupert Spira

2008년 10월

차례

알 수 없는 것의 정원

내 마음속의 추상적인 개념은 실재Reality로부터 비롯된 것이기는 하지만, 정말로 실재를 파악할 수는 없습니다.

주체와 객체를 분리하는 이원성은 내 마음속에 내재된 개념입니다. 예컨대 우리가 '몸'이라고 말한다면 특정 대상을 가리키는 것인데, 이는 결국 어떤 주체가 있음을 암시합니다. 이러한 대상을 자세히 들여다보면, 그 대상이 사실은 존재하지 않으며 그저 '감각'에 불과하다는 점을 알 수 있죠.

그러나 '감각' 또한 여전히 하나의 대상입니다. 더욱 깊이 살펴보면 감각은 물질적인 무언가가 아니라 '감각하기,' 즉 '마음의 물질'이라는 것으로 이루어져 있습니다.

따라서 '감각하기'란 결국 '알기'로 이루어져 있습니다 '알기'를 자세히 살펴보면 의식으로 이루어져 있음이 드러나지요.

의식에 대해 고찰해보면 대상과 관련된 특성은 없다는 사실을 알 수 있습니다. 그럼에도 불구하고 우리는 스스로가 곧 의식이라고 알고 있습니다. 의식이 곧 '나'라고 불리는 존재이지요.

그렇다면, '나'를 자세히 살펴보면 무엇으로 이루어져 있을까요?

바로 여기서 마음이란 무엇인가에 대한 추상적인 개념이 전부 무너져내립니다. 추상적인 개념은 더 이상 나아갈 수가 없습니다. 마음이란 무엇인가에 대해 더는 지칭할 수 있는 표현이 없습니다. 결국 경험 그 자체의 단순함에 끌려갈 수밖에 없습니다.

이처럼 대상에서 벗어나는deobjectification 현상은 마치 퇴화involution의 과정처럼 보입니다. '지칭할 수 없는 무언가'는 마음과 몸, 세상이 투사projection되고 있었던 것을 다시 거두어들입니다. 그 후 '지칭할 수 없는 무언가'는 끊김 없이 지속되는 경험의 총체를 이루는 유일한 실체라는 것을 다시금 발견합니다.

마음은 '지칭할 수 없는 무언가'로, 즉 '완전히 비어 있음Absolute Emptiness'으로 무너져내립니다. 그 후 대상에서 벗어나는 것처럼 보였던 현상처럼 무너져내린 마음 역시 똑같은 과정을 거쳐 스스로를 '스스로의 안에서' 투사합니다. 그리하여 마음과 몸, 세상이 어떻게 보이는지를 다시금 창조해냅니다.

'지칭할 수 없는 무언가'는 이따금 '나'라고 불리기도 하고, 의식, 존재함Being, 알고 있음Knowingness이라고 불리기도 합니다. 그리고 마음과 몸, 세상으로 여겨지기 위해 생각하기, 감각하기, 인식하기의 형태를 띕니다.

이러한 과정은 마치 '지칭할 수 없는 무언가'가 마음과 몸, 세상을 낳음으로써 마치 진화evolution하는 모습처럼 보입니다. 그러나 '지칭할 수 없는 무언가'는 결코 자신이 아닌 다른 무언가로 변화하지 않습니다.

이와 같은 진화와 퇴화의 과정은 일체Oneness가 추는 춤입니다. '지칭할 수 없는 무언가'는 어떠한 형태를 취했다가 녹아내리고, 경험의 모든 미묘한 차이 사이에서 진동하며, 스스로의 안에서 스스로 분해됩니다. 그리하여 투명하고 열려 있으며, 공허하지만 빛이 납니다.

마음은 비어 있음의 변화를 경험의 충만함으로 설명하고자 합니다. 그리고 이러한 충만함은 스스로를 공허함으로 인식합니다. 이는 마치 바람을 맞으며 촛불을 들고 서 있는 것과도 같습니다. 마음은 언제나 이 사실을 잘 알고 있지요.

마음은 이름과 형태에 대해 묘사하고, 이를 통해 '지칭할 수 없는 무언가'가 스스로를 굴절시킴으로써 의식/의식과 존재하기로 보이는 무언가를 만들어냅니다.

마음은 이름과 형태를 활용하여 외관의 과정을 서술합니다. '지칭할 수 없는 무언가'는 스스로는 다른 어떤 것으로도 변하지 않으며, 스스로가 언제나 스스로고, 스스로고, 또 스스로일 뿐이라는 사실을 그저 발견하게 됩니다.

여기서 말하는 모든 것은 어떤 진술에 대해서는 참인 동시에 다른 진술에 대해서는 거짓입니다. 어떤 진술이라 해도 절대적으로 참이 될 수는 없습니다.

각각의 진술은 기존의 진술의 거짓됨을 가리키며, 각각의 진술은 또한 조만간 다가올 자신의 운명을 그저 기다릴 뿐입니다.

각각의 진술은 진리의 대리자에 불과하며, 그 자체가 오롯한 참이 될
수는 없습니다.

가장 넓은 의미*에서 살펴보자면, 마음은 개념과 겉모습으로 이루어
져 있습니다. 마음이 실재 그 자체를 표현하는 것도, 파악하는 것도 모
두 불가능합니다.

그러나 이와 같이 말함으로써 의식이 스스로를 알고 그 경험을 묘사
하기보다는, 마음이 이러한 경험을 환기하게 됩니다.

이러한 환기는 '지칭할 수 없는 무언가'가 일시적으로 표현하는 것입
니다. 마치 알아차리지 않기의 정원에서 잠깐 피어난 꽃에서 그 꽃의
근원의 향이 잠시 풍기는 것처럼 말이지요.

• 　이 책에서 '마음mind'이라는 단어는 두 가지로 활용했습니다. 첫 번째 경우는 해당 문장
과 마찬가지로 (a)생각하기와 상상하기, (b)감각하기(몸에서의 감각을 말합니다), (c)지각하기
(세상이 '알려지는' 과정인 보기, 듣기, 음미하기, 냄새 맡기, 만지기를 말합니다)를 의미합니다.
이러한 경우에 몸과 세상은 마음의 투사로 이해할 수 있습니다. 한편, 두 번째 경우에는 생각과
상상만을 가리킵니다. 대부분의 경우 후자를 의미하지만, 이따금씩 마음은 보다 넓은 의미로 쓰
이기도 합니다.

명확하게 바라보기

이렇게 관조할 때는 오직 경험의 핵심적인 본질을 명확하게 바라보기만 할 뿐입니다. 평온하거나 행복한 상태가 되기 위하여, 고통을 없애거나 세상을 바꾸기 위하여 명확하게 바라보려는 행위를 조절하거나 변화시키려고 하지 않습니다. 지금 경험하는 것의 본질을 그저 명확하게 바라보기만 할 뿐이지요.

명확하게 바라보기란 지적으로 이해하는 것이 아닙니다. 물론 지금 어떤 상황에 처해 있는지에 따라 잠정적으로 지적인 용어를 활용하여 표현할 수는 있지만 말입니다. 명확하게 바라보기란 형태 없이 광활하게 확장하고 있는 현존Presence 안에서 머무는 나, 그 자체를 직접적으로, 밀접하게, 즉각적으로 아는 것입니다. 또한 나의 몸과 마음, 세상의 모든 몸짓과 뉘앙스의 생동감 속에서, 그 활기 속에서 춤을 추는 것이시요.

명확하게 바라보기는 마음과 몸, 세상이 어떤 모습을 보이는지에 지대한 영향을 미칩니다. 그러나 이는 우리가 자세하게 바라볼 대상은 아닙니다. 우리의 탐구에는 그 어떤 대상도 없기 때문입니다.

결국 명확하게 바라보기에 있어 그 목적조차도 너무나 감당하기가 힘들다는 점이 밝혀졌습니다. 마치 가시를 제거하려는 가시와도 같지요. '되어가기'의 마지막 흔적마저 이해 안에서 녹아내려 사라지고 버림받으면, 결국에는 '존재하기'만 남아버리고 맙니다.

그러나 많은 경우, 우리의 탐구는 존재하기가 드러나는 것의 전주곡이라 할 수 있습니다. 우리는 경험으로부터 출발하며, 언제나 경험에 가까이 있습니다. 우리는 이론이나 모형, 지도나 가르침에서 출발하지 않고, 그리하여 우리의 경험을 모형에 끼워맞추려고 하지도 않습니다. 그 무엇도 당연하게 여겨지지는 않는다는 것이죠.

우리는 경험으로부터 출발하여 경험에서 끝납니다. 경험 그 자체의 벌거벗은 명확함이 이원성이라는 짐을 내려놓을 수 있게 한다는 말입니다.

우리는 그저 경험의 사실을 바라볼 뿐입니다. "바로 지금 이 순간 나의 경험에 있어 이것은 진실인가?"라는 질문만이 우리의 유일한 기준입니다.

이처럼 초연한 탐구 속에서, 우리는 스스로와 세상의 본질에 대해 어떠한 핵심적인 신념과 선입견을 가지고 있는지를 알 수 있습니다. 우리는 이러한 신념에 있어 그 어떠한 행동도 취하지 않습니다. 신념을 파괴하려고 하지 않습니다. 그저 신념을 밝혀내려 할 뿐이죠.

사물의 투명성

신념과 의심이란 마치 동전의 양면과도 같습니다. 신념이 수면 위로 드러나면, 이는 참이거나 거짓이라 밝혀집니다. 만일 신념이 참이라 밝혀진다면, 잠재되어 있던 의심은 녹아 없어지지요. 반대로 신념이 거짓이라 밝혀진다면, 신념과 의심이 모두 자연스럽게 끝을 맞이합니다.

신념에 기반하던 감정이나 행동 패턴은 신념이 밝혀지면 어느 순간 자연히 사라져버리고 맙니다. 신념이 더는 감정도, 행동 패턴도 키워줄 수 없기 때문에 방치 속에서 시들어버리고 마는 것이지요.

이와 같은 감정과 행동 패턴은 마음 차원에서의 신념에 대해 몸 차원에서 대응하던 것입니다. 이 또한 동일한 방식으로 사라집니다. 마음의 차원에서 이루어지던 탐구investigation는 이제 몸의 차원에서 탐사exploration라는 형태로 이루어집니다.

감정과 행동 패턴은 탐사를 통해 드러나며, 그것을 분리하려는 힘이 실제로는 존재하지 않는다는 사실도 밝혀집니다. 여기서 분리는 단순히 환영幻影으로 여겨지는 것이 아닙니다. 그저 있는 그대로 느껴질 뿐입니다.

이제 신념은 더 이상 감정을 키워내지 않습니다. 이렇게 드러난 감정은 그 자체로서 모습을 드러냅니다. 감정은 명확하게 모습을 드러냄으로써 아주 명백해지고, 그 결과 사라져버리고 맙니다.

이렇게 신념과 감정이 녹아 없어짐으로써 우리의 삶과 생각, 인간 관계와 신체, 업무와 세상, 그야말로 모든 것에 크나큰 영향을 끼칩니다.

그러나 이와 같은 탐구와 탐사를 하는 이유가 무언가를 바꾸기 위해서는 아닙니다. 그저 있는 그대로를 명확하게 바라보겠다는 단순한 목적에 따르는 것만이 목적입니다. 명확하게 바라보기야말로 '존재하기'가 빛을 발하는 성소라 할 수 있지요.

* * *

이와 같은 탐구의 과정은 마치 사과 하나를 두고 여러 번 MRI를 찍는 것과 비슷하다고도 볼 수 있겠습니다. MRI를 찍을 때마다 사과는 여러 가지 다른 단면으로 잘립니다. 매번 다른 단면, 매번 다른 관점으로 사과를 바라보는 것이지요(저자는 MRI와 CT를 혼동하고 있다. 여러 가지 단면으로 잘리는 것은 MRI가 아니라 CT이기에 저자의 비유는 적절치 않다/역주).

그러나 사과를 촬영하는 과정에서 결코 사과를 직접 만질 수는 없습니다. 사과는 온전하게 그 자리에 있으며, 누구의 손길도 닿지 않고, 변함이 없고 쪼개지지도 않습니다. 사과의 단면을 보면 마치 쪼개진 것처럼 보이지만, 이는 사실 쪼개지지 않은 사과의 진정한 본성을 더욱 완전하게 드러낼 뿐입니다.

우리의 경험도 다를 바 없습니다. 우리의 책에서 다루는 관조란 우리의 경험을 찍은 CT 촬영(원문은 MRI 촬영이나 저자의 착각으로 보임/역주)과도 같습니다. 우리는 관조하며 다양한 각도에서 경험을 바라보고, 펼쳐보고, 열어봅니다. 그러나 우리의 경험 그 자체는 오롯이 하나입니다.

언제든 경험은 개별적으로 나뉘지 않는 단일한 총체이며, 끊기지 않고, 그 본질은 항상 순수한 의식입니다. 이는 경험에 대한 결코 변하지 않는 사실입니다. 아무리 다르게 생각하려고 해도 절대로 변치 않지요.

이렇게 알아가는 과정은 직접적인 경험의 진실로부터 비롯되기에, 다시금 원래 있던 곳으로 돌아갑니다. 진실은 경험의 실재로서, 의식이 스스로를 알아차리며 또한 알고 있는 경험에 이릅니다. 이와 같은 과정은 무자비한 동시에 부드럽고 지극히 단순합니다.

이러한 탐구가 너무나 추상적이고도 막연하여 우리의 일상과는 별로 관련이 없다고 생각할 수도 있습니다. 그러나 실재하는 것의 본성을 다루는 우리의 개념, 즉 관습적이고도 이원적인 개념 자체가 곧 추상적이면서도 잘못된 우리의 관념과 매우 밀접하게 얽혀 있습니다. 그리하여 우리는 이를 세심하게 해체해야만 합니다.

우리가 정상적이고 상식적이라고 생각하는 무언가가 사실은 매우 추상적이고도 막연하다는 것을, 즉 우리가 경험하는 것과는 아무런 관련이 없다는 점을 미처 깨닫지 못하고 있는 것입니다.

독자 여러분이 이 책을 다 읽으실 즈음, 우리가 관습적으로 바라보는 무언가와 우리가 실제로 경험하는 것과는 아무런 관련이 없다는 사실을 명확히 바라보실 수 있게 되기를 바랍니다.

한편, 여기서 제가 쓰는 표현이 우리 마음속의 한정적인 범위 속에서나마 경험의 본질에 대해 간단하고도 명확하게 서술하고 있다는 점을 알아주시기를 바랍니다.

예를 들어 우리의 몸과 세상이 우리의 의식과 독립적이고도 개별적인 무언가로서, 시공간 속에 물리적인 대상으로 존재한다는 것을 사람들은 명백한 사실이라고 받아들이고 있습니다. 이를 사실이 아니라고 주장하는 것, 대상 속에서 스스로를 대상으로 아는 의식의 경험만이 존재할 수 있다고 말하는 것은 너무나 추상적이고 막연하게 여겨지고는 합니다.

그러나 사실은 반대입니다. 우리의 몸과 세상이 우리의 의식과 별개의 것으로 분리되어 독립적으로 시공간에 대상으로서 존재한다는 생각이야말로 너무나 막연하고 추상적인 주장입니다. 이는 경험에 기반을 두지 않았기 때문입니다. 이와 마찬가지로, 대상 속에서 대상으로 자신을 아는 의식의 경험만이 존재한다는 생각은 너무나 자명하고 분명하며 명백한 경험의 사실입니다.

물론 대상의 물리적인 외관은 계속되기는 합니다. 그러나 그 외관을 더는 실재로 오해하지는 않습니다.

실재가 드러나기 위해 외관이 사라져야만 한다는 생각은 오해입니다. 그저 잘못된 해석을 더는 경험에 덧씌우지 않는 것이지요.

몸과 세상은 같은 방식으로 모습을 드러내지만, 이제는 몸과 세상이라는 외관을 겪는 경험이 자신을 아는 의식의 경험과 동시에 일어난다는 점이 명확히 드러납니다. 동일한 경험인 동시에 하나의 경험인 것입니다.

모든 겉모습 속에서, 모든 겉모습으로 스스로를 앎으로써 스스로를 아는 의식의 경험은 명백하고도 자명합니다. 의식과 독립적이고도 개별적으로 시공간 속에 존재하던 대상이 겪은 경험, 이전에는 외관상 명백하고도 자명해 보였던 대상의 경험과 마찬가지로 말이지요.

진정으로 존재하는 것

지금 이 글을 읽고 이해하고 있는 그 무언가, 그것을 우리는 '의식'이라고 부릅니다. 의식은 내가 자신이라고 알고 있는 그 무언가, 즉 내가 '나'라고 부르는 그 무언가입니다.

알려진 모든 것을 우리는 의식을 '통해' 알게 됩니다. 따라서 알려진 모든 것은 우리가 의식에 대해 알고 있는 만큼만 알 수 있습니다.

그렇다면 우리는 의식에 대해 무엇을 알고 있을까요?

알려진 모든 것, 그리고 의식 그 자체마저도 우리는 의식을 통해서 알게 됩니다. 하지만 의식 그 자체를 대상으로서 알 수는 없습니다.

만약 의식에 알려질 수 있는 어떤 대상적인 특성이 있다면, 의식 그 자체가 그 특성을 대상으로서 알게 될 것입니다. 결국 의식은 그 대상과 별개인 독립적인 존재가 됩니다. 그리하여 우리가 의식에 대한 대상적인 특성을 알기란 결코 불가능합니다.

우리는 의식이 무엇인지 모르고, 나라는 존재가 무엇인지 모르면서도 의식과 '나'가 존재한다는 사실은 알고 있습니다. 또한 우리가 경험하는 모든 것이 의식을 통해서, 의식에 의해 알려진다는 것을 알고 있습니다. 그렇다면 우리는 무언가가 실제로 무엇인지를 대체 어떻게 알 수 있을까요?

어떤 대상에 있어 우리가 확실히 알 수 있는 사실이라고는 그 대상이 존재한다는 것뿐입니다. 여기서 말하는 '있음isness'을 우리는 존재나 현존이라고 부릅니다. 이는 우리 경험의 일부로서, 현실이고, 지속됩니다. 단순히 덧없는 외관 같은 게 아니란 의미입니다. 이것은 또한 실재라고도 불립니다.

우리는 의식이 지금 존재한다는 사실을 알고 있습니다. 그리고 지금 이 순간 경험하고 있는 모든 것이 존재한다는 사실 역시 알고 있습니다. 그것은 존재하고 있습니다.

우리가 스스로에 대해, 혹은 이 세상에 대해 무언가 대상에 관련된 것을 알고 있다고 생각한다고 해봅시다. 그러면 우리가 안다고 생각하는 모든 것이 이후 경험의 본성을 찾으려는 탐색을 조건화하게 됩니다. 따라서 무언가가 무엇인지 안다면 (애초에 그게 가능하다면) 우리는 그게 무엇이든 정말로 무엇인지는 이해하지 못한다는 점을 우선 깨달아야만 합니다.

나 자신의 본질에 대해, 이 세상의 대상에 대해 탐구하는 과정을 생각해 봅시다. 이러한 탐구 과정은 처음에는 새로운 앎을 얻는 것이라기보다는, 우리가 사물을 어떻게 생각하는지에 대한 심층적인 사고방식과 신념을 겉으로 드러내는 것이라 할 수 있습니다. 즉, 우리가 어떠한 거짓된 확신을 가지고 있는지 드러내는 것과 같습니다.

진실이라고 생각했던 것이 사실은 그저 우리의 믿음에 불과했다는 것을 깨닫는 순간, 이는 자연스럽게 사라져버리고 맙니다. 사물의 본질에 있어 우리가 가지고 있는 거짓된 생각을 겉으로 드러내는 것을 넘어서 무언가를 더욱 성취해야만 할까요? 아직은 알 수 없는 일입니다. 우리가 품고 있는 모든 거짓된 생각을 뿌리 뽑을 때까지는 결코 알아낼수 없습니다.

우리는 스스로에 대해, 이 세상에 대해 많은 믿음을 가지고 있으며, 이는 아주 깊이 뿌리내리고 있습니다. 그리하여 이러한 생각들이 단순히 믿음에 불과하다는 사실조차 인식하지 못하며, 조금의 의구심도 품지 않은 채 절대적인 진리라고 쉽게 받아들여버리고 맙니다.

예를 들어볼까요? 우리는 자신의 몸이 곧 자신이라고 믿으며, 자신이 남자 또는 여자라고 생각하고, 과거 어느 순간에 태어났으며 미래 어느 순간에 죽으리라고 믿고 있습니다. 또한 나 자신이 무수한 실체 중 하나이며, 나의 실체는 몸의 어딘가, 주로 머리나 가슴 쪽에 있으리라고 생각하고 있습니다.

우리는 우리가 경험의 주체라고 생각하며, 다른 모든 것은 물론이고 다른 모든 사람이 경험의 대상이라고 믿고 있지요. 따라서 우리는 스스로가 경험의 주체로서 행동을 하는 자이며, 생각을 하는 자이며, 감정을 느끼는 자이며, 결정을 내리는 자라고 믿고 있습니다. 그리고 나 스스로라는 어떤 개체가 일부 측면에 있어서는 선택의 자유를 누리고 있다고 생각합니다. 비록 다른 측면에 있어서는 선택의 여지가 없을지언정, 적어도 어떤 차원에서는 스스로 선택을 할 수 있다고 믿고 있다는 뜻입니다.

또한 우리는 시간과 공간을 실제로 경험하는 중이라고 믿고 있습니다. 그리고 우리가 태어나기 전은 물론 죽은 이후에도 시간과 공간은 변함없이 이어질 것이라 믿고 있지요.

우리가 어떤 대상을 인식하든 안 하든 상관없이, 그 대상은 존재할 것이라고 우리는 믿고 있습니다. 또한 의식은 개인적이며 제한된 것이라 생각하지요. 의식이란 마음의 부산물이고, 마음이란 몸의 부산물이라고 믿는 것입니다.

우리는 이와 같은 수많은 믿음들이 너무나 명명백백한 진실이라고 굳게 믿고 있습니다. 그리하여 추호도 의구심을 갖지 않지요. 인류의 대다수가 믿고 있는 유물론적 종교와 매우 흡사한 모습입니다. 놀랍게도 종교와 철학, 예술 등 실재Reality의 본질을 다루는 분야에서도 다를 바가 없답니다.

우리가 탐색할 수 있는 유일한 것은 오직 경험 그 자체뿐입니다. 너무나 당연한 말 같지만, 따지고 보면 매우 깊은 의미가 함축되어 있습니다. 우리는 경험 바깥에서는 그 무엇도 경험하지 못합니다. 경험 바깥에 무언가가 존재한다고 해봅시다. 그러면 우리는 그것에 대해 결코 아무것도 알 수 없습니다. 따라서 그러한 것이 존재한다는 주장을 펼치기란 절대로 불가능합니다.

결국, 실재의 본질을 제대로 탐구하기 위해서는 직접적인 경험에서 비롯되지 않은 모든 가정은 전부 버려야 한다는 결론이 도출됩니다. 직접적인 경험에서 비롯되지 않은 모든 가정은 경험 그 자체와는 관련이 없으며, 따라서 우리 자신과도 관련이 없고, 이 세상과도 관련이 없습니다. 우리가 직접 경험하는 바를 솔직하고 충실하게 살펴봅시다. 그러면 우리가 지금껏 근거 없는 가정과 전제를 얼마나 많이 가지고 살았는지 깨닫고 깜짝 놀라실 겁니다.

모든 경험은 바로 지금, 바로 여기에서 일어나고 있습니다. 따라서 실재의 본질이 무엇이든 현재의 경험 속에서, 현재의 경험이 이루어지는 그 순간에 있어야만 합니다. '나', 즉 의식은 존재합니다. 지금 내 귀에 들리는 자동차가 지나가는 소리, 내가 느끼는 슬픔의 감정 등, 그게 무엇이든지 간에 이러한 단어들 역시 현재 존재하고 있습니다.

우리는 의식이 무엇인지는 모릅니다. 마찬가지로 앞서 말한 단어들이나, 현재의 경험의 실재가 무엇인지도 모릅니다.

그러나 그 무엇인가에 대한 의식은 존재하고 있습니다. 또한 그 무엇인가에 대한 현존 역시 존재하고 있습니다. 둘 다 현재의 경험 안에서 존재하고 있는 것이지요.

그렇다면 이들은 어떤 관계를 이루고 있을까요?

* * *

우리의 마음은 실제로 우리가 경험하는 것과는 동떨어진 개념 체계를 따르고 있습니다. 그리하여 의식은 뒤편으로 숨어버리고 말았지요.

이와 같은 개념은 마음으로부터 세워졌기에, 개념 체계를 해체함으로써 의식은 스스로를 인지하게 됩니다. 즉, 스스로를 알게 되는 것입니다.

사실, 의식은 언제나 자기 자신을 알고 있습니다. 그러나 이와 같이 개념을 해체하는 과정을 통해, 의식은 외관적인 대상을 반영함으로써 스스로를 아는 것이 아니라, 스스로를 직접 앎으로써 인식하게 됩니다.

그렇다고 개념 체계가 모조리 파괴되는 것은 아닙니다. 필요하다면 언제든 다시 사용할 수 있으니까요.

인정하겠습니다. 이 책에서 다루는 명상의 목적은 실재를 표현하거나 이해하고자 하는 게 아닙니다. 그러나 우리의 마음이란 스스로와 세상에 대하여 실제로 경험하는 것과는 매우 다른 이미지를 품고 있으며, 그것이 매우 복잡하고도 설득력 있는 주장임을 역시 인정하겠습니다.

이러한 생각들 때문에 우리는 의식과는 관계 없는 세상이 존재한다고 믿게 됩니다. 우리가 말하는 단어들을 바라보는 '나'라는 의식은 우리의 몸 안에 존재하는 개체이고, 과거에 태어났으며 미래에 죽을 예정인 존재이고, 경험의 주체라고 믿는 것입니다. 또한 이 세상, 즉 '다른 모든 것'은 경험의 객체라고 믿게 되었습니다.

우리는 이러한 내용을 실제로 경험한 적이 없습니다. 그럼에도 불구하고 마음은 매우 설득력 있으며 확신을 주어서, 우리는 스스로를 속이고 이러한 두 요소를 실제로 경험한다고 믿습니다. 즉, 우리는 세상을 우리 자신과 개별적인 것으로, 우리 자아를 개별적이고 독립적인 의식으로 경험한다고 믿습니다.

우리의 경험에 초연한 관조에서, 우리는 경험 자체의 사실을 이러한 신념과 비교합니다.

마음이 실재의 본성, 경험의 본성에 대해 품는 생각의 거짓됨은 이 초연한 관조로 드러납니다.

모든 영적 전통은 실재를 마음으로 파악할 수 없다는 점을 인정합니다. 이러한 이해로, 일부 가르침은 마음을 탐색이나 탐구에 유효한 도구로 활용하는 것을 부정했습니다.

의식은 마음을 넘어서기에 추상적인 개념으로 의식을 표현할 수 없다는 것은 사실입니다. 하지만 이는 의식과 실재의 본성을 탐사할 때 마음을 활용하는 것을 무효화하지 않습니다.

신념은 무지를 이루고 있으며, 신념은 이미 마음의 활동입니다. 마음이 유효하다는 것을 부정한다면, 왜 애초에 마음을 활용해 신념을 품는 것인가요?

이 단어를 읽으면서 우리는 의식적으로든 무의식적으로든 마음의 유효성과 동시에 그 한계를 받아들이는 것에 동의하고 있습니다.

그 한계가 있는데도 우리는 마음을 신뢰하고 있습니다. 우리는 마음이 자신을 넘어서거나, 자신의 앎의 영역 바깥에 있는 것에 주의를 집중하게 만드는 역할을 수행할 수 있다고 인정하고 있습니다.

마음을 활용해 마음의 유효성을 부정하는 것은 솔직하다고 할 수 없지요. 우리가 마음을 활용하는 것 자체가 그 유효성을 주장하기 때문입니다. 그러나 마음을 활용해 마음의 한계를 이해하는 것은 다른 문제입니다.

경험의 본성을 탐사하는 과정이 끝날 무렵, 마음은 개념적 생각하기의 능력을 최대한 동원해 진실을 파악하는 자신의 능력에 한계가 있다고 이해하게 될 것입니다. 그 결과 마음은 자연스럽게 끝나게 될 것입니다. 말하자면, 마음은 내면으로부터 무너져내릴 것입니다.

그러나 이는 실재에 대해 말하는 어떤 것도 진실일 수 없다는 근거로 마음을 잠정적으로 신뢰하지 않는 상황과는 매우 다릅니다.

실재에 대한 선입견과 근거 없는 관념으로 이루어진 신념과 느낌이 밝혀지면서 새로운 초대가 열리며 또 다른 가능성이 드러납니다.

이 가능성을 마음으로 파악할 수는 없습니다. 가능성은 마음을 넘어서기 때문이지요. 하지만 이러한 탐구로 새로운 가능성을 막는 방해물은 드러나며 녹아내립니다.

이 순간 우리는 실제로 단 한 가지만 경험한다는 가능성에 우리가 열려 있음으로써 방해물은 녹아내립니다. 즉, 경험은 '나'와 다른 이, 주체와 대상, 나와 세상, 의식과 현존으로 나뉘지 않습니다.

단 하나의 완벽한 총체만이 있고, 의식과 현존은 하나이며, 오직 하나의 실재만이 있다는 가능성에 우리는 열려 있습니다.

경험이 입증하는 것처럼 보이는 이원론적 생각 체계는 잘 세워져 있습니다. 이 체계는 마음 수준의 신념과 몸 수준의 느낌으로 이루어져 있고, 밀접하게 얽혀 있으며, 서로를 구현하며 입증하고 있습니다.

이러한 생각과 느낌을 초연하게 관조한다면 그 거짓됨은 해소됩니다. 우리가 한 생각은 우리의 경험과 일치하지 않는다는 것을 명확히 볼 수 있습니다. 이는 경험이 이원적인 생각하기의 무지에서 자유로운 채, 늘 그대로인 자신의 진정한 모습을 우리에게 드러낼 길을 열어줍니다.

우리는 우리 자신과 세상을 진정 경험하기 시작합니다.

경험 자체는 변하지 않지만 우리는 경험이 변화한다고 느낍니다. 실재는 그러하기에, 우리가 실재에 대해 품는 생각과 상관없이 실재는 늘 그대로 있습니다.

하지만 우리의 해석은 변하며, 이 새로운 해석은 곧 새로운 가능성의 초석이 됩니다.

새로운 가능성은 알려져 있지 않은 방향에서 옵니다. 이 가능성은 대상으로도, 사유로도, 느낌으로도 찾아오지 않습니다. 대개 이러한 가능성은 일련의 드러남으로 나타나며, 각각은 이전에 있던 이원적 사유 체계의 일부를 분해합니다.

드러남의 전개는 결국 마음, 몸, 세상의 외관에 깊은 영향을 미칩니다.

* * *

의식은 스스로가 마치 개별적인 개체인 것처럼 가장합니다. 그런 다음 자신이 그렇게 가장하고 있다는 것을 잊어버리며 스스로를 가리고 말지요.

결국 이러한 자기 한정self-limitation으로, 의식은 이 '개별적인 자아'가 아닌 것을 모두 자신 바깥으로 투사합니다. 이 투사를 우리는 '세상'이라 부릅니다. 이렇게 '나'와 '세상'을 나누는 분리가 태어납니다.

실제로 이 분리는 결코 일어나지 않습니다. 우리가 분리를 찾는다 해도, 분리를 실제로 발견할 수는 없습니다. 무지는 환영입니다. 무지는 마음의 개념적 능력, 즉 잘못된 신념으로 만들어진 환영입니다.

실제 경험과 무관하며 망상적인 사유 과정으로 이러한 신념은 만들어지고 유지됩니다. 직접적인 경험을 참고 삼아 이러한 신념을 탐사하고 드러내면서 신념은 녹아내리게 됩니다.

이 탐사 과정에서 어떠한 새로운 것도 만들어지지 않습니다. 그 목적은 깨달음이나 자아 실현self-realization이 아닙니다. 단지 있는 그대로 명확히 보는 것입니다.

우리의 신념은 심리적 고통을 일으키는 근본 원인이며, 관조하는 탐구 과정은 신념을 해체합니다.

우리가 보통 탐구 과정이라고 여기는 것은 은연중에 진실이라고 여기는 가정에서 출발합니다. 이 관조에서 우리는 동일한 가정에서 시작하지만, 우리는 그 가정을 우리 경험의 진실과 비교합니다. 우리는 가정에 기반하지 않고 가정을 해체합니다.

이러한 추론 과정은 이해에 이릅니다. 하지만 이해는 마음속에서 일어나지 않습니다. 이해는 마음을 넘어섭니다. 이는 의식이 자신을 직접적으로, 알면서 경험하는 순간입니다.

구름이 걷히지 않으면 맑은 하늘은 생기지 않습니다. 이와 마찬가지로 이해는 마음속 과정으로 생기지 않습니다. 하지만 이해는 마음으로 드러날 수는 있습니다.

이해는 보통 탐색 과정보다 앞서 일어나며, 이후 마음으로 표현됩니다. 개념이 아닌 이해에서 나온 이러한 표현에는 우리를 실재의 경험에 이르게 하는 힘이 있습니다.

마음은 스스로의 추론 능력으로 인하여 자신의 한계에 이르게 됩니다. 결국 마음의 체계는 무너져버립니다. 이것이 바로 이해를 겪는 경험이자, 의식이 스스로를 드러내는 영원한 순간입니다.

의식은 자신을 지각합니다. 의식은 알면서 자신을 압니다.

모든 것은 제자리를 찾는다

나, 즉 이 의식은 이 단어를 보고 있으며, 지금 이 순간 경험되는 모든 것을 경험하고 있습니다. 의식은 마음속에 있지 않으니까요.

마음은 몸속에 있지 않으며, 몸은 세상 속에 있지 않습니다.

몸은 단지 몸의 감각sensation일 뿐이며, 세상은 단지 세상의 지각 perception일 뿐입니다.

몸과 세상의 경험에서 감각하기와 지각하기를 없애버린다면 어떠한 대상적 특성이 남을까요? 아무것도 남지 않습니다! 감각과 지각은 마음으로 이루어져 있습니다. 즉, 이들은 감각하기와 지각하기로 이루어져 있습니다.

감각과 지각에는 감각하기와 지각하기 외의 다른 실체는 없습니다.

감각하기와 지각하기와 상관없이 몸과 세상을 이루는 다른 실체가 있다면, 그 실체는 감각하기와 지각하기를 거두고 난 후에도 남아 있을

사물의 투명성

것입니다.

그러나 감각하기와 지각하기를 거두고 나면, 몸과 세상의 경험에서 대상적인 것은 전혀 남지 않습니다.

의식과 동떨어져 마음을 이루고 있는 다른 실체가 있다면, 그 실체는 마음의 경험에서 의식을 거둔 후에도 남아 있을 것입니다. 그러나 마음에서 의식을 거두고 나면, 마음은 완전히 사라지고 오로지 의식만이 남지요.

마음, 몸, 세상은 의식 속에 있으며, 오직 의식으로만 이루어져 있습니다. 그것이 우리의 경험입니다.

그것은 탐색이나 명상을 거쳐 도달하는 새로운 경험이 아닙니다. 늘 우리의 경험이었습니다. 우리는 이를 알아채지 못한 것일 수도 있습니다. 명상에서 우리는 그것이 이미 늘 그러했다는 것을 알아차릴 뿐입니다.

* * *

우리가 이 지각하는 의식을 대상으로 지각하려고 하면 그렇게 할 수 없다는 것을 알게 됩니다.

의식을 공간에 비유해 봅시다. 그리고 이 공간이 의식처럼 의식하며 알아차린다고 상상해 봅시다: 즉, 보고, 지각하고, 경험하는 능력이 있는 '경험하는 공간'을 말입니다.

이제 이 공간이 자신을 찾으려고 하며 자신을 보려고 할 때, 이 공간은 무엇을 지각할지 상상해 보세요.

이 공간은 어떠한 대상적인 것도 보지 못할 것입니다. 공간은 지각될
수 없기 때문입니다. 공간은 비어 있으며, 투명하며, 아무 색도 없으며,
보이지 않습니다. 지각하는 공간은 자기 자신과 너무 가까워 자신을
볼 수 없습니다.

찾고자 하는 공간이 바로 그것을 찾는 공간입니다.

오로지 대상만이 대상적으로 지각됩니다. 그러므로 이 지각하는 공
간은 자신 속에 존재하는 대상만을 볼 뿐, 공간 그 자체를 볼 수가 없
습니다.

그러나 우리는 이 공간이 의식처럼 경험하는 능력을 가지고 있다고,
즉 '경험하는 공간'이라고 했습니다. 따라서 자신을 찾으려는 시도는 불
필요합니다. 이 공간은 분명 이미 자신을 지각하고 있기 때문입니다. 그
것은 이미 자신을 경험하고 있습니다. 그러하기 때문입니다. 그것의 본
성이란 '경험하기'입니다.

그것의 존재 자체는 자신을 알기 혹은 자신을 경험하기입니다.

하지만 '자신을 경험하기'라는 경험이란 아무 색도 없으며, 투명하며,
보이지 않습니다. 그것에는 대상적 특성이 없습니다. 대상적으로 경험
되고 있는 것은 아무것도 없습니다.

이 의식하는 공간은 대상을 경험하는 것에 익숙하기에 자신의 비대
상적 경험, 즉 아무 색도 없으며, 투명하며, 보이지 않는 경험을 비경험
으로 해석합니다. 이 의식하는 공간 그 자체가 존재하지 않는다고 생각
하는 것입니다.

여기서 이 공간에는 세 가지 선택지가 있습니다.

첫째는 대상적 경험으로서 자신을 찾는 것입니다. 이는 자신을 이미 경험하고 있어 다른 곳에서 자신을 찾을 수 없다는 것을 이해하지 못한 경우입니다.

둘째는 존재하는 일부 대상과 자신을 동일시함으로써 자신 속에 존재하는 동일감을 충족시키는 것입니다. 그렇게 자신의 동일성을 대상과 혼동하게 됩니다.

셋째는 이미 자신만을 경험하고 있으며 늘 그래왔다는 것을 명확히 보는 것입니다.

* * *

보이거나 지각되는 모든 것은 대상, 즉 마음 혹은 몸 혹은 세상의 대상입니다.

지각되는 모든 것은 이 지각하는 의식이 아닙니다. 의식에게 의식 속에서 나타나는 것은 바로 대상입니다.

의식을 대상으로 지각할 수 없다면, 어떻게 우리는 이 의식에 한계가 있다는 것을 아나요?

우리는 이 지각하는 의식의 한계를 경험하나요?

의식의 한계를 경험하는 것은 불가능합니다. 그러한 한계에는 분명 어떤 대상적 특성이 있어야 하기 때문입니다.

그러한 외관적 한계는 대상이어야 하고, 모든 대상이 그렇듯 그 한계 자체도 의식 속에서 나타날 것입니다. 의식은 한계를 알아차리겠지만, 한계는 의식을 정의하지는 않을 것입니다.

사실, 의식 속에서 나타나는 대상은 단지 의식이 존재하고 알아차린다는 것을 우리에게 알려줄 뿐입니다. 의자가 자신이 나타나는 공간이 존재한다고 우리에게 알려주는 것처럼 말입니다.

따라서 우리는 의식의 한계를 실제로 경험하지 않습니다.

의식이 한정적이라는 것을 시사하는 경험적 증거가 없다면, 우리는 무슨 근거로 의식이 개인적이라고 믿는 것인가요? 왜 우리는 의식인 우리를 몸속에 있는 개인적 개체로 생각하나요?

사유는 한정적입니다. 몸은 한정적입니다. 세상은 한정적입니다. 하지만 마음, 몸, 세상이 나타나는 의식이 한정적이거나 개인적이라는 신념을 입증할 경험적 증거는 없습니다.

우리가 의식에 한계가 있다고 주장한다면, 분명 그 한계를 겪는 경험이 있어야 하고, 따라서 그 한계 바깥에 존재하는 것, 즉 의식과 경계를 이루는 무언가를 겪는 경험도 있어야 합니다.

그 대상 자체가 의식의 한계 바깥에 있다면 어떻게 우리가 그러한 대상을 경험할 수 있나요? 어떻게 우리가 의식을 넘어서는 무언가를 의식할 수 있나요?

모든 경험에는 의식이 필요하므로, 의식 바깥의 무언가를 경험하는 것은 불가능합니다. 그리고 우리가 그러한 대상을 경험하지 않는다면, 어떻게 의식 바깥에 무언가가 존재한다고 말할 수 있나요?

우리는 의식 바깥에 무언가가 현존한다는 것을 경험하지 않으므로,

054

사물의 투명성

한정적이거나 개인적인 의식도 경험하지 않습니다.

의식은 투명하며, 아무 색도 없으며, 스스로 빛나며Self-luminous, 자기 경험하기Self-experiencing이며, 자기 알기Self-knowing이며, 자명합니다. 그것이 이 순간 우리의 경험입니다.

의식은 편재Omnipresence로 알려져 있습니다. 의식이 없는 곳이 아무 데도 없기 때문입니다. 이는 의식이 모든 곳에 있다는 것이 아닙니다. 모든 '곳'이 의식 속에 있다는 것이지요.

의식은 편재로 알려져 있습니다. 알려진 모든 것이 의식으로 알려지기 때문입니다. 의식은 알려진 모든 것을 압니다.

의식은 편재로 알려져 있습니다. 나타나는 모든 것이 그 현존을 오로지 의식에 의존하기 때문입니다. 나타나는 모든 것은 의식에서 나오고, 의식으로 유지되며, 의식 속으로 녹아내립니다. 의식은 자신의 존재로 모든 것을 창조합니다.

* * *

의식은 마음으로 알 수 없습니다. 마음은 대상입니다. 마음은 아무것도 모릅니다. 마음 그 자체가 의식으로 알려집니다.

따라서 의식은 마음으로 서술될 수 없습니다. 이러한 관조에 사용되는 이미지와 비유는 의식에 대한 설명이 아닙니다. 이들은 의식을 환기합니다.

이들은 의식이 자신을 아는 비대상적 경험, 즉 의식이 자신을 인식하고 기억하는 경험을 환기하지요.

이들은 의식이 의식에게 보내는, 알면서 자신이 되라는 초대입니다.

우리가 의식의 한계나 경계를 경험하지 않는다면, 우리가 개인적 의식을 경험하지 않는다면, 어떻게 우리는 '당신 속에 있는' 의식과 '내 속에 있는' 의식이 다르다는 것을 알 수 있을까요? 우리가 서로 다른 의식을 갖는다거나, 실은 의식이 하나 이상 존재한다는 것을 시사하는 증거는 우리 경험 속에 없습니다.

마음은 의식에 대해 아무것도 알 수 없지만, 한편 마음으로 알려지는 모든 것은 바로 의식의 알고 있음입니다.

의식은 마음의 한계 내에서 자신을 표현하거나 정의할 수 없지만, 마음속에 나타나는 모든 것은 바로 의식의 표현입니다.

우리는 이러한 탐구를 거쳐 개별적이고, 개인적이며, 한정적인 의식에 대한 경험적 증거가 없다는 이해에 이르게 됩니다. 그것이 마음이 도달할 수 있는 한계이지요.

이러한 깊은 확신에 이르러, 우리는 또 다른 가능성인 오직 하나의 의식만이 존재한다는 가능성에 우리 자신을 엽니다. 우리는 삶 속에서 이 새로운 가능성을 탐사하고 실험합니다. 그리고 우리의 실제 경험 속 우주로부터 우리가 받은 대답이 이 가능성을 확증합니다.

이 확신이 깊어질수록, 우주로부터의 확증도 더욱 명백해집니다. 모든 것이 제자리를 찾습니다.

우리가 아무것도 하지 않아도 안개 속에서 서서히 나타나는 풍경처럼, 우리가 아무것도 하지 않아도 그것은 점점 더 명백해집니다. 그것은 바로 우리, 즉 의식이 우리 자신의 끝없는 자아만을 경험해 왔으며, 세상이라는 경험이 우리 자신의 무한하고 영원한 존재를 드러낸다는 것을 말합니다.

* * *

마음이 할 수 있는 최선은 자신의 한계를 탐사하고, 자신은 무언가의 실제 모습을 모르며 알 수 없다는 결론에 이르는 것입니다.

하지만 이는 말하는 방식에 따라 그러할 뿐입니다. 마음은 존재하지 않습니다. 마음은 단지 현재의 사유일 뿐입니다. 현재의 사유가 존재한다면 말입니다. 가로등이 무언가를 할 수도 없고 탐사할 수도 없듯, 현재의 사유도 무언가를 할 수도 없고 탐사할 수도 없지요.

따라서 우리가 마음이 자신의 한계를 탐사할 수 있다고 말할 때, 우리는 관습적인 이원적 언어를 사용하고 있는 것입니다. 우리 언어에 내포된, 은연중에 이원적인 추정이 여기서 용인된다는 결론을 내려서는 안 됩니다.

우리가 마음이 자신의 한계를 탐사할 수 있다고 말할 때, 우리는 의식, 즉 의식인 알고 있음이 추상적 생각하기라는 모양을 띠고, 이 모양일 때 사유의 추상적 용어로 자신을 표현하는 자신의 능력을 탐사한다고 실제로 말하는 것입니다.

그렇게 의식은 자신에게 직접적이고 내밀한, 자신이라는 경험을 마음의 추상적 개념이 표현하지 않는다는 것을 발견합니다.

모든 것은 제자리를 찾는다

057

탐사와 이후에 이어지는 발견으로 의식은 마음, 즉 생각하기로 발견되거나 표현될 수 없다는 것이 나타납니다. 이렇게 마음속에서 자신을 찾는 탐색은 진정으로 끝납니다.

마음, 즉 찾기와 생각하기가 끝나면서, 마음의 지지대이자 실체로서 항상 존재하는 것이 드러납니다.

이것이 이해라는 경험입니다. 이는 비대상적인 경험이며, 그렇기에 영원합니다.

그러나 어둠의 중단이 빛을 일으키지 않듯, 마음의 중단이 드러남을 일으키지는 않습니다. 마음을 자연스럽게 끝에 이르게 하는 것은 바로 이 탐색 과정이며, 마음이 녹아내리면서 그것을 이해하는 것, 즉 그 '아래에 있는' 것이 드러납니다.

마음이 나타나 있는 동안, 항상 존재하는 것은 그 나타남의 실체이지만 외관상 그러한 것을 가장하고 있지요. 이 경우 의식은 자신을 인식하지 못합니다.

그러나 이러한 이해, 즉 자기 인식이 일어난다면, 의식은 더 이상 마음(혹은 몸 혹은 세상)이 나타나 있는 동안 자신을 잊을 필요가 없습니다. 의식은 마음의 활동 속에서 그 활동으로 자신을 인식하며, 마음이 부재할 때도 자신을 인식합니다.

이러한 자기 인식을 일으키는 게 무엇인지는 수수께끼입니다. 이는 거울을 보고 "아, 이게 나구나!"라고 외치는 것과 같습니다.

그렇게 말하고 나면, 이 자기 인식과 함께 의식이 늘 자신만을 경험해 왔다고 느껴지는 이해에 이르게 됩니다. 새로운 경험이 일어난 적은 없다는 게 명백해집니다.

　자기 자신을 아는 경험, 그리고 오로지 그 경험만이 늘 일어나고 있었다는 것이 이해됩니다. 또한 항상 존재해 왔던 것이 원인이라고 보는 것은 의미가 없습니다.

　이러한 자기 인식의 원인을 찾는 것은, 그 이유를 찾는 것과 마찬가지로, 그 자체로 곧 자기 인식을 부정하는 것입니다. 그런데 그 부정 또한 항상 존재하는 자기 인식이 그 순간 띠고 있는 모양입니다.

　모든 것의 원인인 것에 어찌 원인이 있다고 말할 수 있을까요? 이처럼 원인이 될 수 있는 모든 것의 원인이 의식이라면, 그 무엇은 의식의 원인이 될까요?

　의식의 원인은 곧 의식 그 자체입니다. 이는 의식에 원인이 없다고 말하는 것과 같습니다.

있는 그대로 머물러라

명상은 그저 자신으로서 있는 그대로 머무르는 것입니다.

우리는 그대로 있으면서 마음, 몸, 세상이 간섭 없이 나타나고 사라지도록 둡니다.

만약 간섭이 있다면, 간섭은 마음의 활동 중 일부로 이해되며 완전히 그대로 허용됩니다.

우리의 대상적 경험은 사유와 이미지, 감각, 지각으로 이루어져 있습니다. 우리는 사유와 이미지를 마음이라 부릅니다. 우리는 감각을 몸이라 부릅니다. 우리는 지각을 세상이라 부릅니다. 사실, 우리는 이러한 마음, 몸, 세상을 경험하지 않습니다. 우리는 생각하기, 감각하기, 지각하기를 경험합니다.

우리가 지각하는 모든 것은 우리의 지각입니다. 우리의 지각 바깥에 세상이 존재한다는 증거가 우리에게는 없습니다. 우리는 '저 바깥에'

있는 세상을 지각하지 않습니다. 우리는 세상에 대한 우리의 지각을 지각하며, 모든 지각은 의식 속에서 일어납니다.

명상에서 우리는 생각하기/감각하기/지각하기가 매 순간 무엇이든 되도록 놔둘 뿐입니다. 생각하기/감각하기/지각하기는 늘 움직이며, 늘 변화합니다. 우리는 그것이 우리를 거쳐 흐르도록, 나타나도록, 머무르다 사라지도록 놔둘 뿐입니다. 사실, 어쨌든 그것이 일어나는 전부입니다.

생각하기/감각하기/지각하기가 나타나는 것을 우리는 '나'라고 부릅니다. '나'는 의식하며 목격하는 현존입니다. '나'는 매 순간 경험되는 모든 것을 경험합니다.

목격하는 현존이 의식하도록 만들 필요는 없습니다. 이미 그러합니다. 그것을 평온하게 만들 필요가 없습니다. 이미 그러하지요. 그것을 깨울 필요가 없습니다. 이미 늘 깨어 있지요. 그것을 끝없고 개인적이지 않도록 만들 필요가 없습니다. 이미 그러하지요.

그리고 마음, 몸, 세상을 평온하게 만들 필요가 없습니다. 이들은 늘 움직이고 변화합니다.

우리는 그대로 있으면서 마음, 몸, 세상을 그대로 둡니다.

그렇게 하면서 마음, 몸, 세상이 서서히 자신의 진정한 자리로 돌아가며 이들의 본성이 드러납니다. 사실, 이들은 자신의 진정한 자리를 떠난 적이 없었으며, 진정한 자신이 아닌 적이 없었다는 것을 우리는 알게 됩니다. 우리는 이들이 멀리 있고, 개별적이며, 다르다고 상상하는 것을 멈출 뿐입니다. 그 결과 이들은 그렇게 나타나는 것을 멈춥니다.

* * *

　사람들이 대화하고 있는 방을 상상해 보세요. 이 비유에서 방의 공간은 우리가 '나'라고 부르는, 의식하며 목격하는 현존입니다. 사람은 사유와 이미지, 몸에서의 감각과 세상에 대한 지각입니다.

　방 안에는 여러 종류의 사람들이 있습니다. 큰 사람, 작은 사람, 친절한 사람, 불친절한 사람, 똑똑한 사람, 똑똑하지 않은 사람, 시끄러운 사람, 조용한 사람, 우호적인 사람, 우호적이지 않은 사람…. 복잡하고 다양한 성격의 인물들은 움직이고, 변화하고, 상호 작용하고, 나타났다 사라지며 각자 자신의 일을 하고 있습니다.

　이러한 사람들의 행동은 방의 공간과 어떤 상관이 있나요? 공간이 이들 중 누군가가 변하도록 시도하면서 얻거나 잃는 게 있나요? 그 사람들 중 한 명이 변할 때 공간 자체도 변하나요?

　공간은 사람과 독립적이지만, 사람은 공간에 의존합니다. 공간은 사람이 도착하기 전에도 존재하고, 사람이 머무르는 동안에도 존재하며, 사람이 떠난 후에도 존재합니다. 사실, 그 건물이 지어지기 전에도 존재했고, 건물이 무너진 후에도 존재할 것입니다. 공간은 늘 존재합니다.

　의식도 마찬가지입니다. 이 순간 경험되고 있는 모든 것은 의식 속에서 일어나고 있으며, 의식 자체는 언제나 변형되지 않고, 변하지 않고, 개의치 않는 모습으로 그대로 있습니다.

　의식은 우리의 모습이며, 우리의 모습으로 있는 것이 가장 고귀한 형태의 명상입니다. 다른 모든 명상은 우리 자신으로 머무르는 이 명상이 변형된 것에 불과합니다.

처음에는 우리가 마치 명상이라는 어떤 행위를 하는 것처럼 보일 수도 있습니다. 하지만 나중에 우리는 그것이 우리의 모습임을 발견합니다. 그것은 모든 존재의 자연스러운 상태입니다.

그것을 일으킬 수는 없습니다. 그것은 이미 그러하기 때문입니다. 그것을 성취할 수는 없습니다. 그것은 우리가 늘 하고 있는 모습이기 때문입니다. 그것을 잃을 수는 없습니다. 그것이 갈 곳은 아무데도 없기 때문입니다.

우리는 모든 것을 그대로 둘 뿐입니다. 모든 것을 그대로 두면서 우리는 처음에 모르는 사이에 우리의 진정한 본성 속에서 행동합니다. 사실, 우리는 우리의 진정한 본성을 떠난 적이 없지만, 이제 우리는 알면서 그곳에 머무르기 시작합니다.

어느 순간 우리는 '나'가 자신의 진정한 본성 속에 머무르지 않는다는 것을 깨닫습니다. 자신이 아닌 다른 무언가 속에 머무를 이가 있을까요? 그것은 단지 그러할 뿐입니다. 우리는 단지 그러할 뿐이며, 늘 그래왔습니다.

심지어 '늘'이라고 말하는 것도 완전히 맞지는 않습니다. '늘'은 시간 속에서 무한한 확장을 의미하기 때문입니다. 시간 속에서의 무한한 확장이라는 생각은 '나', 즉 의식 속에서 이따금 나타나지만, '나'는 결코 시간 속 무한한 확장에서 나타나지 않습니다.

그것은 다만 그러할 뿐입니다. '나', 의식은 그러할 뿐입니다.

우 유 한 방 울

우리의 경험은 알려진 것과 알고 있는 것으로 이루어져 있습니다. 알려진 것에는 세상과 더불어 몸과 마음도 있습니다.

세상은 알려져 있으므로 아는 이가 될 수 없습니다. 세상은 알고 있는 것이 될 수 없습니다. 몸과 마음도 알려져 있으므로, 이들도 알고 있는 것이 될 수 없습니다. 세상, 몸, 마음은 경험되므로, 이들은 경험하는 것이 될 수 없습니다.

몸, 마음, 세상이 존재할 때마다 이들은 알려집니다. 몸, 마음, 세상을 알고 있는 것은 이들이 나타날 때와 부재할 때 존재합니다.

알려진 것은 아는 이가 될 수 없으며, 아는 이는 대상적으로 알려질 수 없습니다.

우리는 보통 알려진 것만을 알아차립니다. 하지만 아는 이의 현존, 즉 알고 경험하는 것의 현존에 주의를 기울인다면, 그것이 무엇이든 간에,

몸, 마음, 세상을 의식하는 무언가가 존재한다는 게 바로 명백해집니다.

우리가 이렇게 한다면, 알고 있는 것은 모두 더욱 확실히 존재하는 것처럼 갑자기 보이게 됩니다. 그것은 빛납니다.

사실, 그것은 늘 존재해 왔다는 것으로 발견됩니다. 하지만 우리는 알려진 것에만 한정적으로 집중했기에 그것은 외관상 가려져 있었던 것이지요.

아는 이는 의식입니다. 알고 경험하는 것입니다. 우리가 '나'라고 말할 때 가리키는 것이 바로 이 의식입니다.

"우리는 알려진 것에 주의를 기울인다"라고 말한다면, 이는 '나', 즉 의식이 알려진 것에 주의를 기울인다는 의미입니다.

"우리는 대신 아는 이에 주의를 기울인다"라고 말한다면, 이는 '나', 즉 의식이 자신에게 주의를 기울인다는 의미입니다.

물론 의식은 이미 그 자신입니다. 의식은 자신에게 주의를 기울일 필요가 없습니다.

따라서 "우리는 아는 이, 즉 의식에 주의를 기울인다"라고 말한다면, 실제로 이는 '나'인 의식이 알려진 것, 즉 대상에 대한 한정적인 집중에서 주의를 거둬들인다는 것을 의미합니다.

이렇게 의식은 처음에는 이를 모른 채 자연스럽게 '자신에게 돌아갑니다.' 이는 의식이 자신을 알아차리게 된다는 것을 의미합니다. 실제로 의식이 자신에게 돌아가는 것은 아닙니다. 의식이 자신을 떠난 적은 결코 없기 때문입니다. 의식이 자신을 알아차리지 못한 적은 결코 없습니다.

심지어 의식이 대상에 한정적으로 집중할 때도, 의식은 자신을 결코 떠나지 않습니다. 이따금 그것은 자신을 잊어버리는 것처럼 보일 뿐입니다. 그것은 자신에 무지한 것처럼 보입니다.

그러나 그것이 자신에 무지한 와중에도 무언가가 알려지고 있으며, 이 알기는 의식이 자신을 아는 '알고 있음'입니다. 그러므로 진정한 무지는 절대 존재하지 않습니다.

그렇기에 무지를 일으키는 원인이나 이유를 묻는 질문에는 답이 없습니다. 현존하지 않는 것을 일으키는 원인이나 이유가 어찌 있을까요?

우리는 "왜?"라는 질문에 답할 수 없습니다. 그 질문 자체가 질문이 묻는 무지를 만들기 때문입니다. 이 질문은 외관상 시간, 원인, 결과를 만들며, 따라서 '두 가지'라는 외관을 만듭니다. 이들 자체는 경험의 본성이 명확히 보일 때 현존하지 않는다는 것을 알게 됩니다.

동시에 의식은 바로 이 질문의 알기 속에서 자신을 압니다. 그렇다면 어떻게 외관적 무지가 진정으로 무지하다고 말할 수 있나요? 그럴 수 없습니다.

의식이 자신을 찾을 때, 의식은 자신과 합쳐집니다. 의식은 자신에게 드러나며, 이 드러남이 곧 질문의 녹아내림입니다. 경험의 본성에 대한 모든 질문의 진정한 답은 바로 마음을 넘어선 알고 있음입니다.

의식은 자신이 아닌 척하다가, 곧 외관상 다른 것으로서 자신을 찾습니다. 당연히 의식은 자신을 대상으로 찾을 수 없습니다. 눈이 자신을 볼 수 없듯 의식은 이미 자신이기 때문입니다.

하지만 의식은 자신을 찾을 필요가 없습니다. 이미 그것은 자신이기 때문입니다. 자신이 아닌 척하는 것을 멈추는 것이 필요할 뿐이죠.

외관상 다른 것에게는 찾는 과정인 것이, 의식에게는 자신이 늘 이미 자신을 안다는 것을 발견하는 과정일 뿐입니다.

* * *

마음은 의식 속에서 나타나는 여러 추상적인 개념입니다.

모든 사유는 대상입니다. 하지만 사유가 나타나는 대상 없는 의식은 그 자체가 절대 사유로 나타날 수 없습니다. 따라서 의식을 생각하는 것은 불가능합니다.

우리가 의식(혹은 진실, 혹은 실재, 혹은 어떠한 단어를 사용하든)이 아닌 다른 것을 생각한다면, 우리는 결국 개념, 즉 사물 그 자체가 아니라 그 사물에 대한 생각에 이르게 됩니다. 이는 마음의 기호로 나타난 그 사물의 표현입니다. 즉, 개념입니다.

하지만 의식이나 실재에 대한 사유는 모든 사유 중에서도 특별합니다. 우리가 의식을 생각하려고 할 때, 이는 마치 블랙홀을 들여다보는 것과 같습니다. 그것은 심지어 검정색도 아닙니다. 마음은 단순히 그곳에 갈 수 없습니다. 마음은 그 대상 없는 장소로 갈 수 없습니다. 마음 그 자체가 대상이기 때문입니다. 어찌 대상이 차원이 없는 공간에 들어갈 수 있나요?

그래서 마음이 의식으로 자신을 향하려 할 때, 마음은 녹아내립니다. 마음은 자신의 관점에서 볼 때 의식은 아무것도 아니라는 것에서 소멸

됩니다. 하지만 마음의 녹아내림은 현존의 드러남, 즉 사유가 녹아내리는 그것의 드러남입니다.

의식을 떠올리는 사유는 특별합니다. 개념이나 그 사물 자체를 대체하는 것에 이르지 않고, 오히려 의식 자체의 실재에 이릅니다. 상징이 아니라 자신이 가리킨 것에 직접적으로 이릅니다. 의식이 자신을 알면서 아는 직접적인 경험에 이릅니다.

장소가 아닌 의식의 장소에서는 대상적인 것이 아무것도 알려져 있지 않습니다.

그것은 알기이지만, 무언가를 알기가 아닙니다. 그것은 순수한 알고 있음이지요.

의식을 찾는 사유는 의식과 합쳐집니다. 의식을 드러냅니다.

의식을 찾는 것은 찻잔에 넣기 위해 각설탕을 찾는 것과 비슷합니다. 찻물이 각설탕을 녹이듯이, 의식이 '찾는 사유' 그 자체를 녹여냅니다.

이보다 더 정확한 비유를 들자면, 물이 담긴 병에 우유 한 방울을 떨어뜨리는 것이라 할 수 있겠습니다. 우유는 본질적으로 물과 동일한 실체이지만 약간의 대상성으로 착색되었을 뿐입니다. 그것은 색이 없는 게 아니라 흰색입니다. 우유 방울을 지켜보면, 그것은 물속으로 퍼지며 점차 형태를 잃다가 결국 주변의 물과 완전히 합쳐집니다.

의식을 찾는 사유, 현존을 향한 사유가 그러합니다. 그것은 본질적으로 그것이 찾는 바로 그 의식으로 이루어져 있습니다. 하지만 그것은 아직 이를 알지 못하기에 자신과 의식 사이에는 어떤 외관적 차이가 있습니다. 그것은 불투명합니다. 그것은 투명하지 않습니다.

그것이 의식을 살필수록, 그것은 더욱 의식과 같아집니다. 이는 그것이 자신의 다름, 불투명, 외관적 대상성을 잃는다는 것을 의미합니다.

우유 속에 이미 존재하던 물은 흰색을 잃고 자신의 모습인 물로 머무릅니다.

우유 방울이 주변의 물로 퍼지는 이 확장은 우리가 의식에 접근하려 할 때 우리의 사유가 거치는 정제 과정입니다. 의식을 사유로 찾을 수는 없기에, 사유가 의식을 찾으려고 하면서 그 대상성은 서서히 정화됩니다.

사유가 대상성에 덮인 마지막 층을 포기하고 현존과 합쳐지는 시기가 옵니다. 사실, 대상성에 덮인 점점 더 미세한 층과의 동일시를 포기하는 것은 바로 현존입니다. 그렇게 현존은 사유를 자신의 자아로 인식하게 됩니다.

마음은 진실을 찾을 수 없습니다. 실재도 찾을 수 없습니다. 마음은 마음속에 녹아내립니다.

마음은 자신을 풀 수 없습니다. 자신의 기반인 의식의 무한한 확장 속으로 스스로 풀려납니다.

이해란 마음이 자신의 지지대, 자신의 기반으로 녹아내리는 것입니다. 의식이 자신을 알고, 알면서 자신에게 돌아가는 경험입니다.

대상적 경험이 아닙니다. 알기라는 경험입니다. 이 경험은 대상이 있든 없든 늘 존재합니다.

우리는 우리가 생각하는 것이 됩니다.

우리는 의식을 찾는 사유의 주체이자 대상입니다.

의식에게 자신을 아는 것이란 자신이 되는 것이며, 자신이 되는 것이
란 자신을 아는 것입니다.

의식은 모든 경험 속에서 빛나고 있다

명상은 활동이 아닙니다. 그것은 활동의 중단입니다.

결국 명상과 관련된 어떠한 절대적인 참도 말할 수 없습니다. 명상을 활동의 중단이라고 말할 수도 없습니다. 명상은 마음을 넘어서 일어나기에, 보다 정확히 말하자면 마음을 넘어서 존재하기 때문입니다. 그리고 분명 마음은 명상에 다가갈 수 없습니다.

하지만 명상이 활동이 아님을 이해하기 위해 우리는 우선 명상이 활동의 중단임을 이해하게 됩니다.

이 이해는, 명상은 우리가 하는 무언가라고 믿는 신념을 뒤흔드는 매우 효과적인 도구입니다.

명상은 활동이 아니라는 것을 완전히 이해한다면, 이전에 우리가 명상이라고 여겼던 활동은 자연스럽게 끝날 것입니다. 이 시점에서 명상은 활동이 아니라는 이해는 그 목적을 다하게 되며 또한 버려질 수 있습니다.

가시로 가시를 제거하고 나면 둘 다 버려집니다.

꽉 쥔 주먹을 예시로 들어 명상이 활동이 아님을 이해할 수 있습니다. 편 손을 천천히 꽉 쥘 때 우리는 손을 쥐는 것과 쥔 손을 유지하는 것 모두 애를 써야 합니다.

이 쥔 손을 한동안 유지하면, 근육은 이 새로운 자세에 익숙해질 것입니다. 그리고 우리는 그 자세를 유지하려고 계속해서 미세하게 애쓴다는 것을 곧 알아차리지 못하게 될 것입니다.

이제 누군가가 우리에게 손을 펴라고 하면, 우리는 손을 펴려고 노력해야 한다는 것을 느낍니다. 손을 펴는 어느 단계에서, 손을 펴려고 새롭게 노력하는 게 아니라, 오히려 우리가 더 이상 알아차리지도 못했던 기존의 노력을 이완하고 있다는 사실을 알아차리게 될 것입니다.

손을 펴려는 외관적 노력이 실제로는 손을 쥐던 원래의 노력을 이완하는 것으로 밝혀집니다. 노력을 시작하는 것처럼 보이던 것은 실제로는 노력을 중단하는 것으로 밝혀집니다.

명상도 이와 비슷하게 작용합니다. 우리의 진정한 본성은 열려 있고, 끝없으며, 자유로우며, 의식하며, 스스로 빛나며, 자명합니다. 이는 우리가 매 순간 겪는 경험입니다. 그러나 우리는 이를 알아차리지 못할 수도 있습니다.

열려 있고, 자유로우며, 끝없는 의식은 자신을 수축시킵니다. 의식은 자신을 움츠려 몸과 마음이라는 좁은 틀에 들어가고, 광활한 공간 속 아주 작은 위치와 끝없는 시간의 흐름 속 짧은 순간으로 자신을 한정하는 것처럼 보입니다.

이것이 열려 있고, 자유로우며, 끝없는 의식이 매 순간 자신의 자유 의지로 선택하는 근본적인 자기 수축입니다.

의식은 자신의 경험이라는 완벽한 총체 속에서 선을 그으며 스스로에게 말합니다. "나는 이것이고 저것이 아니다", "나는 여기에 있으며 저기에 있지 않다", "나는 나이고 다른 이가 아니다".

의식은 자신이 고립되어 있기에 연약하다고 느끼며 두려워합니다. 열려 있고, 자유로우며, 끝없는 의식은 이제 자신이 자초한 파편이라는 정체성을 지지하고 지키기 시작합니다.

이를 위해 의식은 수축의 층을 겹겹이 쌓아 자신의 경계를 확고히 합니다. 마음 수준에서 이러한 수축은 한편으로는 욕망과 중독으로, 다른 한편으로는 저항, 두려움, 거부로 이루어집니다. 우리가 좋아하는 것과 싫어하는 것, "나는 원한다"와 "나는 원하지 않는다"로 나타나는 다양한 모습들입니다.

몸 수준에서 이러한 수축은 의식이 자신과 동일시하는 몸에서의 감각으로 이루어집니다. 이 감각은 몸속에 있는 '나'의 외관적인 위치입니다.

수축의 새로운 층이 쌓일수록 열려 있고, 자유로우며, 끝없는 의식은 자신의 끝없는 본성을 더 깊이 잊으며 그렇게 자신을 가립니다. 자신을 자신으로부터 숨기는 것이지요.

수축의 새로운 층이 더해질 때마다 열려 있고, 자유로우며, 무한한 의식은 자신의 무한한 본성을 점점 더 깊이 잊어가고, 그 과정에서 스스로에게 베일을 씌웁니다. 의식은 자신을 자신으로부터 숨깁니다.

그럼에도 의식 자신이 생성한 고립에는 의식의 진정한 본성을 떠올리게 하는 침투가 빈번하게 일어납니다. 낯선 이의 미소, 아기의 울음소리, 참을 수 없는 슬픔, 욕망을 충족해 욕망이 사라지는 순간, 유머가 있는 순간, 깊은 잠이라는 평온, 생각하는 과정의 일시 중단, 어린 시절 기억, 꿈과 깨어남 사이의 전환, 아름다움을 인식할 때, 친구의 사랑, 힐끗 본 이해….

이제 가려진 의식의 현존에게 주어지는 이러한 순간에 자신만의 자유와 행복을 무수히 음미합니다. 그렇게 의식은 외관상 자신을 가둔 요새의 유효로 다시 가려지기 전에 잠시나마 자신을 떠올립니다.

이렇게 자기 수축의 층이 겹겹이 쌓이면서 의식은 잘 방비되어 있으며, 개별적이며, 연약한 개체로 자신을 격하합니다.

이는 과거 어느 시점에 일어나 이제는 돌이킬 수 없이 확정된 활동이 아닙니다. 지금 이 순간 일어나고 있는 활동입니다.

열려 있고, 자유로우며, 끝없는 의식은 자신도 모르게 바로 이 분리라는 활동을 하고 있습니다. 이 활동이 '사람', 즉 '개별적인 개체'를 정의합니다.

개별적인 개체란 우리가 의식으로서 하는 것입니다. 그것은 우리의 모습이 아닙니다.

* * *

의식이 자신을 수축시키고 이렇게 자신을 파편이라고 상상한 결과,

사물의 투명성

의식은 자신이 초래한 한정된 동일성이라는 경계 내에 포함되지 않은 모든 것을 자신 바깥으로 투사합니다. 이제 세상은 '바깥'과 '다른 이'로 나타납니다. 세상은 '파편으로서의 의식'이 아닌 모든 것이 됩니다.

그리고 세상은 이제 의식과 분리되어 의식 바깥에 존재하는 것처럼 나타납니다. 세상은 의식이 자신을 한정적인 파편으로 보는 새로운 관점을 완벽히 확증하는 것 같습니다. 세상은 '파편으로서의 의식'을 담아내는 광활하며 잠재적으로 위협적인 그릇이 됩니다.

아이러니하게도, 실제로 세상은 의식 속의 외관이자 의식의 표현이기에, 세상은 의식이 생각에 대해 품은 생각을 아주 정확하게 반영합니다

의식이 자신을 파편이라고, 한정적이라고, 얽매여 있다고, 시공간 속에 나타난다고 믿는다면, 세상은 그 파편에 대응하는 것으로 나타날 것입니다.

의식은 자신의 타고난 권리, 즉 자신의 영원하며 만연한 지위를 스스로 부정하면서 이와 동일한 지위를 외관의 세상에 부여합니다. 의식은 자신의 실재를 외관의 세상에 부여하고, 그 대가로 그 세상에게 있는 덧없는 연약함을 자신을 위해 취합니다.

의식은 모든 경험의 기반이자 본성인 자신의 실재를 포기하고, 대신 그것을 자신의 창조물인 외관의 세상에 투사합니다.

의식은 외관의 세상과 자신의 본성을 교환합니다. 의식은 그렇게 할 수밖에 없지요.

사실, 의식은 자신을 경험하는 것을 결코 멈추지 않습니다. 모든 경

험 속에서 의식 자신의 영원을 느낄 수 있습니다.

하지만 자신을 한정적이며 개별적인 개체로 개념화한 의식은 자신의 내밀한 현존의 경험과 존재의 경험을 다른 곳에서 설명해야 합니다. 그래서 의식은 이러한 경험에 '세상'을, '다른 이'를 부여합니다.

이렇게 시간과 공간은 실재의 기반과 실체, 즉 우리 경험에 필수 불가결한 요소가 되는 것처럼 보입니다. 반대로 의식은 외관의 세상에 실제로 속하는 간헐적이고, 한정적이며, 변화하는 특성을 드러내는 것처럼 보입니다.

의식은 자신이 이렇게 했다는 것을, 지금도 이렇게 하고 있다는 것을 잊어버립니다. 그 결과 세상은 의식의 특성을 물려받은 것처럼 보입니다. 세상은 의식처럼 견고하며, 진정하며, 영구적이며, 실체적인 것처럼 보이게 되지요.

반대로 의식은 자신의 타고난 특성을 포기하고 외관의 세상에 정당하게 속하는 특성을 띠는 것처럼 보입니다. 즉, 의식은 덧없고, 순간적이며, 연약하며, 비실체적인 것처럼 보이게 됩니다.

요약하자면, 의식은 자신의 신념과 일치하는 외관을 창조합니다.

사실, 자신을 한정적인 파편으로 믿는 신념과, 세상이 견고하며 개별적인 개체로 나타나는 외관은 완벽하며, 서로를 입증하는 전체로서 함께 창조됩니다.

윌리엄 블레이크William Blake는 이와 같은 이해를 "사람은 그러하기에, 그렇게 본다"라고 표현합니다. 이는 "의식이 자신을 그렇게 보기에, 세상이 나타난다"라고도 표현할 수 있습니다. 의식 자신의 자유와 창조

사물의 투명성

성으로 만들어낸 거의 완벽한 음모라 할 수 있습니다.

의식은 자신을 파편으로 보는 관점에 따라 세상이 나타나게 하는 힘이 있습니다. 그런데 의식이 자신의 실재에 깨어나고 자신을 기억하기 시작할 때, 바로 이 힘으로 의식은 자신을 보는 새로운 관점에 따라 세상이 나타나게 합니다.

이는 세상의 마법 같은 본성입니다. 같은 세상이라도 무지를 입증할 수도, 이해를 입증할 수도 있다는 것입니다. 사실, 이를 가능케 하는 것은 바로 의식의 마법 같은 본성이자, 그 창조성이자, 그 전능입니다!

* * *

우리가 그것을 알든 모르든, 우리는 늘 열려 있고, 자유로우며, 끝없는 의식입니다. 그런데도 우리는 이따금 이를 잊습니다. 그것은 우리의 잊을 수 있는 자유입니다.

일단 잊는다면, 다시 기억할 자유 말고는 어떠한 자유도 우리에게 주어지지 않습니다.

늘 우리는 열려 있고, 자유로우며, 끝없는 의식이지만, 때로는 한정적인 것처럼 보입니다. 의식은 자신이 한 투사에 얽매인 것 같은 자신을 경험합니다.

의식은 자신의 끝없음 속에 경계를 투사한 후, 그 한계와 자신을 동일시합니다. 그것은 자신의 진정한 본성을 잊습니다. 그것은 무지에 '빠집니다.'

그 결과 의식은 자신의 진정한 본성이 왠지 이상하며, 알려져 있지 않은 것이며, 낯설다고 느낍니다. 의식은 그것을 잃어버렸기에 찾아야 한다고, 잊었기에 기억해야 한다고, 어딘가 다른 곳에 분리되어 있다고 느낍니다.

의식은 자신이 찾고 있는 게 이미 바로 자신이라는 것을, 자신이 이미 자신이라는 것을 인식하지 못합니다.

의식은 어느 순간에 알려진 것이 무엇이든, 그것을 아는 '알고 있음'이 바로 '자기 자신을 알기'임을 명확히 보지 못합니다.

하지만 의식이 만든 파편과 의식 자신을 얼마나 깊이 동일시하든, 이러한 무지로 생성된 느낌과 활동이 얼마나 깊든, 의식이 자신의 본성을 자신으로부터 얼마나 성공적으로 숨기든 간에, 의식이 자신을 떠올리는 기억은 자신을 잊는 것보다 늘 더 깊습니다.

늘 그렇습니다. 의식이 자신이 아닌 것이 되는 것처럼 보이기 전에도 여전히 늘 자기 자신일 뿐이라는 사실로 말입니다.

의식은 경험의 특성이 무엇이든 간에 모든 경험에서 가장 근본적인 경험입니다. 그렇기에 자신을 살피려는 찾기, 자신에게 돌아가려 하는 욕망, 자신 속에 머무르려 하는 욕망은 결코 사라질 수 없지요.

아이러니하게도, 같은 이유로 이 찾기는 끊임없이 뒤흔들릴 것입니다. 의식이 오로지 자기 자신만을 경험한다는 것을 이해하게 되면, 이와 동시에 의식이 갈 곳은 없으며 될 것도 없다는 것도 이해하게 되기 때문입니다.

그러므로 무지의 관점에서 볼 때, 찾기란 의식이 자신에게 돌아갈 때 거치는 첫 번째 단계입니다. 이해의 관점에서 볼 때, 찾기란 의식이 자신에게서 멀어질 때 거치는 첫 번째 단계입니다. 어느 경우든 의식은 어디로도 가지 않습니다.

* * *

의식이 신념, 의심, 두려움, 느낌이라는 장막으로 자신을 가렸을 때조차 의식만의 끝없고, 자유로우며, 두려움 없는 본성은 모든 경험 속에서 느껴집니다. 이 느낌은 일종의 향수나 갈망으로 자주 경험됩니다.

이러한 갈망은 우리 삶의 어떤 사건이나 시기, 주로 어린 시절과 잘못 연관되곤 합니다. 그때는 모든 게 좋아 보였고, 삶이 더 행복해 보였기 때문입니다. 그러나 갈망은 과거에 존재하던 상태를 위한 것이 아닙니다. 이 갈망은 모든 현재 경험 뒤편에 숨어 있으며, 그 속에 묻혀 있는 의식의 평온과 자유를 위한 것입니다.

'그때', '행복'으로 존재했던 것은 단지 이 말을 보고 이해하고 있는 바로 이 의식의 드러난 현존이었습니다.

의식은 이 현재 경험을 자기 자신 바깥에 투사합니다. 그리고 의식은 투사에서, 자신 속에서 투사한 마음/몸/세상에서 자신을 잃고, 그것의 일부를 자신과 동일시합니다. 마치 의식이 스스로에게 이렇게 말하는 것과 같습니다. "나는 더 이상 이 열려 있고, 자유로우며, 끝없는 의식이 아니다. 오히려 나는 내 속에서 방금 창조한 이 한정적인 파편이다. 나는 몸이다."

그렇게 의식은 자신을 잊습니다. 의식은 자신의 끝없는 본성을 잊습니다. 이러한 잊음은 '무지'로 알려져 있습니다. 의식이 자신에게 무지한 것이지요.

스스로 잊은 결과로 향수가 나타나고, 의식은 자신에게 돌아가기를, 자유로워지기를 갈망합니다. 탕아의 여정의 매 순간마다 자신이 늘 자신일 뿐이라는 것을 의식은 한동안 인식하지 못합니다.

명상은 단지 이 투사를 분리라는 고통에서 해방시키는 것입니다. 이는 자기 수축을 이완하고, 혼란이라는 거미줄을 풀어내는 것이지요.

의식은 한정적인 파편, 즉 자신의 모습을 띤 개별적인 개체에 주의를 기울이는 대신, 자신의 주의를 다시 진정한 자신에게 기울입니다. 그것은 자신에게 돌아갑니다. 그것은 자신을 기억합니다.

그리고 의식은 세상을 자신 바깥에 투사하는 대신, 그 세상을 되찾아 자신 속으로 가져옵니다.

파편과 자신을 동일시하는 활동과 세상을 바깥에 투사하는 활동은 동일한 활동입니다. 마찬가지로, 한 활동이 멈추면 다른 활동은 무너집니다.

의식은 자신을 한정적인 개체로 생각하고, 그에 따라 세상을 자신 바깥에 투사하는 것에 매우 익숙합니다. 그래서 의식이 자신을 기억하고 자신에게 돌아가는 것은 마치 대응하는 활동, 즉 의식이 자신을 찾으려면 해야 하는 무언가로 보입니다.

처음에는 자기 수축을 이완하는 것이 손을 펴는 것처럼 하나의 활동으로 보입니다.

그러나 의식이 자신에게 돌아올 때마다, 개별적인 개체에 대한 집착을 내려놓을 때마다, 자신 속에서 나타나는 모든 경험의 완전한 영역에 선택이나 선호 없이 자신을 열 때마다, 의식은 자기를 회피하는 습관, 즉 자신의 실재를 회피하는 습관을 자신도 모르게 뒤흔들고 있는 것입니다.

이렇게 의식은 자신 속에서, 자신으로 머무르는 것에 더욱 익숙해지며, 자신이 아닌 것으로 가장하지 않게 됩니다.

스스로를 움츠리며 개별적인 개체로 들어가고자 하는 충동은 계속해서 뒤흔들립니다. 의식은 자신의 안에 머무릅니다.

살피고, 찾고, 회피하고, 가장하고, 움츠리려 하는 충동은 계속해서 나타나지만, 의식은 더 이상 충돌에 사로잡히지 않습니다. 의식은 충동을 인식하지만 더 이상 충동에 이끌리지 않습니다. 그 결과, 충동의 빈도와 격렬함이 줄어들기 시작합니다.

의식은 더 이상 자신을 벗어나 사물로 향하지 않습니다. 의식은 자신 속에 머무르며, 사물은 의식으로 다가옵니다. 사물, 즉 사유, 느낌, 지각은 의식으로 다가오며, 의식에 나타나며, 의식 속에서 일어납니다. 하지만 의식은 더 이상 몸, 마음, 세상을 경험하기 위해 자신을 잊을 필요가 없습니다.

의식은 모든 경험 속에서 빛납니다.

모든 것이 제자리를 찾는 순간이 옵니다. 열려 있고, 자유로우며, 한계가 없는 의식은 곧 우리의 내밀한 자아입니다. 이는 언제나 오롯한 우리 자신이었고, 앞으로도 늘 오로지 자기 자신일 것임을 스스로 깨닫습니다. 의식은 단 한 순간도 자신을 떠난 적이 없음을 깨닫습니다. 의식은 자신에게 돌아가거나 자신을 기억하는 것처럼 보였던 것이 단지 자신의 인식, 즉 자신이 늘 오로지 자신 속에서 자신으로 머물러왔다는 인식에 불과하다는 것을 깨닫습니다.

의식은 이전에 자신이라고 여겼던 개별적인 개체가 사실은 이따금 자신이 하는 활동에 불과하다는 것을 깨닫습니다.

마찬가지로 의식은 이따금 자신이 하는 것처럼 보였던 활동, 즉 우리가 명상이라고 부르는 그 활동이 사실은 늘 그대로인 자신의 모습임을 깨닫습니다.

의식은 명상이란 오고 가는 상태가 아니라, 모든 상태가 오고 가는 곳임을 깨닫습니다.

명상은 단지 의식의 자연스러운 현존으로서, 항상 존재하며 모두를 포용합니다. 또한 변함이 없고, 끊임이 없으며, 무한하고, 스스로 빛납니다. 그것은 스스로를 아는 것이며, 자명합니다.

한정적이며 개별적인 개체의 관점에서 보면, 명상에 대한 모든 서술은 그 개별적인 개체가 해야 할 무언가로 나타납니다. 개별적인 개체가 의식이 자신에게 품는 신념과 느낌에 불과하다는 것이 명확히 보이는 순간, '명상'으로 여겨졌던 과정이나 행동을 서술하는 것처럼 보였던 기존의 말들, 즉 무언가를 하라는 지시처럼 보였던 그 말들이 이제는 단지 사물의 모습에 대한 서술로 이해됩니다.

무지의 관점에서 보면, '사람'은 우리의 모습이고 '명상'은 우리가 이따금 하는 것입니다.

사물의 투명성

이해의 관점에서 보면, '명상'은 우리의 모습이고 '사람'은 우리가 이 따금 하는 것입니다.

명상은 우리가 하는 것이 아닙니다. 우리가 그것을 알든 모르든, 명상은 우리의 모습입니다.

에고

에고Ego, 즉 자아는 '나'를 의미하며, '나'는 의식입니다.

항아리는 그 안의 공간에 모양을 부여합니다. 그러나 항아리가 깨지면, 그 안의 공간은 늘 그래왔던 것처럼 완전히 그대로 있으며, 이는 안쪽도 바깥쪽도 아닙니다.

사실, 항아리가 모양을 띠도록 해준 것은 바로 그 공간입니다. 그 반대가 아닙니다.

항아리라는 모양은 공간 속에 잠재적으로 포함된 무수한 가능성 중 하나에 불과합니다. 그 가능성 중에는 모양이 전혀 없는 경우도 있습니다.

흔히 '자아'라 일컫는 개별적인 개체는, 항아리의 안쪽과 바깥쪽 모두인 이 공간이 스스로에게 "나는 항아리다"라고 말하는 것과 같습니다.

자아는 개체가 아닙니다. 자아는 활동입니다. 자아는 의식이 매 순간 자유롭게 만들거나 만들지 않을 수 있는 파편과 자신을 동일시하는 선택적 활동입니다.

자아라는 단어를 보고 이해하는 '나', 즉 이 의식이 단지 몸/마음일 뿐, '나'가 지각하는 다른 어떤 것도 아니라는 것을 생각하고 느끼는 활동입니다.

이러한 생각과 느낌은 의식 속에서 일어나며, 의식의 표현입니다. 자아란 의식이 몸과 마음으로 가장하다가, 자신이 그렇게 가장한다는 사실을 잊어버리고는 정말로 자신이 몸과 마음이라고 생각하고 느끼는 활동입니다.

흔히 떠올리는 이 자아는 단지 이러한 가장과 잊음의 습관일 뿐이며, 부주의로 인해 영원히 지속됩니다.

그것은 자신의 본성에 항아리의 특징, 이름, 모양이 있는 것처럼 가장하는 항아리 안팎의 공간입니다.

그것은 (의식 속에서 나타나는 것처럼 보이지만, 사실은 의식 속에서 나타나는) 몸/마음의 특성과 동일한 것이 있는 것처럼 가장하는 의식입니다.

그것은 귀걸이의 이름과 모양이 자신의 본성 속에 존재한다고 스스로에게 말하는 귀걸이 속의 금입니다.

대부분 초기에 의식이 파편과의 동일성에서 벗어나는 해방은 스스로에 대해 열려 있고, 환영하며, 목격하는 현존의 공간으로 아는 것으로 이루어져 있습니다.

그러나 단지 "나는 의식이다"라고 아는 것만으로는 충분하지 않습니다. 이 표현은 우리가 '나'라고 여기지 않는 것, 즉 다른 이와 세상을 모두 배제하기 때문입니다. 말하자면, 이 표현은 의식이 개인적이며 한정적일 수 있다는 가능성을 열어둡니다.

의식은 더 나아가 모든 사물과의 절대적인 동일성을 다시 발견해야 합니다. 의식은 "나는 모든 것이다", 즉 여기 있는 이 의식이 저기 있는 그 실재와 동일하다는 것을 발견해야 합니다. 말하자면, 의식은 자신이 개인적이지 않으며 끝없다는 것을 발견해야 합니다.

* * *

저기 있는 세상이 환영이라 하더라도, 그 환영은 여전히 알려져 있습니다. 그 환영은 경험됩니다. 우리가 겪는 대상적 경험을 이루는 외관은 언제나 변하지만, 이 잇따라 변화하는 외관이 있는 와중에도 알기나 경험하기는 계속해서 존재합니다.

알기나 경험하기는 매번 변화하는 외관을 따라 변하지 않습니다. 알기나 경험하기는 외관의 흐름을 따라 흐르지 않습니다. 그것은 내내 존재하며 변함없습니다.

모든 경험 속에 존재하는 이 알고 있음Knowingness, 경험한다는 것 Experiencingness은 의식의 빛입니다. 그것은 모든 경험을 비춥니다. 이 알고 있음은 '나'로 알려져 있습니다. 그것은 우리의 가장 내밀한 자아입니다.

'나', 즉 동일성은 알고 있음입니다.

알고 있음은 내가 하는 것이 아닙니다. 그것은 나의 모습입니다.

알고 있음은 모든 경험의 구성에 들어갑니다.

그러므로 '나'는 모든 경험의 구성에 들어갑니다.

'나'는 모든 경험 속에 있는 경험하기입니다.

마찬가지로, 세상이나 대상은 그것을 경험하는 것입니다. 세상이 우리 경험 바깥에 존재한다는 증거가 우리에게는 없습니다. 그리고 그러한 경험을 겪는 것은 결코 가능하지 않습니다. 경험 그 자체가 증거를 판단하는 시금석이기 때문입니다.

우리가 경험하기를 대상과 분리한다면, 그 대상이 사유든, 감각이든, 지각이든 간에 그 대상은 사라집니다. 하지만 경험하기는 남아 있으며, 자신을 경험하고 있습니다.

우리가 아는 한, 그것을 겪는 우리의 경험 바깥에는 아무것도 존재하지 않습니다.

따라서 '나'가 경험하기이고, 세상이 세상을 겪는 우리의 경험하기로 이루어져 있다면, '나'와 세상, 즉 '나'와 대상은 하나입니다.

개별적이며 독립적인 개체로서의 세상은 우리가 이를 직접적으로 볼 때 무너져내립니다.

우리는 사실 하나인 사물을 '나'와 '다른 이'라는 두 개의 이름으로 부릅니다. 그리고 우리는 사실 사물이 아닌 것을 일체라는 한 개의 이름으로 부릅니다. 그것은 이름이 없습니다.

마음의 한정적인 관점에서 보면, 이름 없는 것은 모든 사물을 모르는 것입니다. 실재의 관점에서 보면, 그것은 모든 사물의 경험 속에 있는 알고 있음입니다.

* * *

자아는 기능하는 방식입니다. 그것은 개체가 아니라 활동입니다. 의식이 자신에 무지할 때 그것이 일어난다는 의미에 한해서만 그것은 무지합니다.

우리는 개별적인 개체라는 감각이 없어도 시공간의 외관적 세상 속에서 여전히 매우 잘 기능할 수 있습니다.

사실, 개별적인 개체라는 한정적인 관념과 그 입장을 유지하는 데 필요한 욕망과 두려움에서 벗어날 때, 삶은 자유로워지고 생기가 넘치며 활기차게 됩니다.

경험은 현존하지 않는 개체를 위해 행복을 만들어야 한다는 요구에서 벗어나며, 그 결과 꽃피게 됩니다.

관계는 사랑을 만들어야 한다는 요구에서 벗어나며, 그 결과 사랑이 그 안에서 자연스럽게 빛납니다.

그리고 의식이 몸, 마음, 세상에 관여하지 않을 때, 의식이 취하는 기본 입장은 자기 수축된 개체의 고립된 세포로 움츠려 있거나 어떤 개인으로 무너져내리는 것이 아닙니다.

의식은 그대로 머무릅니다. 그것은 투명하며, 빛나는 현존이며, 열려 있으며, 비어 있으며, 침묵하고 준비되어 있으며, 매 순간 경험의 총체라는 모양을 띨 준비가 되어 있습니다.

* * *

당신이 큰 집에 살면서 맨 위층에 사는 한 까다로운 노인을 모시며 평생을 살았다고 상상해 봅시다.

당신은 그 노인을 한 번도 본 적이 없지만 아침부터 밤까지 그의 집 안일을 해줍니다. 어느 날 저녁 드문 휴식 시간이 오고, 당신은 친구에게 당신의 운명을 한탄합니다. 친구는 당신에게 노인을 설득해 보라고 제안합니다.

그 노인과 대화는커녕 본 적도 없다는 말에 친구는 의아해 하며 가서 그를 찾아보라고 격려합니다.

당신은 처음에는 망설이지만, 친구와 여러 차례 이러한 대화를 나눈 후, 위험을 무릅쓰고 노인의 방으로 향합니다.

첫 방문에서 당신은 용기를 내어 겨우 문 주변을 살짝 볼 뿐, 노인을 볼 수 없습니다. 당신이 이를 친구에게 알려주자, 친구는 당신에게 좀 더 용기를 내라고 말하며 방 안을 자세히 보라고 격려합니다.

당신은 노인의 방을 여러 번 방문하며, 매 방문마다 그의 거처를 좀 더 철저하게 찾습니다. 여러 방문 끝에 비로소 당신은 노인이 존재하지 않는다고 확신합니다.

하지만 한동안 당신은 습관 때문에 계속해서 매일 아침 6시에 일어나 상상 속 노인을 모실 때 하곤 했던 여러 업무를 수행합니다. 그 중 어떤 습관은 즉시 없어지지만, 어떤 습관은 끝나기까지 시간이 걸립니다.

이 이야기에서 노인은 개별적인 개체이며, 친구는 당신에게 내면을 들여다보고 당신의 삶을 지배하는 이가 진정 누구인지 알아내도록 격려하는 스승입니다.

우리가 자신의 본성을 보다 깊이 들여다볼수록 그곳에 어떠한 개체도 없다는 것을 알게 됩니다. 우리는 현존하지 않는 개체를 모시며 삶을 보냅니다. 우리를 얽매는 것은 우리의 상상일 뿐이며, 우리를 해방하는 것은 명확함입니다.

대부분의 경우, 이는 그 문제를 여러 번 방문하고 매번 조금씩 더 깊이 그 문제에 들어가는 것을 필요로 합니다. 그곳에 개별적인 개체가 없다고 완전히 확신하려면 말입니다.

이러한 발견이 끝나도 현존하지 않는 노인을 모시면서 발달한 몸/마음의 습관 중 일부는 관성적으로 남아 있을 수 있지만, 시간이 지나면 그 습관도 결국엔 없어질 것입니다.

개별적인 개체를 따르는 우리의 복종은 마음 수준에서는 "나는 개별적이고 개인적인 개체다"라는 신념으로, 몸 수준에서는 "나는 이 몸이다", 혹은 "나는 이 몸속에 있다"라는 느낌으로 이루어져 있습니다.

그러나 의식은 실제로 이러한 신념이나 느낌에 얽매이지 않습니다. 그것은 단지 자신을 그대로 생각하고 느낄 뿐입니다. 그것은 자신을 그렇게 상상하면서 자신을 얽매는 것처럼 가장하고, 따라서 자신을 그렇게 경험합니다.

의식이 이러한 가장을 멈추는 순간, 그것은 자연스러운 상태로 돌아갑니다. 그 결과, 분리라는 가장과 연관된 생각하기, 느끼기, 행동하기의 양식은 점차 풀어지며, 자연스러운 상태에 부합하는 사유, 느낌, 행동으로 점점 더 대체됩니다.

의식은 그 자체의 내용으로 존재한다

교육 도구로서의 아드바이타Advaita 혹은 불이론적Non-Dual 가르침은 때때로 의식과 의식을 이루는 내용, 즉 의식 속에서 일어나는 외관을 두 개의 개별적인 요소로 언급합니다. 이는 의식이 외관과 독립적이며, 외관이 의식에 의존한다는 것을 확립합니다.

이처럼, 이는 대상에 의존하는 의식 및 의식과 분리되어 독립적으로 존재하는 세상이라는 관습적 모델을 뿌리 뽑는 유용한 도구입니다.

하지만 일단 이 진실이 확립되면, 그 표현 자체는 한계가 되며 보다 깊은 이해를 방해합니다. 관습적이고 이원적인 체계의 관점에서 진실이었던 것은 경험의 본성을 조사하는 보다 깊은 탐사 앞에서 진실이 아니게 됩니다.

그렇다면 대상이 의식 속에서 나타나며, 대상이 사라질 때 의식은 내용 없이 남는다는 이 표현을 다시 살펴봅시다.

이 표현을 바다에 비유하자면, 파도는 의식의 바다 위 혹은 바닷속에서 일어나는 외관을 의미합니다.

파도를 이루는 내용이 물인 것처럼, 외관을 이루는 내용은 의식입니다.

파도의 모양은 물이 띠는 형태입니다. 파도의 모양은 외관의 형태입니다. '파도'는 그것의 이름일 뿐입니다. 그러나 그 외관을 이루는 내용은 파도가 아닙니다. 그것은 물입니다.

마찬가지로, 의식은 '나타나려고' 자신에게 이름과 형태라는 '옷을 입힙니다.' 의식은 마음과 감각을 거쳐 자신을 투사해 외관의 모양을 띱니다.

하지만 모든 경험을 이루는 내용은 바로 의식 그 자체입니다.

따라서 대상, 즉 사유, 감각, 지각은 의식을 이루는 내용이 아닙니다. 오로지 의식만이 의식을 이루는 내용입니다. 사유, 감각, 지각은 의식이 현현의 과정에서 띠는 이름과 형태이지요.

파도가 잦아들면, 그것을 이루는 내용은 사라지나요? 아닙니다. 파도의 외관이 사라져도, 그 내용인 물은 완전히 늘 그대로 남아 있습니다.

마찬가지로, 외관을 이루는 내용은 의식이며, 외관이 사라져도 그 내용은 사라지지 않습니다. 그러므로 의식을 이루는 내용은 의식 그 자체입니다. 의식은 자신을 이루는 내용입니다. 의식은 결코 다른 무언가가 되지 않지요.

모든 것을 이루는 내용이 의식이며 이 의식은 우리가 내밀하게 아는 우리 자신의 모습이라고 말한다면, 이를 우리의 실제 경험에 보다 가까운 방식으로 달리 표현할 수 있습니다.

의식은 그 자체의 내용으로 존재한다

의식은 우리 자신의 실재이자 모든 외관의 실재입니다.

이러한 방식으로, 진리Truth의 각 표현은 이전의 덜 완전한 표현에 있던 한계를 드러내고 대체합니다. 각 표현은 그 후 직접적인 경험에 보다 가까운 표현으로 인해 자신도 밝혀지며 대체됩니다.

경험의 본성을 조사하는 탐사가 깊어질수록, 가장 미묘한 표현조차 부적절한 것으로 보입니다. 그 표현이 가리키는 경험에 닿는 지점은 바로 그 표현이 자신의 원천인 침묵Silence으로 무너지는 지점입니다.

* * *

집 밖으로 나가는 것을 두려워하는 이는 실내에 머무르려 하는 자신의 욕망을 정당화하려고 온갖 불쾌한 것을 바깥세상에 투사합니다. 그가 바깥세상에 관해 보고 듣는 모든 것이 그의 태도를 정당화하는 것처럼 보입니다. 이러한 사람에게 실제로 세상은 본래 그러한 게 아니라 그의 두려워하는 태도가 세상을 특정 방식으로 나타나게 한다고 설득하는 것은 매우 어려울 것입니다.

같은 방식으로, 의식은 자신이 몸/마음 속에 산다고 생각하고 느끼는 것에 익숙해지며, 신념과 느낌을 겹겹이 쌓아 이러한 습관을 구현합니다. 의식이 일단 이러한 입장을 취하면, 의식의 경험은 자신의 신념과 느낌의 진실성을 구현하는 것처럼 보입니다.

그러나 드러난 현상을 창조적으로 보여주는 마야maya(허상)의 본성은 그 반대도 참입니다. 의식이 몸/마음과의 한정적인 동일시에서 벗어

사물의 투명성

나기 시작할 때, 의식은 자신이 올바른 길로 나아가고 있다는 걸 알려주는 온갖 확증을 세상으로부터 받습니다.

에고, 즉 자아(개별적인 개체인 척하는 의식)는 자신이 영원히 지속되도록 이용 가능한 모든 것을 취하는 데 능숙하며, 이 목적을 위해 '진리' 또한 다른 것들과 마찬가지로 충분히 이용됩니다. 어떤 면에서 이는 최고의 안전장치입니다. 이를 넘어설 수 있는 것은 없기 때문입니다.

예를 들어, 자아는 이른바 "의식이 전부다", 따라서 "무엇이든 다른 모든 것만큼 좋다"는 이해를 자신의 고립 활동을 정당화하는 변명으로 사용합니다.

그러나 자아란 가장(가면)입니다. 의식이 자신의 자유로 선택한 가장입니다.

의식이 전부라는 태도는 이해에서 비롯된다면 참이지만, 그 태도가 신념, 즉 자아에서 비롯된다면 참이 아닙니다. 자아는 분명 의식과 몸/마음이 섞인 한정적인 혼합체이므로, 자아는 동시에 자신이 모든 것이라고 주장할 수 없습니다.

의식이 전부라는 신념은 의식이 단일한 몸/마음과의 한정적인 동일시로 일어나는 고통을 멎게 하지 않습니다. 따라서 이러한 관용과 수용이라는 외관적 태도가 일시적으로 억누르던 찾기는 어느 단계에 이르면 필연적으로 다시 나타날 것입니다.

"모든 것은 의식이니까 나는 내 고통과 부정성을 그 의식의 표현으로 받아들여. 그렇기에 나는 어쩔 수 없어"라고 말하는 것은 솔직하지 못합니다.

고통은 이미 현재 상황의 거부이자, 현재 상황을 그대로 받아들이지 못하는 것입니다. 이러한 거부는 의식이 몸/마음과의 한정적인 동일시에 대응하는 것입니다. 이것이 고통의 핵심입니다.

만약 우리의 신조가 "모든 것은 의식이므로, 모든 것은 다른 모든 것만큼 좋고, 따라서 나는 내 고통을 바꿀 수가 없고 바꿀 필요도 없어"라면, 애초부터 그 태도를 현재 상황에 적용하여 고통을 있는 그대로 완전히 맞이하는 것은 어떤가요? 현재 상황에 대한 우리의 거부를 받아들이는 대신, 그 현재 상황 자체를 받아들이는 것은 어떤가요? 거기서 고통은 바로 멎을 것입니다.

이른바 순간의 거부를 받아들이는 수용은 의식 속의 모든 것을 참되고 공정하고 자비롭게 맞이하는 것이 아닙니다. 그것은 이해로 위장한 두려움이자 유사 아드바이타입니다. 그러한 점에서 그것은 에고, 즉 자아 그 자체의 활동이며, 자신의 고립과 불행을 영속시킵니다.

자아는 단지 지금 이 단어를 보고 이해하는 개인적이지 않은 의식이 단일한 몸과 마음과 한정적으로 섞인 혼합체일 뿐입니다.

그것은 의식의 활동이거나, 보다 정확히 말하자면, 이 개인적이지 않은 의식이 이따금 취하는 모습입니다.

따라서 귀걸이 속에 금이 있듯, 의식 속에 있는 평온과 행복은 개별적인 개체로 추정되는 자아 속에 있습니다.

사실, 우리는 자아가 평온과 행복 그 자체의 맛이며, 그 맛은 평온과 행복이 존재하지 않는다는 신념과 느낌과 혼합된 것이라고 말할 수 있지요.

이는 귀걸이가 스스로에게 "나는 금의 아름다움과 광채로 빛나기를 갈망한다"라고 말하는 것과 같습니다. 그러나 귀걸이는 금 그 자체가 이미 자신의 현존이자 자신의 아름다움이 나오는 곳임을 깨닫지 못하고 있습니다.

같은 방식으로, 모든 경험은 단지 빛나는 의식의 현존일 뿐입니다.

우리는 이를 알거나 경험하려고 다른 어딘가로 갈 필요도, 다른 무언가를 할 필요도 없습니다. 그것은 우리가 항상 경험하는 전부입니다.

현존을 경험하려고 어딘가로 가거나 다른 무언가를 보려고 하는 것은 지금 이 순간, 이 순간으로서 여기 빛나고 있는 바로 그 현존을 부정하는 것입니다. 동시에 의식은 자신을 받아들이지 않는 바로 그 부정 속에서, 그리고 이후 자신을 살피는 찾기 속에서도 빛납니다.

대상으로서의 자신을 찾는 것은 귀걸이가 "금으로서의 나를 경험하려면 나는 다른 무언가가 되어야 하고, 다른 무언가를 해야 한다"라고 스스로에게 말하는 것과 같습니다. 그러나 그것은 이미 오로지 금일 뿐입니다. 그것이 팔찌나 목걸이로 변해도, 그것은 항상 오로지 금일 뿐입니다. 금은 귀걸이 뒤에 숨어 있거나 그 속에 있지 않습니다. 금은 귀걸이로서 빛납니다. 귀걸이는 금이 내는 빛입니다.

귀걸이의 이름과 모양은 너무 강렬하게 우리의 주의를 끌기에, 우리가 금을 보고 있다는 것을 깨닫지 못한다는 것은 사실입니다. 우리는 오로지 귀걸이의 이름과 모양만을 봅니다. 금을 보는 순간, 우리는 귀걸이를 보는 동시에 금을 보고 있다는 것을 깨닫습니다.

세상의 전통적인 물리적 모델에서, 우리는 대상을 볼 때 사실은 오로지 빛만을 본다는 것을 압니다. 마찬가지로, 실제 우리가 대상의 외관을 볼 때, 우리는 동시에 사실 의식만을 본다는 것을 알게 됩니다.

즉, 의식, 우리의 자아는 항상 자신만을 지각하거나 경험하고 있습니다.

마음의 관점에서 보면, 대상은 의식을 가립니다. 실재의 관점에서 보면, 대상은 의식을 드러냅니다.

* * *

텔레비전으로 축구 경기를 시청다고 상상해 봅시다. 펼쳐지는 드라마가 매우 흥미진진해서 우리는 선수, 경기장, 공 등만을 보게 됩니다. 경기가 끝나고 텔레비전을 끄면 우리는 화면을 보게 됩니다.

그 순간 우리는 사실 늘 화면을 보고 있었다는 것을 깨닫습니다. 하지만 화면은 선수, 경기장, 공이라는 이름과 모양을 취한 것처럼 보였습니다.

화면은 결코 그 경기의 외관으로 가려지지 않습니다. 화면은 우리가 항상 보는 전부입니다. 우리는 단지 이따금 이를 알아채지 못할 뿐입니다. 선수가 화면을 가리는 것 같지만, 사실은 그렇지 않습니다. 오히려 선수는 화면을 드러냅니다. 하지만 그렇게 한다고 해서 선수가 숨겨진 무언가를 드러내는 것은 아닙니다. 선수는 늘 명백히 보이고, 늘 지각되지만, 이따금 알아채지 못하는 무언가, 즉 화면을 드러냅니다.

화면은 텔레비전을 끄면 창조되는 것이 아닙니다. 그것은 텔레비전을 끄면 드러나며, 이와 동시에 늘 존재해 왔다는 것이 드러납니다.

사물의 투명성

텔레비전을 다시 켜면, 우리가 화면과 선수를 동시에 보고 있다는 것이 분명해집니다. 화면은 선수의 지지대이자 실체입니다.

화면은 선수 뒤에 숨어 있지 않습니다. 선수가 존재하는 동안, 화면과 선수는 하나이며 같은 것입니다. 우리는 그 둘을 분리할 수 없습니다. 그 둘은 동일합니다.

우리가 화면과 선수를 동시에 본다는 것을 이해하려고 특별한 무언가를 할 필요는 없습니다. 사실, 이것이 명백해지면, 화면과 선수가 서로 분리되어 있거나 다르다고 생각하는 것은 헛된 일이 됩니다.

그렇긴 하지만, 대부분의 경우 텔레비전을 꺼야 합니다. 이는 화면의 현존에 주의를 기울이게 하고, 화면이 먼저 있었다는 것을 보여주며, 선수는 화면에 의존하지만 화면은 선수에 의존하지 않는다는 것을 보여줍니다.

이것이 명확해지면, 우리는 텔레비전을 다시 켜도 이 이해를 잊지 않습니다.

텔레비전을 끄는 것은 모든 사물의 목격자로서의 자리에 서는 것과 같습니다. 말하자면 목격되는 대상, 즉 마음, 몸, 세상을 거리를 두고 바라보게 하며, 의식의 현존과 우선성에 주의를 기울이게 합니다.

이것이 분명해지면 우리는 목격자에게 나타나는 대상의 전 영역을 다시 볼 수 있게 됩니다. 우리는 이제 의식이 대상의 지지대이자 대상의 실체라는 것을 알게 됩니다. 화면이 선수, 경기장, 공의 지지대이자 실체인 것과 같은 방식이지요.

이러한 방식으로 목격자는 그것의 마지막 한계와 대상성이라는 층에서 벗어나, 끝없으며 개인적이지 않은 의식 그 자체로 드러납니다. 모든 외관은 단순히 이 의식에 나타나는 게 아니라, 이 의식 속에서 의식으로서 나타납니다.

의식은 단지 실재를 지각하지 않습니다. 의식이 바로 실재입니다.

우리는 여전히 경기를 즐길 수 있습니다. 우리는 여전히 드라마에 흥분하거나 실망할 수 있지만, 어느 쪽이든 그것은 단지 화면일 뿐이라는 것을 알고 느낍니다.

이 순간, 그리고 모든 순간 속에서 춤추는 것은 오직 현존일 뿐입니다.

전통적인 베단타 가르침에서는 이따금 외관의 가리는 힘을 강조하며, 이 때문에 외관이 때로는 의식의 배경을 가린다고 여겨집니다.

이 전통에서 마야, 즉 외관은 다소 부정적인 의미로 '환영'이라는 단어로 번역됩니다. 그러나 겉으로 드러나는 외관이 곧 환영인 것은 아닙니다. 환영인 것은 바로 그 외관이 의식과 독립적이고 분리되어 있는 것처럼 보이는 것이지요.

탄트라적 접근에서는 이 동일한 외관이 배경 자체를 드러내고 표현하는 것으로 이해합니다. 따라서 이 전통에서 마야는 그 외관의 원천에서 만들어져 다시 그 원천으로 돌아가는 에너지의 창조적 전개로 여겨집니다.

우리가 이 외관을 바라보는 수준이나 관점에 따라, 이 외관은 그 원천을 가리거나 드러내는 것으로 볼 수 있습니다.

'알고 있음'이 곧 모든 사물의 실체다

어떤 대상의 외관적 연속성은 사실 의식의 연속성입니다. 경험의 흐름에서 지속되는 것, 계속되는 것은 알고 있음Knowingness 혹은 경험하기이며, 외관은 단지 이 알고 있음의 변조에 불과하다고 볼 수 있습니다. 외관은 그 자체로는 어떤 실체나 연속성도 가지지 않습니다.

알고 있음은 모든 경험이 일어나기 전, 일어나는 동안, 일어난 후에 존재합니다.

어떠한 외관이든 그 외관 자체가 있는 동안, 알고 있음은 외관의 모양을 취합니다. 어떠한 외관도 없을 때, 알고 있음은 늘 그대로 있을 뿐입니다.

외관으로서 모든 대상은 한정적입니다. 예를 들자면, 몸/마음은 외관으로서 한정적입니다. 그러나 실제로는, 이 외관의 실체는 의식 그 자체이며, 그렇기에 아무런 한계가 없습니다.

무지의 관점에서 보면, 의식은 몸/마음의 특성을 띠는 것처럼 보입니다. 즉, 의식은 개인적이며 한정적인 것처럼 보입니다.

이해의 관점에서 보면, 우리의 진정한 몸과 진정한 마음은 개인적이지 않으며 끝없는 의식 그 자체입니다.

모든 외관의 전후에, 알고 있음은 그저 자신을 자신으로 알 뿐입니다. 이 '자기 알기'는 아무 색도 없으며, 투명하며, 스스로 빛나며, 자명합니다.

대상이 사라진 후 남는 것에는 모두 대상적 특성이 없습니다. 하지만 '경험을 함'은 남아 있습니다. 그것이 바로 의식입니다. 그것은 순수한 경험하기입니다.

대상이 존재하지 않을 때도 이 '경험한다는 것'은 자신을 경험하며 늘 그대로 남아 있습니다.

'경험한다는 것'과 '알고 있음'은 의식과 동의어입니다.

'경험한다는 것'을 경험하거나 '알고 있음'을 대상으로 알려고 하는 욕망이 바로 우리가 '경험한다는 것' 혹은 '알고 있음'으로 알면서 머무르는 것을 방해합니다. 이렇게 자신을 다른 곳에서 찾는 과정에서 의식은 자신을 간과합니다.

이 동요, 즉 의식을 대상으로 경험하려 하는 이 욕망은 의식이 자신을 아는 경험을 가리는 것처럼 보입니다.

그럼에도 사실 의식은 늘 자신을 알고 있습니다. 의식은 자신을 '모를 수'가 없습니다. '알기'가 의식의 본성이기 때문입니다. 하지만 때로는 자신이 알고 있다는 것을 모른 채, 자신을 깨닫지 못한 채, 의식은 자신을 알기도 합니다. 의식은 자신이 스스로를 알아차리고 있다는 것을 알아차리지 못합니다.

의식을 대상으로 경험하려 하는 욕망은 의식이 이미 존재하지 않는다는 신념에서 비롯됩니다. 몸 수준의 깊은 결핍감, 즉 "나는 무언가를 원한다. 나는 무언가가 필요하다"라는 느낌은 이 신념을 강화하고 구현합니다.

원하던 대상을 얻고 결핍감이 해소될 때마다 의식은 힐끗 자신을 보게 되며, 이 경험은 행복으로 알려져 있습니다. 사실, 그것은 찰나의 순간이 아닙니다. 그것은 영원한 순간입니다.

그런데 행복을 일으키는 것은 그 얻은 대상이 아닙니다. 대상을 얻으며 외관상 일어난 결핍감의 녹아내림이 이미 존재하던 행복을 드러낸 것입니다.

따라서 우리가 의식으로 알면서 머무르는 것을 실제로 방해하는 것, 즉 의식을 대상으로 경험하려 하는 욕망을 내려놓으려면, 이는 그저 의식은 대상이 아니라는 이해 그 이상을 필요로 합니다.

이는 결핍감, 즉 우리를 행복하게 하려면 존재하지 않는 무언가가 필요하다는 느낌, 그러니까 몸 수준의 느낌과 충동 및 우리가 사유를 통해 어떻게 그 느낌과 충동에서 벗어날 것인지에 대한 깊은 민감을 필요로 합니다.

이것을 이해한다면, 우리는 더 이상 결핍감을 해소하려고 대상을 얻을 필요가 없습니다. 우리는 결핍감 그 자체에 직접 가서 결핍감을 있는 그대로 마주합니다. 우리는 충동에 이끌려 행동하지 않으며, 생각하기, 욕망하기, 행동하기를 통해 충동에서 벗어나지 않습니다. 우리에게는 그것을 마주할 용기가 있습니다. 우리에게는 그것을 벗어나지 않을 용기가, 그것에 대해 아무것도 하지 않을 용기가 있습니다.

우리는 단지 결핍감이 온전히 존재하도록 둘 뿐입니다. 우리는 결핍감에 그 무엇도 덧붙이지 않습니다. 이것은 쉽습니다. 우리, 즉 의식은 이미 모든 사물을 허용하는 것이자 맞이하는 것이기 때문이지요.

우리는 단지 의식이 모든 것을 보살피게 둘 뿐입니다.

이러한 느낌을 명확히 본다면, 느낌이 사실은 생각하기, 욕망하기, 두려워하기를 일으킬 고유한 힘이 없는 중립적인 몸에서의 감각에 불과하다는 것이 드러납니다. 결핍감이나 분리감은 차치하더라도 말입니다.

이렇게 우리의 이해 속에서 느낌을 몸에서의 감각으로 격하시키는 것은 명확한 보기를 통해 애쓰지 않고 이루어집니다.

우리는 느낌에 대해 아무것도 하지 않습니다. 사실, 우리는 느낌에 대해 무언가를 하는 것을 멈춥니다. 우리는 느낌에 실재를 가리는 힘을 부여하는 것을 멈춥니다. 우리는 느낌에 불행과 그에 수반하는 찾기를 일으키는 힘을 부여하는 것을 멈춥니다.

우리가 몸에서의 감각에 느낌을 덧씌우는 것을 멈추는 순간, 느낌은 더 이상 무지와 혼란의 거처가 되지 않습니다. 대신 느낌은 현존의 비어 있음에서 춤추는 창조적인 에너지를 아름답게 보이며, 매 순간 그 충만함이 드러납니다.

물론 욕망은 계속해서 일어나지만, 그 목적은 이제 느낌을 피하는 것도, 행복을 얻는 것도 아닙니다. 욕망의 목적은 행복을 표현하는 것입

사물의 투명성

니다. 사실 그 목적, 즉 욕망의 본성은 행복을 현현하고, 나누고, 기념하는 것입니다.

우리의 진정한 몸

경험은 늘 지금 현재 일어납니다. 따라서 우리가 실재의 본성을 탐사하려 한다면, 우리에게 있는 것은 이 현재 경험이 전부입니다.

이 현재 경험 속에 우리 자신과 실재의 본성을 이해하는 데 필요한 모든 정보가 있습니다. 우리가 어떠한 모습이든, 실재가 어떠한 모습이든, 우리와 실재 둘 다 존재하기 때문이지요.

우리의 실제 경험을 매우 가깝게 따르고, 우리가 사물이 그렇다고 생각하는 과거의 개념이나 생각에 의존하지 않는 것만이 필요합니다. 우리는 이 경험 탐사에 매우 깨끗하게 다가가야 하며, 우리가 스스로 진실이라고 아는 것만을 허용해야 합니다.

이 순간 무언가가 경험되고 있습니다. 우리는 그 무언가가 무엇인지 모를 수 있습니다. 예컨대, 그것은 꿈일 수도, 환상일 수도 있습니다. 하지만 우리는 무언가가 있다는 것을 압니다.

알려진 것이 있습니다. 즉, 몸, 마음, 세상이 있습니다. 그리고 우리가 '나'라고 부르는 무언가가 있습니다. 그것은 알려진 것을 경험하거나 알고 있습니다.

이 외관적인 두 가지, 즉 경험되는 것the experienced과 경험하는 이the Experiencer, 알려진 것과 아는 이, 지각되는 것the perceived과 지각하는 이the Perceiver는 사실 늘 하나의 완벽한 총체입니다. 우리의 실제 경험에서 이들은 두 가지가 아닙니다.

하지만 우리는 이 완벽한 총체의 대상적 측면에 완전히는 아니지만 주로 집중하는 경향이 있습니다. 대부분 우리의 주의는 대개 사유와 이미지, 느낌과 감각, 그리고 지각, 즉 마음과 몸, 세상에 쏠려 있습니다.

반면 이러한 관조에서 우리는 경험의 대상적 측면보다는 주체적 측면에 집중합니다. 우리는 지각되는 것보다는 지각하는 이에 주의를 기울이죠.

경험은 늘 하나의 완벽한 총체지만, 우리는 인위적으로 지각하는 이와 지각되는 것, 경험하는 이와 경험되는 것, 경험의 주체적 측면과 대상적 측면을 분리합니다.

이렇게 하는 목적은 주체적 측면, 즉 아는 이, 지각하는 이, 경험하는 이, 매 순간 경험되는 것을 모두 목격하는 의식의 현존에 주의를 기울이기 위함입니다.

보통 우리는 경험의 대상적 측면에 너무 몰입한 나머지 모든 경험의 내부와 그 배후에 있는 의식의 현존을 간과합니다.

의식, 혹은 우리가 '나'라고 부르는 것은 지각하거나 경험하는 것입니다. 마음, 몸, 세상을 목격하는 것입니다. 바로 지금 이 단어를 보고 이해하는 것입니다.

이 순간 의식은 무언가가 경험되고 있으며, 그것이 마음이든 몸이든 세상이든 무엇이든 간에 의식에 의해, 우리가 '나'라고 부르는 것에 의해 지각되거나 경험되고 있습니다.

이 의식은 우리 경험의 부정할 수 없는 사실입니다. 의식을 부정할 때조차 의식이 필요합니다.

그러나 우리는 이 '나'인 우리 자아의 진정한 본성이 의식, 즉 이 순간 경험되고 있는 모든 것을 목격하고 경험하는 현존이라는 것을 잊었습니다.

이 의식의 현존은 그것에 나타나는 마음, 몸, 세상의 어떠한 대상과도 독립적으로 홀로 있습니다. 거울이 그 위에 비치는 어떠한 것과도 독립적으로 홀로 있는 것처럼 말이죠.

우리는 이 목격하는 의식을 몸과 마음과 혼동하고 동일시했습니다. 그 결과 '나'가 그 무언가이며, 의식은 몸/마음이라고 생각하고 느끼게 되었습니다.

몸, 마음, 세상은 모두 동등하게 의식의 대상입니다. 하지만 우리는 의식을 몸/마음과 잘못 동일시하면서, 원래 의식에만 속하는 주체의 지위를 몸/마음에 넘겨주었습니다.

이렇게 우리는 세상을 경험하는 것이 몸/마음으로서의 '나'라고 생각하고 느끼게 되었습니다.

그러나 몸/마음은 그 무엇도 목격하지도, 경험하지도 않습니다. 몸/

마음 그 자체가 목격되고 경험되지요.

우리는 세상(지각)을 경험하는 것과 동일한 방식으로 마음(사유와 이미지)과 몸(감각)을 경험합니다.

이러한 경험들 각각은 동등하게 의식의 대상입니다. 마음과 몸은 세상과 마찬가지로 의식의 대상입니다.

이렇게 우리는 이해 속에서 세상과 더불어 마음과 몸을 의식의 대상이라는 그들의 적절한 위치로 되돌립니다.

그리고 마음과 몸을 대상적 영역으로 돌아가게 하면서, 우리는 이와 마찬가지로 우리의 이해 속에서 '나'를 의식으로 되돌리고 있습니다.

* * *

명상을 통해 우리는 이 목격하는 의식에 주의를 기울입니다.

이는 우리가 목격하는 의식으로서 알면서 머무른다는 것을 의미합니다. 즉, 이 의식이 자신 속에서 자신으로서 알면서 머무르는 것입니다.

우리는 마음, 몸, 세상이 이 의식의 현존 속에서 나타나고, 머무르고, 사라지도록 둡니다. 마음, 몸, 세상이 어떻게든 하는 것이기에, 우리는 그저 이미 늘 그러한 경우와 협력할 뿐입니다.

이 상태에서 우리는 우리의 자아, 즉 의식이란 떠올릴 수도, 지각할 수도 없는 것임을 알지만, 그럼에도 우리의 모습을 압니다.

그래서 우리는 '나', 즉 의식을 몸/마음과 잘못 동일시하고 그 결과 우리의 자아를 어떤 무언가로 알게 되었지만, 이제야 우리의 자아를 목격자로, 대상적이지 않은 것으로 이해하게 됩니다.

의식, '나', 주체는 이미 쉬고 있습니다. 이미 평온합니다. 사실, 평온 그 자체입니다.

평온은 의식 속에 있습니다.

마음, 몸, 세상의 동요는 의식 속에서 나타나지만, 의식은 이들에 동요되지 않습니다.

우리의 경험에서, 우리의 자아로 알고 있는 의식은 늘 존재하며, 늘 변함없고 움직이지 않는 모습으로 그대로 있으며, 우리의 대상적 경험의 총체를 그 경험의 본성과 상관없이 늘 공평하게 자신 속에서 맞이합니다.

우리가 이 항상 존재하는 의식으로서 입장을 취한다면 우리의 경험을 다시 들여다볼 수 있으며, 보통 우리가 마음, 몸, 세상을 떠올리는 방식으로 마음, 몸, 세상을 실제로 경험하지는 않는다는 것을 알 수 있습니다.

마음은 이 순간 우리가 생각하거나 상상하고 있는 것이 무엇이든 간에 현재 사유나 이미지로 이루어져 있습니다. 우리의 모든 기억, 희망, 두려움, 욕망을 담는 '마음'이라는 그릇은 없습니다. 기억, 희망, 두려움, 욕망이 나타날 때마다 현재의 사유로 나타납니다.

기억, 희망, 두려움, 욕망을 담는 마음이 있다는 생각 그 자체는 의식 속 다른 사유들처럼 이따금 나타나는 하나의 사유에 불과합니다.

그러한 마음은 없습니다. 마음의 현존은 단지 하나의 생각, 개념에 불과합니다. 유용한 개념이지만 경험의 사실은 아닙니다.

사물의 투명성

마찬가지로, 우리는 보통 우리가 몸을 떠올리는 방식으로 몸을 경험하지 않습니다. 사실, 그러한 몸은 없습니다. 의식 속에 나타나는 여러 감각과 지각이 있을 뿐입니다. 그리고 이 모든 감각과 지각의 총합으로 여겨지는 '몸'에 대한 사유 혹은 이미지가 이따금 있지요.

그러나 이 사유 혹은 이미지는 외관상 그것이 가리키는 감각 및 지각과 완전히 동일한 방식으로 의식 속에서 나타납니다. 이 외관적인 몸은 사유와 동일한 실체로 이루어져 있습니다. 마음으로 이루어져 있으며, 여기에서 마음은 가장 넓은 의미에서 생각하기와 더불어 감각하기와 지각하기를 포함합니다.

우리가 몸에서의 감각이라는 실제 경험을 가깝게 따른다면, 몸에서의 감각에는 모양과 윤곽이 없다는 것을 알 수 있습니다. 피부에 대한 시각적 지각을 경험할 수 있으며, 다른 모든 몸에서의 감각을 포함하는 명확히 정의된 경계를 여러 다양한 지각으로 떠올릴 수 있습니다. 하지만 이러한 착상은 우리 경험의 실재를 서술하지 않습니다.

몸 표면에 대한 시각적 지각은 하나의 지각입니다. 몸에서의 감각은 또 다른 지각입니다. 이러한 지각 중 하나가 존재할 때 다른 하나는 존재하지 않습니다. 둘 다 존재한다면 이들은 하나의 지각이자 하나의 경험입니다.

하나의 지각은 다른 지각 속에서 나타날 수 없습니다. 모든 지각은 의식 속에서 나타납니다. 우리는 몸속에서 감각을 경험하지 않습니다. 우리가 몸이라고 부르는 것은 사실 감각의 경험입니다.

우리는 명확히 정의된 피부 윤곽 속에서 감각을 경험하지 않습니다.

우리는 의식 속에서 감각을 경험하고, 의식 속에서 시각적 지각을 경험합니다.

우리는 어느 순간의 몸에 대한 우리의 실제 경험을 종이에 그리면 어떠할지 상상하면서 이를 더 탐사할 수 있습니다. 우리가 보통 떠올리는 몸과 조금이라도 닮았나요? 모양이나 경계 없이 종이 위를 떠다니는 미세하고 무정형인 추상적인 흔적의 집합 아닌가요?

몸에 대한 실제 경험은 의식의 공간 속에서 자유롭게 떠다니는 미세하고, 무정형이며, 따끔한 감각의 집합 아닌가요?

그리고 이러한 감각을 살펴보면, 감각은 자신이 나타나는 의식의 현존으로 스며들어 그 현존으로 가득 차 있지 않나요?

우리가 보통 몸에 부여하는 연속성과 일관성은 사실 의식에 속합니다.

우리의 진정한 몸은 의식입니다. 우리가 보통 '몸'이라고 부르는 모든 감각을 수용하는 것은 바로 의식이지요.

우리의 진정한 몸은 열려 있으며, 투명하며, 무게가 없고, 끝없습니다. 본래 비어 있지만, 그럼에도 모든 사물을 자신 속에 담고 있습니다. 이렇게 비어 있는 몸은 본래 사랑이 넘칩니다.

즉, 모든 사물을 맞이하는 포용입니다.

나는 모든 것이다

우리가 목격하는 의식의 현존과 우선성에 주의를 기울이려 한다면, 우리 경험의 완벽한 총체를 지각하는 주체인 의식과 인식되는 대상인 몸, 마음, 세상으로 나눌 수 있습니다.

이미 보았듯이, 이는 우리가 의식의 경험을 탐사하고 의식이 각각의 개인적 몸/마음에 한정된다는 주장에 타당성이 있는지 살펴보게 해줍니다.

이는 또한 대상의 본성을 탐사하게 해줍니다. 대상은 실제로 무엇으로 이루어져 있나요?

의식 속에서 나타나는 마음, 몸, 세상과 의식 그 자체는 어떤 관계인가요?

예를 들어, 지금 존재하는 소리를 생각해 보세요.

그 소리와 소리를 지각하는 의식을 구분하는 경계를 경험하나요? 그들을 나누는 선이 있나요?

소리의 지각, 우리가 손이라고 부르는 감각, 현재 사유 모두가 의식의 동일한 공간 속에서 자유롭게 떠다니는 것처럼 보입니다. 이것이 우리의 실제 경험 아닌가요?

우리의 사유가 이 의식 속에 있고, 소리가 바깥에 있다는 것은 참인가요?

우리 자신 '속'에 있는 것과 '바깥'에 있는 것을 구분하는 경계에 대한 우리의 실제 경험은 무엇인가요? 그러한 경계에 대한 경험은 없습니다!

우리가 그러한 경계를 경험한다고 생각한다면, 그 경계 자체도 지각, 즉 그 순간 경험되는 다른 것과 함께 의식 속에서 자유롭게 떠다니는 대상 아닌가요?

이 외관적으로 나누는 선이 정말로 우리 자신 '속'에 있는 사유와 '바깥'에 있는 소리를 분리하나요?

예를 들어, 우리가 손이라고 부르는 감각이 멀리서 들리는 소리보다 우리에게, 즉 이 목격하는 의식에게 더 가깝다는 것이 참인가요?

'멀리'라는 것은 개념입니다. 소리는 여기, 내 속, 의식 속, 우리가 손이라고 부르는 감각과 완전히 동일한 장소에서 나타납니다.

이들 둘 다 의식으로부터 동일한 거리에서, 즉 의식과 전혀 거리가 있지 않은 곳에서 나타나지 않나요?

이들 둘 다 의식, '나', 이들을 경험하는 것과 동등하게 하나가 아닌가요?

나, 의식은 여기에 있습니다. 나는 늘 여기에 있습니다.

사물의 투명성

여기는 장소가 아닙니다. 절대적 내밀성이자, 절대적 즉시성이자, 절대적 동일성입니다.

왜 우리는 손이라고 부르는 감각이 '멀리서' 들리는 소리보다 우리에게 더 가깝다고 생각하나요? 그것이 우리의 실제 경험인가요?

의식을 이 방의 공간에 비유하고, 마음, 몸, 세상을 방 속에 나타나는 물건으로 비유해 봅시다. 여기서 예를 들어, 우리가 앉아 있는 의자가 책상보다 이 방의 공간에 더 가깝다고 말하는 것은 참인가요? 바닥이 천장보다 공간에 더 가깝나요? 말이 안 됩니다!

그런데도 우리가 손이 '멀리서 들리는 소리'보다 우리에게, 즉 의식에게 더 가깝다고 말하거나, 사유가 우리 손보다 우리에게 더 가깝다고 말하는 것은 마찬가지로 말이 안 됩니다. 그것은 우리의 경험이 아닙니다. 우리의 경험은 의식으로부터 전혀 떨어지지 않은 거리에서 각각이 나타나는 것입니다.

이제 우리가 의식 속에서 나타나는 대상의 실체를 매우 가까이 들여다보면, 그것이 어떠한 방식으로도 의식과 구별될 수 없음을 알게 됩니다. 대상의 경험은 의식 그 자체로 완전히 가득 차며 의식에 스며듭니다.

* * *

의식은 그 속에 나타나는 모든 대상의 목격자이자 실체입니다.
모든 대상은 의식으로 이루어져 있습니다. 의식의 표현입니다.

처음에 우리는 대상이 의식에 나타난다고 이해합니다.

그리고 나서 우리는 대상이 의식 속에서 나타난다고 이해합니다.

그리고 나서 우리는 대상이 의식으로서 나타난다고 이해합니다.

이러한 방식으로 의식은 몸, 마음, 세상을 자신 속으로 다시 흡수합니다.

심지어 이러한 표현조차 완전히 맞는 것은 아닙니다. 대상이 어떻게든 바깥에서 와서 의식 속에서 나타났다는 것, 의식이 그 대상을 자신 속으로 받아들인다는 것을 시사하기 때문입니다.

그러나 의식은 어떤 대상이 나타나기 이전에 먼저 거기에 있습니다. 지금 이 단어를 보며 존재하는 바로 이 의식이 우리가 신생아로서 겪었던 첫 경험을 경험했습니다.

물론 '이전'이라고 말하는 것은 의미가 없습니다. 대상이 없을 때는 시간도 없기 때문입니다. 하지만 언어가 가지는 이러한 한계를 받아들여야 합니다.

의식이 대상을 자신 속으로 받아들이는 것이 아닙니다. 의식이 감각하고 지각하는 기능을 통해 외관적인 대상의 모양을 띠면서도 동시에 늘 자신으로 머무르는 것입니다.

처음에 의식은 자신을 대상과 동일시하며, 그렇게 자신을 잊는 것 같습니다. 나중에 의식은 자신을 잊지 않고 대상의 모양을 띱니다.

의식이 자신을 잊는 것처럼 보일 때, '대상'은 외관상 개별적인 현존이 있는 대상으로 경험됩니다. 의식이 자신을 잊지 않고 대상의 모양을 띨 때, '대상'은 현존 그 자체의 표현으로 경험됩니다.

사실, 의식은 우리가 겪는 모든 경험의 모양을 띱니다. 이러한 상태에서 우리, 즉 의식은 우리 자신이 모든 것임을 압니다.

의식의 투명하고, 빛나며, 비어 있으며, 스스로를 아는 아무것도 아님 Self-knowing nothingness은 우리 경험의 총체라는 모양을 띱니다. 그것은 자신을 모든 것으로 압니다.

의식은 늘 자신일 뿐이지만, 자신을 몸/마음이라는 대상과 한정적으로 동일시하면서 무언가가 되는 것처럼 보입니다. 그것은 대상이 되는 것처럼 보입니다.

자신을 대상과의 동일시에서 벗어나게 할 때 자신이 주체임을 깨닫습니다. 자신이 아무것도 아닌 것, 비어 있는 것임을 깨닫습니다. 즉, 자신이 대상이 아님을, '사물'이 아님을 깨닫습니다.

주체의 입장에서 대상을 재고할 때, 주체인 자신이 대상의 구성에 들어간다는 것을 깨닫습니다. 자신이 모든 것임을 깨닫습니다.

이 상태를 사랑이라 부를 수 있습니다. 목격자의 아무것도 아님이 모든 대상성과 한계에서 해방되어 자신이 모든 것의 실체임을 깨닫는 자연스러운 상태입니다. 의식은 자신을 모든 것으로 압니다.

모든 것이 자신 속에 포함되어 있으며 자신의 표현임을 깨닫습니다.

주체와 대상을 넘어섭니다. 주체와 대상은 이들의 배후에, 그 너머에, 그리고 이들 속에 있는 것으로 무너져내립니다. 우리는 이를 '있음'이라 할 수 있습니다.

의식은 무언가가 되고, 그 다음 아무것도 아닌 것이 되고, 그 다음 모든 것이 되지만, 늘 자신으로 머무릅니다.

의식은 지각되는 것으로 알려지고, 그 다음 지각하는 이로 알려지고, 그 다음 지각하기로 알려지지만, 이 과정 전체에서 의식은 늘 자신으로 머무를 뿐이지요.

의식은 결코 어디로도 가지 않습니다. 결코 어떤 무언가가 되지 않습니다.

오로지 의식만이, 오로지 존재만이 있을 뿐이며, 동시에 우리가 겪는 모든 경험 속에서 자신을 창조하고, 목격하고, 표현하고, 경험합니다.

우리 자신이 곧 그것이다

경험이 있다는 사실은 우리에게 두 가지를 말해줍니다.

의식이 있다는 것, 즉 의식하고 있는 모든 것은 존재하며 알아차리고 있다는 것과, 의식은 경험되고 있는 모든 것을 목격하거나 경험하고 있다는 것을 말해줍니다.

우리는 이 의식을 '나'라고 부릅니다. 모든 경험에서 주체적인 요소입니다. 우리는 그 의식이 무엇인지 모르지만, 그것이 있다는 것을 압니다.

우리가 의식하고 있는 무언가는 의식이 의식하며 존재한다는 것, 즉 그것이 있다는 것 말고는 의식의 본성에 대해 아무것도 말해주지 않습니다. 우리는 그것에 존재가 있다는 것을 압니다.

그리고 경험이 있다는 사실은 경험되고 있는 무언가가 있다는 것, 즉 무언가가 존재한다는 것을 우리에게 알려줍니다. 이 무언가는 모든 경험에서 대상적 요소입니다. '나'가 아닌, 의식이 아닌 모든 것입니다. 우리는 그것을 '저것' 혹은 '그것'이라 부릅니다.

우리는 이 무언가가 무엇인지 모를 수 있지만, 무언가가 경험되고 있다는 것은 의심할 여지가 없습니다.

그것은 환영이나 꿈이나 환상일 수 있지만, 여전히 무언가입니다. 그것에는 현존이 있습니다. 존재가 있습니다. 실재가 있습니다.

지금까지 말한 내용은 "나, 주체가 그것 혹은 저것 혹은 대상을 경험한다"로 간단히 표현될 수 있습니다. 이는 경험을 보는 일반적인 관점입니다.

우리가 어떤 무언가의 진정한 모습을 모른다는 것을 명확히 본다는 것은 그리 흔치 않습니다. 우리는 경험의 진정한 본성을 모릅니다. 대상적으로 확실한 것에 대해 아무것도 모릅니다.

사실, 분명 마음은 결코 경험의 진정한 본성을 알 수 없습니다. 하지만 경험의 진정한 본성을 반드시 알 필요는 없습니다. 우리가 우리의 경험을 깊이 탐사한다면, 우리의 근본적인 모습이 바로 지각되는 모든 것의 실재인 진정한 본성임을 발견하기 때문입니다.

우리의 모습은 그대로입니다.

우리의 자아가 모든 사물의 실재와 같다는 이 동일성은 대상적인 알기가 아닙니다.

'알지 않기' 속에서 단지 무언가가 있다는 사실, 존재가 있다는 사실, 의식이 있다는 사실은 가장 경이로운 것입니다.

이러한 사실에 비추어보면, 물 위를 걷거나 공간을 순간 이동하는 것은 티끌 한 점이나 책상에 막 앉은 파리처럼 놀랍지 않은 것이 됩니다.

사물의 투명성

의식과 존재의 현존이 티끌 한 점을 알면서 하나로 알려진다는 것, 이것이 그 티끌 한 점을 가장 경이로운 기적으로 만듭니다.

이러한 이유로 카슈미르 샤이비즘Kashmir Shaivism 일파는 이러한 경험의 탐사를 '경이, 놀라움, 환희'의 요가라고 불렀습니다.

우리는 그저 열려 있고, 비어 있으며, 침묵하며, 알지 않고 경이로워하며 있을 뿐입니다.

물론 이러한 열려 있음 속에서는 현재 상황에 대한 적절한 반응인 표현이 생깁니다. 표현은 상황 그 자체에서 비롯되며, 그 결과 표현은 상황과 밀접하게 상호 작용합니다.

이러한 반응의 한 예로 실재의 본성에 대한 표현이 있을 수 있습니다. 이 표현은 질문이나 상황에 대한 잠정적인 반응이 될 것입니다. 하지만 상황이 사라지면 반응도 함께 사라집니다.

반응은 실재의 표현이자 실재를 가리키지만, 실재를 결코 표현하지 않습니다.

반응은 알지 않기에서 생겨나, 잠시 질문과 함께 뒤엉켜 춤을 추다가, 결국 질문과 함께 합쳐지고, 질문을 그 원천인 고요함으로 되돌립니다.

사실, 진정한 반응은 고요함 그 자체입니다. 질문을 사라지게 하는 것은 바로 이 고요함입니다.

* * *

우리가 경험의 주체적 측면을 먼저 본다면 '나'에 대해, 의식에 대해 대상적으로 아는 것은 불가능합니다. 이유는 간단합니다. 알려진 것은 모두 명백한 대상이기 때문이지요.

우리가 주체에 대해 안다고 생각하는 즉시 '대상'의 지위를 넘겨받습니다. 아는 주체가 아니라 알려진 대상이 되어버리고 맙니다.

보통 우리는 '나' 혹은 의식을 마음과 몸과 동일시합니다. 우리는 마음과 몸이 '나', 즉 주체이고, 다른 모든 것이 '세상', '저것', '그것', '대상'이라고 생각하기 마련입니다.

그러나 이러한 관점에는 허점이 금방 드러납니다. 마음과 몸은 알려져 있기 때문입니다. 마음과 몸은 아는 이가 아니라 의식에 대해 알려진 대상에 불과합니다. 그러므로 우리가 '나'라고 부르는 것이 될 수 없습니다.

이는 '나', 즉 의식은 분명히 존재하지만 대상으로 알려질 수는 없다는 것이 명확합니다. '나'는 알려진 모든 것을 아는 이입니다.

그런데 의식 또한 자신을 알고 있습니다. 알기가 그것의 본성이기 때문입니다. 그것은 늘 존재하기에 늘 자신을 알고 있지요.

이러한 의미에서 자신을 아는 것은 자기 자신이 되는 것입니다. 그것이 자신이 되는 것이 곧 자신을 아는 것입니다.

의식을 가리킬 때, 알기와 존재는 동일합니다.

* * *

이제 경험의 대상적 측면을 돌아보면, 마음과 감각은 경험되는 모든 것이 알려지는 수단입니다. 이들은 지각의 수단입니다.

우리는 경험되고 있는 것이 무엇인지 모릅니다. 하지만 그것이 무엇이든 간에, 그것은 마음과 감각의 기능으로 경험됩니다.

따라서 우리가 알려진 것의 진정한 본성, 즉 그것이 알려지는 수단과 독립적인 '세상'의 실재를 발견하고자 한다면, 알려진 것에 있는 지각의 수단으로 부여된 특성을 제거해야 합니다.

마음이 부여하는 것은 이름입니다. 이름은 대상이 어떤 모습인지에 대한 개념입니다. 경험의 완벽한 총체에서 우리는 대상을 추상화하고, 그것을 예컨대 '의자'라고 부릅니다.

감각이 부여하는 것은 형태입니다. 즉, 모양, 색, 촉감, 맛, 냄새, 소리입니다. 이러한 기능이 다르다면 세상도 다르게 보일 것입니다. 우리는 '의자'라고 이름 붙인 추상을 "딱딱하다" 혹은 "빨갛다"와 같은 감각의 특성으로 구현합니다.

우리는 실재에 이름과 형태라는 옷을 입힙니다.

알려진 것의 특성 중 그것이 알려지는 수단과 독립적인 것은 무엇인가요?

개념이나 감각 등 알려지는 기능을 제거한다면, 과연 알려진 것에 남는 것은 무엇인가요? 알려진 것의 현존 혹은 실재가 남겠지요. 즉, 알려진 것에만 속하고, 마음에도 감각에도 속하지 않는 것은 모두 남습니다.

대상의 현존 혹은 존재 혹은 실재를 제외한 모든 것은 지각의 수단, 즉 마음이 제거되면 함께 제거됩니다.

이 실재에 관해 대상적으로 말할 수 있는 모든 것은 마음이나 감각의 영역, 즉 실재가 현현하는 곳에 속하므로 그 속에 존재할 수 없습니다.

하지만 우리는 실재가 존재한다고, 그것이 있다고, 그것에 존재가 있다고 말할 수 있습니다.

따라서 경험이 이름과 형태에서 벗어나고, 경험이 그것을 지각하거나 이해하게 하는 개개의 기능을 벗어날 때, 오로지 의식과 현존만이 남는다는 것을 우리는 이해하게 됩니다.

* * *

의식과 현존은 어떤 관계인가요?

의식과 현존은 모든 경험 속에 존재하지만 이들에게는 대상적 특성이 없습니다.

만약 이들이 서로 다르다면, 이들에게는 이들을 구별하고 분리하는 정의적 특성이 있어야 할 것입니다.

이러한 모든 정의적 특성이 마음이나 감각의 영역, 즉 알기, 감각하고 지각하는 기능에 속하며, 따라서 의식이나 현존 속에 있지 않다는 것을 우리는 이미 보았습니다.

만약 의식과 현존이 모든 경험에 존재하는 한편 이들에게 어떠한 특성도 없다면, 이들은 서로 분리되지 않습니다.

의식과 현존은 동일합니다. 그것이 우리가 매 순간 겪는 경험입니다.

마음과 감각을 매개로 주체가 대상을 안다는 경험의 모델에서 우리는 시작했습니다. 마음과 감각을 가리는 덮개나 베일, 즉 이름과 형태가 제거될 때, 우리에게는 의식과 현존만이 남습니다.

의식과 현존을 겪는 우리의 경험을 들여다보면, 우리는 이들이 동일하다는 것을 알게 됩니다.

이는 우리의 일상적인 경험과 관련이 없는 추상적이고 복잡한 추론 과정으로 보일 수 있습니다. 하지만 의식과 현존의 동일성을 깨닫는 것은 사실 매우 흔하고 친숙한 경험입니다.

그것은 행복 혹은 평온으로 알려져 있습니다.

어떤 대상에 대한 알기가 자신의 대상적 특성에서 벗어날 때, 의식과 현존의 동일성이 드러난다고 말할 수 있습니다. 이러한 드러남은 몸에서는 행복으로, 마음에서는 평온으로, 세상에서는 아름다움으로 알려져 있습니다.

* * *

의식/현존의 일체를 두 부분으로, 즉 '나'와 '다른 이', 이것과 저것, 주체와 대상으로 분리하는 것은 바로 마음과 감각입니다.

마음과 감각은 의식/현존의 일체가 '만물'로 굴절되어 보이는 프리즘 같습니다.

이러한 마음과 감각의 가리는 힘 때문에, 일부 영적 전통은 몸과 세상을 의식/현존의 일체에 대한 주의를 다른 데로 돌리는 위험한 환영의 영역으로 보고 이를 기피해 왔습니다.

이해가 전개되는 과정에서 이러한 마음과 감각에 대한 해석이 들어설 자리가 있지만, 이러한 관점은 우리가 이들의 가리는 힘에서 물러설 수 있게 해주기 때문에 결국 몸과 세상과 거리를 두게 만들며, 이원성의 환영을 영원히 유지시킵니다.

사실, 마음과 감각은 실제로 의식과 현존을 나누지 않습니다. 단지 그렇게 하는 것처럼 보일 뿐입니다.

세상에 대해 환영적인 것은 없습니다. 환영적인 것은 바로 세상의 현존과 의식의 현존을 구분하는 분리입니다. 개별적이고 독립적인 현존이라는 환영은 마음과 감각으로 창조됩니다.

마음과 감각의 기능으로 일체를 외관적 다양성의 춤으로 굴절시키는 것은 바로 의식의 창조성입니다.

시간은 마음의 기본 언어입니다. 공간은 감각의 기본 언어입니다. 경험에서 시간과 공간, 즉 이름과 형태를 제거하면 우리에게는 의식/현존의 일체가 남습니다. 우리에게는 시간과 공간을 초월하는 현존, 즉 존재가 남습니다.

존재는 자아 속에서는 의식으로, 세상 속에서는 현존으로 빛납니다.

* * *

마음과 감각은 외부에서 의식/현존의 일체에 부과되지 않습니다. 이들은 그 속에서 나옵니다.

우리가 마음과 감각의 실제 경험을 탐사한다면, 이들이 나오는 의식/

현존이 바로 이들의 실체라는 것을 알게 됩니다.

의식/현존이 마음과 감각을 낳고, 마음과 감각은 시간과 공간을 낳고, 시간과 공간은 결국 세상, 즉 '만물'을 낳는다고 말할 수 있습니다.

의식/현존이 외관상 자신의 왕국을 떠나 마음과 물질의 영역으로 향하는 탕아의 여정을 떠난다고 말할 수 있습니다. 이는 마치 의식/현존의 완벽성이 스스로를 펼쳐 세상이 되고, 다시 스스로를 접어 세상을 자신 속으로 접는 것 같습니다.

우리는 깊은 잠에서 꿈의 상태로, 그리고 꿈의 상태에서 깨어 있는 상태로 전환할 때마다 이를 경험합니다.

처음에 마음은 깊은 잠의 시간을 초월한 단일성 속에서 창조됩니다. 이곳에서 일체는 자신이 현현하지 않은 상태로 머무르며, 모든 것은 잠재적으로 감싸여 있습니다.

이 깊은 잠의 일체가 마음으로 탈바꿈해 마음의 모양을 띤다고 말할 수 있습니다. 이는 시간은 있지만 공간은 없는 꿈의 세상, 미묘한 이미지의 세상을 창조합니다.

그런 다음 깊은 잠의 일체는 자신 속에서 감각하고 지각하는 기능을 창조하거나 그 기능이 됩니다. 일체는 자신 이외의 어떠한 것도 되지 않으며, 그 결과 공간이 창조됩니다.

이 새로운 차원이 나타나면서 깨어 있는 상태가 나타나며, 그와 함께 세상이 나타납니다.

이 과정에서 깨어나는 개체, 깊은 잠에서 꿈의 상태로 나아가는 개체, 꿈꾸기에서 깨어 있는 상태로 나아가는 개체는 전혀 없습니다.

오히려 깊은 잠의 일체는 자신 속에서 성장하며, 자신 속에서 꿈꾸는 세상과 깨어 있는 세상을 배고 낳습니다. 이 세상은 현존의 자궁에서 나오는 것처럼 보이지만, 실은 늘 그 속에 머무르고 있습니다.

깊은 잠에 존재하는 것, 혹은 깊은 잠인 것은 꿈꾸는 상태와 깨어 있는 상태의 배경과 실체로 머무릅니다.

이것이 우리 경험의 사실임이 명확히 보이는 순간, 마음과 감각의 가리는 힘은 드러내는 힘으로 변화합니다.

마음과 감각의 기능은 이중적입니다. 무지와 이해 모두를 위해 일하지요.

이러한 깨달음은 탕아가 아버지로부터 등을 돌리고 떠났던 바로 그 길을 따라 아버지에게 다시 돌아가는 순간입니다.

또한 전통적인 영적 포기의 길이 포용과 포함의 탄트라 길이 되는 순간입니다. 경험의 전 영역의 진정한 모습을 그대로 맞이하고, 탐사하고, 기념하는 순간입니다.

"나는 아무것도 아니다"에서 "나는 모든 것이다"로, 차별의 길에서 사랑의 길로 전환하는 것입니다.

의식의 비어 있음이 자신을 경험의 충만함으로 인식하는 순간입니다.

의식 자신이 세상을 자신에서 혹은 자신 바깥으로 투사하는 것이 아니라, 자신 속에 투사한다는 것을 인식하는 순간입니다.

우리는 더 이상 우리가 특정 시기에 몸속에 있다는 의미인 지금 여기에 위치한 개체라고 느끼지 않습니다. 오히려 '지금'을 시간의 한 순간이 아닌 시간을 초월한 현존으로, '여기'를 공간의 한 위치가 아닌 장소를 초월한 현존으로 이해하게 됩니다.

마음, 몸, 세상은 의식에서 주의를 돌리는 것이 아니라 의식의 표현으로 이해됩니다.

'나'와 '저것'의 동일성을 깨닫게 됩니다. 이들은 하나가 되는 것이 아닙니다. 늘 하나로 되어 있었습니다. 사실, 하나가 된 것도 아닙니다. 처음부터 두 개가 아니었기 때문입니다. 이제서야 단일성이 인식되었을 뿐입니다. 그것은 자신을 인식합니다.

우리 자신이 곧 그것이다

평온과 행복은 의식 속에 내재되어 있다

마음, 몸, 세상은 의식, 즉 '나'에게 나타납니다. 이들은 대상이며, 의식은 이들의 주체, 즉 이들을 경험하는 것입니다.

우리가 '나'라고 부르는 의식은 모든 경험 속에 늘 존재하며, 의식은 경험들 사이에서 사라지지 않습니다.

우리가 우리의 자아인 의식이 사라지는 경험을 한 적이 있나요? 불가능합니다. 사라짐을 목격하려면 무언가가 존재해야 하고, 그 무언가는 의식하고 있어야 할 것입니다. 결국 우리가 '나'라고 부르는 것, 즉 의식이 될 것입니다.

이 의식하는 현존 속에서 대상이 나타날 때, 이 현존은 자신을 그 대상의 목격자로 압니다.

깊은 잠 속 '나', 즉 이 의식하고 목격하는 현존은 깨어 있는 상태와 꿈꾸는 상태에서와 마찬가지로 완전히 늘 그대로 있습니다.

사물의 투명성

깊은 잠 속에서는 대상이 존재하지 않기에 그 상태에 대한 기억도 없습니다. 깨어나면 마음은 그 상태를 공백, 아무것도 아닌 것, 공허로 해석합니다. 하지만 기억의 부재가 현존하지 않는 증거가 되지는 않습니다.

우리가 잠이 들면 깨어 있는 상태의 명확하게 조직된 이미지, 감각, 지각은 꿈꾸는 상태의 덜 명확하게 조직된 이미지로 서서히 대체됩니다. 하지만 이 전환 과정에서 의식의 현존이 달라지는 변화는 경험되지 않습니다.

마찬가지로 꿈의 상태에서 이미지가 사라져도 의식은 그대로 남아 있습니다. 이러한 대상 없는 의식의 현존을 일컬어 깊은 잠이라 하지요.

깨어 있는 상태에서 깊은 잠으로 전환되는 그 어떤 단계에서도 의식은 자신의 현존이나 연속성 속에서 변화를 경험하지 않습니다.

깨어 있는 동안 의식이 경험의 변화하는 흐름에 전혀 영향을 받지 않듯이, 의식은 깨어 있는 상태에서 꿈꾸는 상태로 전환하는 동안, 꿈꾸는 상태 그 자체 동안, 꿈꾸는 상태에서 깊은 잠으로 전환하는 동안 내내 완전히 동일하게 그대로 있습니다.

사실 깨어 있기, 꿈꾸기, 깊은 잠이라는 세 상태의 이름은 잘못되었습니다. 이 세 가지 범주는 세 상태를 거치며 전환하는 '나'라는 개체가 있다는 가정에 기반합니다. 개인적인 개체가 없다는 것이 명확히 보인다면, 마찬가지로 이 세 상태도 없다는 것이 보입니다.

상태란 일정 기간 동안 지속되는 것으로, 오고 가는 것입니다. 이보다는 모든 외관적 상태가 오고 가는 하나의 조건이자 항상 존재하는 조건이 있다고 말하는 것이 정확할 것입니다. 우리는 그것을 '나', 의식, 현존이라 부르지요.

깨어 있기와 꿈꾸기의 외관적 상태는 이 하나의 현존의 변조입니다.

사실, 깊은 잠은 그저 스스로 빛나는 의식의 현존입니다. 그래서 그토록 평온하며 즐거운 것입니다!

마음이 잘못 생각해 그것을 일정 시간 동안 지속된 것이라고 여길 때에만 그것은 상태가 되며, 상태가 된 것처럼 나타납니다. 그러나 깊은 잠 속에는 시간이 없습니다.

이 세 상태는 명확히 정의된 범주가 아닙니다. 항상 존재하는 의식 속에서 일어나는 뚜렷하고 미묘한 대상의 흐름이 있다고 말하는 게 보다 정확하겠지요.

깨어 있는 상태 동안 대상은 조밀하고, 일관성 있으며, 밀접하게 모여 있는 것처럼 보입니다. 이들 사이에는 공간이 별로 없습니다. 꿈의 상태가 시작되면 대상은 보다 가벼워지고 보다 느슨하게 모입니다. 그 사이에는 보다 많은 공간이 있습니다. 깊은 잠에서는 대상이 없습니다. 빈 공간이 있습니다.

빈 공간은 배경의 현존이고, 의식의 현존이고, '나'입니다. 마음의 관점에 한해서만 비어 있다고 여겨집니다. 그곳에는 대상적인 것이 전혀 없기 때문입니다. 하지만 그 자체의 관점에서 볼 때 그것은 충만함, 현존, 스스로 빛남, 자기 알기, 자명으로 경험됩니다.

그것은 깨어 있는 상태와 꿈꾸는 상태에서 대상 사이의 간격이 있는 동안 존재하는 공간과 동일합니다. 또한 깨어 있는 상태와 꿈꾸는 상태

사물의 투명성

에서 대상이 나타나 있는 동안 존재하는 의식의 공간과 동일합니다.

깨어 있는 상태와 꿈꾸는 상태에서, 대상의 외관은 의식의 비어 있음에 색을 칠하는 것처럼 보입니다. 그러나 의식 바깥에 있는 어떠한 것도 의식에 색을 칠하지 않습니다.

의식은 그 자체로 모양이 없지만 모든 외관의 모양을 띱니다. 마치 물이 그 자체로 모양이 없지만 파도의 모양을 띠는 것처럼 말입니다.

우리가 사유라 여기는 미세한 대상이 나타나 있는 동안 존재하는 이 의식은 우리가 꿈이라 여기는 미묘한 대상이 나타나 있는 동안 존재하는 의식과 완전히 동일합니다.

마찬가지로, 우리가 세상이라 여기는 뚜렷한 대상이 나타나 있는 동안 존재하는 의식도 꿈이 나타나 있는 동안 존재하는 의식과 동일합니다.

이러한 점에서 볼 때 세상은 사유의 한 형태입니다. 세상은 지각으로 이루어져 있습니다. 지각은 지각하기로 이루어져 있습니다. 지각은 마음으로 이루어져 있으며, 사유를 이루는 실체와 동일한 것으로 이루어져 있습니다.

사유, 감각, 지각, 꿈은 모두 동일한 '재료'로 이루어져 있고, 모두 동일한 공간에 나타납니다. 이들은 동일한 의식으로 이루어져 있으며, 그 속에서 나타납니다. 외관 사이의 간극과 대상이 없는 깊은 잠이 있는 동안 존재하는 것이 바로 이 의식입니다.

대상이 변하거나 사라질 때, 즉 각 상태로 있는 동안, 혹은 상태를 전환하는 동안 대상의 배후에서 그것의 목격자로서 존재하고, 대상 속에서 그것의 실체로서 존재하는 의식은 완전히 늘 그대로 있으며, 항상 존재하고 변함없습니다. 몸, 마음, 세상 속에서 경험되는 모든 변화는 이 의식에 나타나는 변화입니다.

의식에 나타나거나 의식 속에 나타나는 이미지는 의식 그 자체를 변화시키지 않습니다. 마치 거울에 비치는 변화하는 이미지가 거울을 변화시키지 않는 것처럼 말입니다.

사실, 의식은 대상을 바라보는 지속적이며 변함없는 목격자로서 존재하면서 동시에 자신을 대상으로 표현합니다. 대상의 실체입니다.

하지만 대상이 의식으로 이루어져 있더라도, 이 의식은 대상이 변할 때 변하지 않습니다. 마치 파도가 변할 때 물이 변하지 않는 것처럼 말이지요.

* * *

의식은 항상 자신을 압니다. 자신의 본성이 '알고 있음'인데, 어찌 항상 자신을 알고 있지 않을 수 있을까요?

자신의 본성이 의식인 것이 어찌 항상 자신을 의식하지 않을 수 있을까요?

깊은 잠에는 대상이 없기에 그것에 대한 기억도 없습니다. 그런데 깨어나면 무언가가 머무르고 있고, 무언가가 남아 있습니다. "나는 잘 잤어"라는 말은 경험을 가리킵니다. 깊은 잠과 방해받지 않은 잠 동안 존재하던 평온의 경험을 가리킵니다.

사물의 투명성

"나는 잘 못 잤어"라는 말은 일종의 방해, 즉 일종의 대상을 가리킵니다. 우리가 밤에 깨어나 잠들기를 원하며 깨어 있었다는 것을 의미하는 경우, 실제로 '잘 못 자기'는 깊은 잠 상태가 아닌 깨어 있는 상태를 가리킵니다. 혹은 우리가 깊은 잠의 평온을 못 느끼게 방해하는 꿈을 꾸었다는 것을 의미하는 경우, '잘 못 자기'는 꿈의 상태를 가리킵니다.

어느 경우건 깊은 잠 자체를 겪는 경험이 나쁜 경험을 가리키지는 않습니다. 우리가 잠을 잘 못 잤다고 말할 때, 우리가 가리키는 것은 늘 바로 깊은 잠의 부재입니다.

명백히 깊은 잠에 존재하는 대상은 없습니다. 그렇기에 그곳은 평온합니다. 깊은 잠과 평온은 늘 공존하기에, 평온은 깊은 잠 속에 있다고 말할 수 있습니다. 하지만 평온이 깊은 잠 속에 있다고 말하는 것이 참은 아닙니다. 우리가 그곳에서 두 가지를 경험하지 않기 때문입니다. 오히려 깊은 잠이 평온입니다.

평온이 깊은 잠과 동일하고, 우리가 보았듯이 깊은 잠이 대상성 없는 의식의 현존이라면, 평온은 의식 속에 있고, 이 평온과 의식은 하나라는 결론에 이르게 됩니다.

우리는 잘 잤다고 말할 때마다 이 경험을 인정합니다. 이 표현은 경험에서 나옵니다.

깊은 잠에는 대상이 없으므로 평온은 대상에 의존할 수 없습니다. 결국 평온이 몸, 마음, 세상의 어떠한 상태나 조건과도 독립적임을 의미하지요.

의식은 깊은 잠과 더불어 꿈꾸는 상태와 깨어 있는 상태에서도 늘 존재합니다. 평온은 의식 속에 있으므로, 평온도 모든 시간, 모든 조건, 모든 상태에서 존재해야 합니다.

의식은 시간 속에 존재하지 않으므로 '모든 시간'에서의 의식의 현존에 대해 이야기하는 것은 의미가 없습니다. 시간은 의식 속 생각으로 존재합니다. 하지만 우리가 현존에 대해 말하려면 이러한 언어가 가진 한계를 받아들여야 합니다.

평온이 몸, 마음, 세상의 모든 조건과 독립적이라면, 이는 평온이 상태가 아니며 오고 가지 않는다는 것을 의미합니다. 평온은 몸, 마음, 세상의 모든 외관의 배후와 그 속에 존재합니다.

이러한 이유로 평온은 몸, 마음, 세상 속 어떠한 활동으로 일어난 결과일 수 없습니다. 수행의 결과일 수 없습니다. 창조되거나, 유지되거나, 잃어버릴 수 없습니다. 늘 그대로입니다.

사실 여기서 더 나아가, 모든 것이 궁극적으로 의식의 표현이듯, 궁극적으로 모든 것은 평온의 표현이라고 말할 수 있습니다.

모든 경험은 고요함의 모양을 띱니다.

* * *

깊은 잠의 경험에서는 평온이 의식 속에 있음이, 평온이 대상, 상황, 환경, 사건의 속성이 아님이 명확합니다.

하지만 깨어 있는 상태에서도 대상 없는 의식의 경험이 존재하는 경우도 있습니다. 예컨대, 깨어 있는 상태에서 어떤 한 지각과 그 다음 지각 사이에서 의식이 대상 없이 홀로 서는 많은 순간이 있지요.

대상의 존재와 상관없이 의식이 늘 자신을 경험한다는 의미에서 이러한 간극이나 간격은 경험이지만, 이들에는 대상적 내용이 없습니다.

물론 이러한 간격에 시간적 기간을 부여하는 것은 의미가 없습니다. 시간은 두 사건 사이의 거리이며, 이러한 간격이 있는 동안에는 대상이 없기에 사건도 없습니다. 만약 그곳에 대상이 존재하지 않는다면 시간도 존재하지 않습니다.

깊은 잠을 기억할 수 없듯이 시간 없는 비경험을 기억할 수는 없습니다. 이 간격에 대한 어떤 기억도 의식 속에 나타나지 않습니다. 투명하며 대상 없는 의식 그 자체의 현존 외에는 그곳에 아무것도 존재하지 않기 때문입니다.

이러한 의미에서 이 간격은 비경험입니다. 하지만 이러한 순간이 있는 동안 경험이 없다고 말하는 것은 옳지 않을 것입니다. 대상적인 경험은 없지만, 의식은 '그곳에' 존재하며 자신을 경험하고 있습니다.

의식은 모든 대상적 경험의 목격자이자 실체입니다. 지각 사이 간격처럼 대상이 존재하지 않을 때에도 의식은 늘 그대로 있으며, 자신을 알고 있습니다. 이 대상 없는 자기 알기가 이 간격의 실체입니다.

그러므로 대상이 사라질 때 경험은 멈추지 않습니다. 단지 경험의 대상적 측면인 이름과 형태가 그칠 뿐입니다. 경험 그 자체, 경험하기 그 자체는 계속됩니다.

깨어 있는 상태와 꿈꾸는 상태 동안 경험되는 것은 오로지 의식이라는 것을 명확히 보게 되면, 대상이 존재하지 않을 때 의식이 자신을 경험하는 동일한 경험이 그저 계속된다는 것도 마찬가지로 명확해집니다.

이 간격은 항상 존재하며 시간을 초월합니다. 마치 구름 사이의 틈에만 존재하는 것처럼 보이는 푸른 하늘이 실은 구름 속과 그 뒤편에 존재하는 것처럼 말이지요.

이 간격은 시간을 초월한 의식의 배경입니다. 그곳에는 시간의 개념을 포함한 대상이 이따금 나타납니다. '간격'이라는 용어가 암시하는 기간이라는 의미는 단지 언어가 가진 한계 때문이며, 이 의미가 간격이 시간 속에서 지속된다는 뜻으로 해석되어서는 안 됩니다.

이해, 사랑, 아름다움을 경험한다는 것은 곧 시간과 대상을 초월한 자기 알기이자 자기 인식을 겪는 것입니다.

* * *

이 시간을 초월한 간격이 있는 동안 의식은 깊은 잠 속에 있듯이 단지 존재합니다. 의식은 자신을 직접적으로 압니다.

이 시간을 초월한 간격을 지나면, 의식은 다음 외관의 모양을 띠고 자신을 이 외관의 일부, 즉 몸과 동일시할 수 있습니다. 그렇게 의식은 자신을 '잊고', 따라서 스스로를 가리는 것처럼 보입니다.

우리가 아침에 깨어날 때도 마찬가지입니다. 분리의 외관이 완전히 확립되기 전인 이때에는 깊은 잠의 평온이 여전히 우리 경험에 스며들어 있습니다. 깨어 있는 상태는 이 평온에서 나오며, 한동안 평온으로 가득 차 있지요.

　하지만 대부분의 경우 의식은 즉시 그리고 무심코 자신을 파편과 동일시하면서 자신을 잃습니다. 자신을 몸/마음으로 응축시키며, 세상은 그에 상응하여 '바깥'으로 투사됩니다.

　분리의 환영이 다시 나타납니다. 하나가 둘인 척합니다. 의식은 파편, '나'가 되고, 세상은 그에 상응하여 '다른 것', '개별적인 것'이 됩니다.

　의식/현존은 의식과 현존이 됩니다.

　이렇게 자신을 잊고 외관상 대상이 된 결과, 이 간격이 있는 동안 경험되는 것이자 이 간격인 평온과 행복은 잃어버린 것처럼 보입니다. 그때 세상은 이들의 외관적인 거처가 되며, 그곳에서 이들을 찾고 알게 됩니다.

　이렇게 찾기가 시작되고, 수축된 '나'는 찾는 이가 되지요.

　'개별적인 개체인 척하는 의식'에 불과한 이 수축된 '나'는 평온과 행복을 겪는 경험이 자신의 본성 속에 있다는 것을 간과하거나 잊습니다. 오히려 잃어버릴 수 있는 간헐적인 경험이 되는 것처럼 보입니다. 한때 우리를 평온하거나 행복하게 만들었던 누군가 혹은 무언가에 대한 모든 경험은 이제 우리를 동요시키거나 불행하게 만듭니다. 이 경험은 대상이 평온과 행복을 전달할 수 없음을 보여주기 충분할 것입니다.

　평온과 행복은 의식 속에 있습니다.

　의식은 늘 존재하기에 평온과 행복도 모든 상황에서 늘 존재하지만, 우리가 늘 이들을 경험하는 것은 아니죠.

　평온과 행복을 가리는 것은 대상 그 자체가 아닙니다. 우리가 이들을 우리와 분리된 채 바깥에 있는 대상으로 생각하고 느낀다는 사실이 바로 이들을 가립니다.

대상은 분리된 채 바깥에 있다는 이러한 느낌과 더불어, 의식의 현존인 '나'는 마찬가지로 분리된 채 안쪽에 있다는 사유와 느낌이 그에 상응하여 옵니다.

우리 경험의 완벽한 총체를 지각하는 주체와 지각되는 대상으로 나누는 바로 이 구분이 모든 조건과 모든 시간에 존재하는 평온과 행복을 가립니다.

이러한 이유로 명상은 우리가 깨어 있는 동안 잠자는 것으로 이따금 묘사되기도 합니다. 명상에서 우리는 잠들어 있을 때 취하는 태도와 동일한 것을 대상에 대해 취합니다. 즉, 우리는 전혀 태도를 취하지 않습니다.

우리는 단지 그대로 머무를 뿐입니다.

* * *

행복을 바라는 욕망은 대부분의 활동을 지배합니다. 행복은 비대상적 경험입니다. 그저 의식의 현존일 뿐입니다.

의식은 본래 의식하고 있으므로, 행복은 의식이 자신을 알면서 아는 경험이라고 말할 수 있습니다.

욕망이 사라질 때마다 드러나는 것이 바로 이 경험입니다. 욕망은 동요이며, 행복은 이 동요가 그칠 때 드러나는 모든 상태의 항상 존재하

사물의 투명성

는 배경입니다.

물론 그것은 모든 상태의 배경이기에 동요 자체가 있는 동안에도 존재하지만, 그렇게 경험되지는 않습니다.

행복을 바라는 욕망은 기억에서 오지 않습니다. 행복은 기억될 수 없습니다. 대상적 특성이 없기 때문입니다. 행복은 의식 속에 있습니다. 깊은 잠을 겪는 경험처럼, 의식 속에서 그것의 현현되지 않은 상태에는 대상이 없습니다.

의식은 대상으로 경험될 수는 없기에 기억될 수 없습니다. 하지만 늘 존재하므로 그 속에 있는 모든 것도 항상 존재해야 합니다.

현재의 대상은 계속해서 변하지만 행복을 바라는 욕망은 늘 그대로 있습니다. 그러므로 존재하는 대상이 행복을 일으킬 수는 없습니다.

마찬가지로 행복의 경험은 그것을 전달하는 대상과 상관없이 늘 그대로이기에, 대상 그 자체가 행복 찾기의 목표가 될 수는 없지요.

행복이 기억일 수 없다는 것이 이해된다면, 현재의 경험이 불쾌하더라도, 그 경험 자체에서 행복을 바라는 욕망이 온다는 결론에 이르러야 할 것입니다. 과연 그것이 그 밖의 다른 곳에서 올 수 있을까요?

그런데 현재 경험의 대상적 측면에서 행복을 찾는 것은 아닙니다. 알기 혹은 경험하기의 측면에서 행복을 찾는 것입니다.

행복을 여러 다양한 대상과 활동 속에서 찾는다는 사실은 행복이 대상적 측면이 아니라 대상 혹은 경험의 알기와 경험하기의 측면, 즉 의식의 측면 속에 있다는 직관을 보여줍니다. 모든 경험의 알기 혹은 경험하기의 측면은 늘 그대로입니다.

하지만 경험의 알기와 경험하기의 측면은 이름과 형태로 가려지므로 우리는 다른 새로운 대상 속에서 계속 행복을 찾습니다.

대부분의 경우, 우리가 대상과 교류하는 목적은 바로 모든 경험 속에 있는 평온과 행복을 드러내는 것입니다. 하지만 우리는 평온과 행복을 경험의 대상적 측면에 잘못 부여합니다.

경험의 대상적 측면에 맞춘 우리의 한정적인 초점은 행복을 가립니다. 하지만 행복이 사실 이미 존재한다는 것을 알아채지 못한 채 우리는 다른 곳에서 그것을 찾습니다. 새로운 상황 속에서, 새로운 대상 속에서 그것을 찾습니다.

행복을 바라는 욕망조차 행복 그 자체에서 옵니다.

욕망은 행복의 한 형태입니다. 행복이 자신의 현존을 간과하고 다른 곳에서 자신을 찾기 시작할 때 나타나는 형태입니다.

자신을 찾는 것은 바로 행복 그 자체입니다.

우리는 이미 우리가 찾는 것입니다.

우리가 행복을 찾는 곳인 대상의 유형을 결정하는 것은 과거 비대상적인 행복의 경험이 일어나기 직전에 있었던 대상에 따라 달라질 것입니다.

행복 그 자체와 달리, 이러한 대상은 기억될 수 있습니다. 그래서 우리는 그것이 동일한 행복을 전달할 것이라는 기대 속에 그것을 재현하려 합니다.

이것이 명백히 보이면, 욕망의 본성은 근본적으로 변합니다. 이제 행복을 만들려고 대상을 바라는 게 아니라 행복을 표현하려고 대상을 바라게 됩니다.

행복을 만들어야 한다는 요구에서 욕망이 해방되면, 그것은 사라지지 않습니다. 단지 현존하지 않는 개체를 섬기는 제약에서 해방될 뿐입니다.

그러한 욕망은 에너지로, 삶으로 경험됩니다. 그것은 이미 그 자체로 충족입니다.

의식은 스스로 빛난다

"해가 뜨면 기니Guinea 같은 둥근 불의 원반이 보이지 않나요?"

"아니오, 아니오. 저는 수많은 천군이 '거룩하고, 거룩하고, 거룩하시며,

전능하신 주님'이라고 찬양하는 것을 봅니다."

– 윌리엄 블레이크William Blake

（여기서 기니는 17세기부터 19세기 초까지 영국에서 사용된 둥그란 모양

의 금화를 의미한다. 질문은 마치 태양이 황금으로 만든 원반처럼 보이지

않느냐는 것이다./역주）

의식의 거울은 모든 것이 경험되는 화면이며, 그것은 동시에 모든 것

을 경험하는 것입니다.

거울에 나타나는 이미지는 오로지 거울로만 이루어져 있습니다.

물리적 대상이 거울 앞에 놓이면 그것은 거울에 색을 칠하고, 거울의

사물의 투명성

물든 모습은 거울에 대상과 같은 특성을 부여하는 것처럼 보입니다.

물질적 대상이 사라지면 거울은 다시 무색이 됩니다. 사실, 거울은 늘 이것뿐이었습니다.

의식은 투명하며 대상으로 보일 수 없습니다. 마치 거울을 이루고 있는 유리에 물리적 대상이 비치지 않으면 유리가 보일 수 없는 것처럼 말입니다.

사유 혹은 감각 혹은 지각이 존재할 때, 그것은 의식에 '색을 칠합니다.' 마치 비치는 상이 거울에 색을 칠하는 것처럼 말이지요.

사유 혹은 감각 혹은 지각은 의식을 드러냅니다. 마치 비치는 상이 거울을 드러내는 것처럼 말입니다.

의식 속에 나타나는 대상이 바로 의식입니다. 마치 거울에 나타나는 대상이 바로 거울인 것처럼 말입니다.

우리가 대상을 볼 때, 즉 사유 혹은 감각 혹은 지각이 의식 속에 나타날 때, 의식은 자신을 경험하고 있습니다.

사실, 의식은 늘 오로지 자신을 경험하고 있습니다.

이러한 거울의 비유로, 우리는 의식이 대상으로 경험될 수 없다는 것을 이해하게 됩니다.

그러나 거울과 달리 의식은 의식하고 있습니다. 의식은 지각합니다. 사유 혹은 감각 혹은 지각의 존재와 상관없이 언제나 자신을 경험합니다.

거울이 보이려면 바깥에 있는 원천이 필요합니다. 이와 달리 의식은 보는 것인 동시에 그것이 보이는 화면입니다. 의식은 명백히 늘 자신을 경험하고 있지만, 대상이 존재하지 않는다면 그 경험에는 대상적 특성이 없습니다.

모든 부분이 의식하며, 민감하며, 알아차리고 있는 광활하고 끝없는 공간이라고 하는 것이 보다 정확한 비유일 것입니다.

이 공간의 본성은 의식하는 것입니다. 이 의식은 멈추지 않습니다.

이 끝없는 공간 속에 여러 홀로그램 이미지가 투사된다고 상상해 보세요. 각 이미지에는 방이 여러 개인 집이 담겨 있습니다. 각 방은 개별적인 몸/마음과 같습니다.

홀로그램이 투사되면 이 끝없는 공간에 무슨 일이 일어나나요? 변화가 생기나요?

집의 이미지 중 일부가 물러나고 새로운 이미지가 나타나면 그 공간에 무슨 일이 일어나나요?

이미지 중에서 공간이 존재하지 않는 곳이 있나요?

집의 외관적인 벽은 그 벽 안에 포함된 공간을 제한하나요?

벽의 안쪽, 바깥쪽, 벽 그 자체의 내부와 동일한 공간 아닌가요?

사실, 이 공간에는 안쪽도 바깥쪽도 없습니다. 집이 나타나는 공간과 동일한 실체로 집이 이루어져 있기 때문입니다.

심지어 집이 공간에 나타난다고 말하는 것도 완전히 맞지는 않습니다. 공간 속으로 들어가지 않기 때문입니다. 그것은 바깥에 존재합니다. 그것은 공간 그 자체로 생깁니다.

그것의 실체는 그것이 생기는 곳으로 이루어져 있습니다. 그것에 현존을 주는 것은 바로 그것이 생겨나는 실체입니다. 공간이 그것의 현존입니다. 그것은 공간의 실체로 이루어져 있습니다.

하지만 그것의 외관은 집이라는 이름과 형태입니다.

우리 경험도 마찬가지입니다. 모든 외관의 실체가 바로 그것이 생기는 현존입니다.

대상의 현존은 그것이 생기는 현존에서 그것의 존재를 얻습니다. 그것의 외관은 그것의 이름과 형태에서 옵니다.

보는 것이 바로 보이는 것입니다.

세상을 지각하는 의식은 세상의 실재와 하나입니다.

의식과 실재는 하나입니다.

경험은 대상의 창조, 대상의 실체, 대상의 알기로 이루어져 있습니다. 이 세 가지는 동시에 하나입니다.

의식의 공간은 알기의 공간입니다. 스스로 빛나며, 자기 알기이며, 항상 존재하며, 자명합니다.

이 현재 경험 속에서 현재 경험으로 자신을 압니다.

모든 사물의 실재이자 자신의 실재입니다.

자유의 선택

|Q| 개인에게 자유 의지가 있나요?

기존 과학조차 우주에 개별적인 개체가 없으며 모든 것이 서로 연결
되어 있다고 말합니다. 그래서 외관적으로 개별적인 개체에게 자유 의
지나 선택권이 있는지를 여기서 실제로 다루지는 않습니다.

오히려 우리는 개별적인 개체의 현존을 묻는 질문으로 다가가 그것
을 철저히 탐사하고, 자유 의지와 선택권을 묻는 질문에 무슨 일이 일
어나는지 봅니다.

신념으로 자신을 얽매려 하는 의식의 욕망 외에 의식을 얽매는 것은
없습니다.

모든 경험은 매 순간 의식의 절대적 자유에서 자발적으로 생기며, 이
러한 의미에서 의식은 무한한 가능성 속에서 자유롭게 선택해서 어떠

사물의 투명성

한 형태든 취할 수 있습니다.

모든 외관적 선택은 의식의 절대적 자유를 표현합니다. 우리가 느끼는 자유와 선택의 감각은 우리가 어느 수준에서 우리 자신임을 알고 있는 의식의 타고난 자유에 대한 직관입니다.

우리에게 선택권이나 자유가 없다는 사실을 계속해서 반복하는 가르침에는 억압적인 면이 있습니다. 그러한 표현은 현존하지 않는 개인적인 개체를 향해 있습니다. 이는 아이러니하게도 그것이 부인하는 바로 그 실체를 인정하는 것입니다.

개별적인 개체에게 자유가 없다는 것은 참이지만, 개별적인 개체가 없으니까 이는 당연하지 않나요?

의식, 즉 우리의 모습은 자유 그 자체입니다. 우리는 의식으로서 절대적 자유가 있습니다. 우리는 절대적 자유입니다.

우리에게 선택할 자유가 있다는 느낌은 우리의 타고난 자유를 아는 이 직관적인 앎을 희미하게, 대개 잘못 해석하여 반영한 것입니다.

진정한 자유가 있는 것은 맞지만, 이러한 자유가 개별적인 개체의 자유라는 해석은 잘못된 것입니다.

경험의 본성을 조사하는 이 탐사는 의식 속에서 일어나며, 의식을 표현합니다.

탐사하기를 하는 개체는 존재하지 않습니다. 과학적 유물론의 관점으로 봐도 우주에는 개별적인 개체가 없습니다. 모든 것은 서로 연결되어 있습니다.

존재하는 모든 마음, 몸, 세상이 하나의 완벽한 체계로 서로 연결되어 있다면, 과학적 유물론에서 이 체계의 부산물로 여기는 의식이 어찌 개인적이고 개별적일 수가 있을까요?

만약 개별적이고 독립적인 의식이 없다면, 개별적이고 독립적인 생각하는 이, 선택하는 이, 행하는 이, 즐기는 이, 경험하는 이가 어찌 존재할 수가 있을까요?

우리 경험은 의식 속에서 나타나는 외관의 흐름입니다. 이러한 사건은 사유, 느낌, 감각, 지각이며 서로 이어집니다. 하나, 둘, 셋, 넷… 각각은 완전히 고유하며, 각각은 그 다음이 일어나기 전에 완전히 사라집니다.

다음과 같이 연속적인 사건을 상상해 보세요.

사건 A는 빗소리를 듣기입니다. 사건 B는 "차 한잔하자"라고 생각하기입니다. 사건 C는 차를 음미하기입니다. 사건 D는 충족을 느끼기입니다. 사건 E는 자동차를 지각하기입니다. 사건 F는 '나'가 비를 내리게 하지는 않았지만 빗소리를 들었으며, '나'가 차 한잔하기를 선택했고 이를 즐겼으며, '나'가 자동차를 지각했지만 이를 창조하지는 않았고, 끝으로 이러한 모든 경험이 사라진 후에도 '나'가 남아 있다는 사유입니다.

이러한 사건의 흐름 속에서 '나'는 다른 외관처럼 또 하나의 외관일 뿐입니다. '나'는 '나'라는 사유입니다.

하지만 빗소리를 듣기가 존재할 때 '나'라는 사유는 존재하지 않습니다. 마찬가지로 "차 한잔하자"라는 사유가 존재할 때 '나'라는 사유는 존재하지 않습니다. 이 두 사유 사이에는 시간을 초월한 의식의 현존, 즉 구름 사이로 빛나는 푸른 하늘이 있습니다. 이 간격을 채우려고, 의식의 진정한 '나'로 가장하려고 '나'라는 사유가 창조됩니다.

이 자그마한 '나'라는 사유가 사라지면 "나는 이 차를 즐긴다"라는 다음 사유가 나타나며, 다음 사유 이후 '나'라는 사유는 다시 나타나 간극을 메웁니다.

이러한 방식으로 무수한 '나'라는 사유들이 함께 이어집니다. 그 후의 사유는 '나'라는 사유가 모든 외관 사이와 그 배후에 있는 영속적인 개체로 존재해 왔다고 생각합니다.

그러나 모든 지각 사이와 그 배후에 항상 존재하는 것은 개별적인 실체가 아니라 바로 의식입니다.

개별적인 개체는 그것에 대한 사유로 창조되며, 이 순간 개별적인 개체가 바로 그 사유입니다. 다음 순간 그것은 다른 사유들처럼 사라집니다. 그것은 사칭하는 이입니다!

'나'라는 사유인 사건 F가 사건 A를 일으킨 게 아니라 사건 B를 일으켰다고 생각하는 것은 우리의 경험과 상반되며 논리에 어긋납니다. 이러한 일관성의 부족을 일컬어 '개인', '개별적인 개체', '선택하는 이'라 합니다.

인과론적 측면에서 생각한다면, 우리는 A가 B를 일으켰고, B가 C를 일으켰고, C가 D를 일으켰다는 식으로 말해야 합니다. 즉, 모든 것은 인과 관계라는 사슬로 연결되어 있습니다.

모든 것은 모든 것을 일으킵니다. 총체는 매 순간 총체를 일으킵니다.

혹은 모든 것이 의식에서 자발적으로 생기며, 따라서 그 의식은 그것의 유일하며 궁극적인 원인이라고 말할 수도 있습니다.

이 두 입장 모두 우리의 실제 경험에서 참입니다. 사실, 이 두 가능성은 동일합니다. 더 깊은 탐구를 통해 첫 번째 입장의 총체가 두 번째 입장의 의식과 동일한 것으로 밝혀지기 때문입니다.

경험이 의식 속에서 나타나는 연속적인 사건이 아니라 듣기, 생각하기, 음미하기, 즐기기, 지각하기 등의 모양을 띠는 의식 그 자체라는 것을 이해한다면, 인과 관계라는 생각은 완전히 무너져내립니다.

우리 경험은 연속적인 사건이 아닙니다. 하나의 항상 존재하는 사건이자 하나의 항상 존재하는 비사건입니다. 의식. 존재. 실재. 움직이지 않으며, 변함없으며, 동질적입니다.

존재의 편안함

의식은 본래 몸 혹은 마음과 동일시되지 않습니다. 의식은 몸 혹은 마음 혹은 세상보다 앞서 있습니다.

의식의 자연스러운 상태는 자유, 행복, 평온입니다.

대상이 나타나면, 그것은 의식의 변화로 나타납니다.

의식은 나타나는 모든 것의 실체이자, 나타나는 모든 것의 목격자입니다.

하지만 의식이 대상과 분리되거나 떨어진 채 멀리서 그것을 지각하는 것이 아닙니다. 대상이 존재할 때 그 대상은 의식과 하나입니다. 이 둘이 분리된다면, 대상적 측면은 완전히 즉시 사라지지만 의식은 늘 그대로 남아 있습니다.

이를 언어로 서술할 수는 없습니다. 서술하려는 시도조차 대상과 의식 두 가지를 언급하기 때문입니다. 두 단어가 사용되기는 하지만 사실 두 가지가 있는 것이 아닙니다.

대상은 의식이 띠는 형태입니다. 마치 파도가 물이 띠는 형태인 것처럼 말이지요.

의식은 모든 대상과 하나입니다. 사실, 결국 대상은 없습니다. 매 순간 우리 경험이라는 모양을 띠는 의식만이 있을 뿐입니다.

대상의 정체성은 의식의 정체성입니다.

대상이 의식과 하나가 아니었다면 대상은 나타날 수 없었을 것입니다. 의식은 모든 외관입니다. 그러나 이는 의식이 그 외관에 한정된다는 것을 의미하지는 않습니다.

"나는 몸이다"라는 생각은 다른 외관과 마찬가지로 의식 속에서 생기며, 그렇기에 그 순간 의식이 띠는 형태입니다.

하지만 생각이 의식 속에서 생긴다고 해서 참인 것은 아닙니다. 마치 의식 속에서 생긴 2 더하기 2가 5라는 사유가 참이 아닌 것처럼 말입니다.

'몸'으로 여겨지는 감각 혹은 감각의 집단 역시 세상에 대한 지각 없이는 거의 나타나지 않습니다.

이러한 감각과 지각의 집합체는 하나의 완벽한 경험입니다.

그러나 의식은 이 완벽한 감각/지각의 경험을 임의로 감각과 지각, 그 둘로 나눕니다.

의식은 자신을 한정적으로 감각, 즉 몸과 동일시하고, 자신을 지각, 즉 세상과의 동일시에서 벗어나게 하면서 이를 행합니다.

의식은 "나는 이 감각의 집단, 즉 몸이지만, 저 지각의 무리, 즉 세상은 아니다"라고 생각합니다.

따라서 문제를 일으키는 것은 "나는 몸이다"라는 생각이라기보다는

사물의 투명성

"나는 오직 몸일 뿐이다"라는 생각입니다.

이 사유는 "나는 몸이다"라는 생각과는 거리가 멉니다. 오히려 "나는 오직 몸일 뿐이다"라는 생각에 가까우며, 이는 문제를 일으킵니다.

이러한 한정성을 바로잡기 위해 일부 가르침은 지각하는 의식과 몸/마음의 외관을 분리할 것을 제안합니다. 의식이 모든 외관보다 앞서 홀로 선다는 것을 확립하기 위함입니다.

이는 결국 경험이 매 순간 하나의 완벽한 총체라는 것이 보이는 더욱 완전한 이해의 길을 열어줍니다.

의식은 몸/마음이라는 파편 조각에 불과한 게 아니라 모든 경험의 총체와 하나입니다.

이러한 이해의 두 번째 단계에 이르기 위해, 의식은 먼저 단일한 몸/마음과의 한정적인 동일시에서 벗어나 자신이 아무것도 아니라는 것을, 어떠한 사물도, 즉 대상도 외관도 아니라는 것을 알게 됩니다. 의식은 자신이 모든 대상의 목격자라는 것을 알게 되고 나서 자신의 경험의 총체와 다시 관계를 맺으며 자신이 모든 것이라고 인식합니다.

의식은 "나는 어떠한 것이다"에서 "나는 아무것도 아니다"로 전환하며, 그러고 나서 "나는 아무것도 아니다"에서 "나는 모든 것이다"로 전환합니다. 의식은 자신이 아닌 다른 어떤 것으로 존재하거나 변화하지도 않습니다.

이 두번째 단계는 이따금 전통적인 가르침에서 강조되지 않습니다. 전통적인 가르침은 의식의 목격하는 측면, "나는 몸이 아니다"라는 측면, "나는 아무것도 아니다"라는 측면에 좀 더 초점을 맞추는 경향이 있습니다. 이는 몸 부정body-negative 접근 혹은 경험 부정experience-negative 접근에 이따금 이르기도 합니다.

이러한 가르침은 종종 니르비칼파 사마디nirvikalpa samadhi를 목표로 삼습니다. 이는 의식이 대상 없이 자신을 아는 경험으로, 우리의 주의를 다른 데로 끌고 갈 우려가 있는 생각하기, 느끼기, 감각하기, 지각하기 등으로부터 되도록 멀리 떨어뜨려놓으려 애를 써서 유지해야 합니다.

의식을 목격되는 이와 구별되는 독립적인 목격자로 확립한다면 이원적인 체계가 용인된다고 암시하는 것에는 오해가 있을 수 있습니다.

의식의 우선성과 독립성을 인식하지 않는다면, 경험에 외관의 연속적인 흐름 이외의 무언가가 있다고 할 수는 없습니다. 이러한 이해는 "오로지 이것만이 있다"로 표현될 수 있으며, 이는 이러한 현재 사유 혹은 감각 혹은 지각만이 오로지 있다는 것을 의미합니다.

그러나 일단 의식이 모든 외관보다 앞서 독립적으로 존재한다는 것이 확립된다면, 외관의 흐름이라는 모양을 띠는 것은 오로지 의식 그 자체일 뿐이라는 것이 명확히 보입니다. 이 경우 "오로지 이것만이 있다"라는 표현에서 '이것'은 대상이 아니라 의식을 가리킵니다.

이러한 구별이 유아론唯我論과 지혜의 차이지만 둘 다 동일한 표현으로 나타날 수도 있지요.

* * *

의식을 파편과 동일시하는 경우로 돌아가서, "나는 몸이 아니다"와

사물의 투명성

"나는 단지 몸만이 아니다" 사이에는 큰 차이가 있습니다.

'몸'이란 의식과 분리된 채 바깥에 있는 대상이라고 말한다면, "나는 몸이 아니다"는 '나', 즉 의식이 몸이 아니라는 것을 시사하므로 참입니다.

모든 대상이 의식 속 파도와 같고, 의식이 모든 외관의 모양을 띤다는 것이 이해되면 '나', 즉 의식은 몸입니다. 몸이 존재할 때 몸의 모양을 띠고 있는 것은 바로 의식 그 자체이지요.

하지만 이 경우에도 '나', 즉 의식이 단지 몸만이 아니라는 것은 여전히 참입니다. 또한 '나'는 세상이며 그 순간 나타나는 다른 모든 것입니다. '나'는 내 속에 나타나는 모든 것의 총체이지만 그 이상이기도 합니다. 마치 바다가 파도를 모두 합친 것, 그 이상인 것처럼 말입니다.

대상이 존재하지 않을 때 의식은 자신과 자연스럽게 하나가 됩니다. 대상이 존재할 때 의식은 존재하는 모든 것과 자연스럽게 하나가 됩니다.

대상은 의식과 분리된 채 독립적인 것으로 이해될 때 한정적이지만, 의식의 표현으로 이해될 때는 무한합니다.

의식은 자신 속에 나타나는 모든 것의 총체 중 한 부분, 즉 몸/마음과 한정적으로 동일시하는 법을 배웁니다. 자신의 타고난 자유로 이러한 동일시를 선택합니다. 이러한 의미에서 의식은 또한 자연스럽습니다.

무지는 의식이 자신의 자유로 선택하는 것입니다.

하지만 이러한 한정적인 동일시는 단 한 번만 선택되는 것이 아닙니다. 우리, 즉 의식이 매 순간 선택하는 것입니다. 마찬가지로 의식은 선택을 내릴 때마다 자신을 몸/마음과의 동일시에서 벗어나게 할 자유가 있습니다.

일부 영적 전통은 의식이 몸/마음과의 동일시에서 벗어날 수 있도록 애를 쓰는 것을 강조하지만, 사실 의식은 매일 여러 차례 애쓰지 않으면서 자신을 동일시에서 벗어나게 합니다.

이렇게 동일시에서 벗어나는 것은 우리가 잠이 들 때마다, 지각 사이의 간격마다 매우 자연스럽게 애쓰지 않으면서 일어납니다. 의식은 또한 욕망이 충족될 때마다 자신을 몸/마음과의 동일시에서 벗어나게 합니다.

* * *

우리가 깊은 잠에서 경험하는 평온과 행복은 욕망이 충족될 때, 보다 정확히 말하자면 욕망의 충족에 수반하는 동요가 그칠 때 우리가 느끼는 평온과 행복과 완전히 똑같습니다.

의식 혹은 행복 혹은 평온은 몸, 마음, 세상이라는 대상 사이에서 표면으로 솟아오르는 지하 강물과 같습니다. 깊은 잠에 존재하면서 욕망이 사라질 때, 사랑, 유머, 아름다움이 일어나는 순간, 그리고 여러 다양한 경우에서 드러나는 것은 바로 자연스럽고 낯익은 경험입니다.

마음의 관점에서 이러한 순간은 일정 시간 지속됩니다. 그것은 그것보다 앞서는 대상에 의해 일어나고, 그것을 뒤따르는 것에 영향을 준다고 여겨집니다. 덧없이 나타나 연속적으로 보이는 몸, 마음, 세상의 외관을 강조하는 것 같습니다.

그러나 의식의 관점에서 몸, 마음, 세상의 덧없는 외관이 이따금 솟아오르는 곳이자 그 외관을 일으키는 원인은 바로 이 연속적인 현존 그 자체입니다.

대상의 외관 사이에 있는 이러한 순간들은 사실 시간을 초월합니다. 시간이나 공간은 이들을 연결하거나 분리하지 않습니다.

행복은 시공간의 영구적인 기층substratum에서 나타나는 덧없는 외관이 아닙니다. 오히려 시공간이 시간과 공간을 초월한 현존의 영구적인 기층 속에서 나타나는 덧없는 외관입니다.

깊은 잠은 시간과 공간을 초월한 현존의 또 다른 이름일 뿐입니다. 행복과 마찬가지로 그것에는 원인이 없습니다. 잠에 드는 것은 가장 애를 쓰지 않아도 되는 것입니다. 사실, 잠에 들려고 애를 쓰는 것은 불가능합니다. 기존에 애를 쓰던 것을 멈춰야 깊은 잠에 들 수 있습니다.

의식도 마찬가지입니다. 자연스러운 상태는 그 무엇과도 한정적으로 동일시되지 않습니다. 의식을 몸 혹은 마음과 한정적으로 동일시하려면 애를 써야 합니다.

그러나 우리는 우리의 자아인 의식을 몸/마음과 한정적으로 동일시하는 것에 너무 익숙해져서 이러한 동일시를 하려고 미묘하게 애쓰는 것조차 대개 알아차리지 못합니다.

이러한 이유로 의식은 동일시에서 벗어나려고 애를 써야 하는 것처럼 보입니다. 그러나 그렇게 한다면 의식은 기존에 발견되지 않았던, 자신을 몸/마음과 한정적으로 동일시하기 위해 했던 애쓰기를 그저 알아차리게 됩니다.

이러한 한정적인 동일시는 자연스러울 수 있지만 필수는 아닙니다. 그 무엇도 의식에 이러한 한정성을 부과하지 않습니다. 그 무엇도 그것을 강요하지 않습니다.

단일한 몸/마음과 동일시하는 상태는 의식이 할 수 있는 것 중 일부이지만 이것은 본래의 상태도, 유일한 가능성도 아닙니다.

의식은 자유이며, 그중에는 자신을 동일시하거나 동일시에서 벗어나게 할 자유가 있습니다.

그것의 자유로운 상태는 한정적인 동일시에서 자유롭지만, 몸/마음이 제공하는 것을 즐기고 감수할 수 있게 자신을 몸/마음과 한정적으로 동일시할 자유가 있습니다.

* * *

의식이 자신을 몸/마음과 한정적으로 동일시하면 자신을 얽매는 것처럼 보입니다. 그 결과 그 속에 나타나는 이후 경험은 대부분 자신의 이 새로운 정체성을 입증하는 것처럼 보입니다.

의식은 자신이 몸/마음에 외관상 한정적이라고 알게 되면서, 광활한 우주 속 파편이 되어버리는 필연적인 결과를 즐기고 감수합니다.

의식은 한동안 행복을 얻고자 자신의 경험을 조작하려 하지만, 개별적인 개체와 행복은 서로에게 배타적인 입장이라는 것을 이해하지 못하고 있습니다.

그런데 의식은 개별적인 개체가 되는 놀이를 한동안 하고 나면 지치

사물의 투명성

기 시작합니다. 자신의 통제를 외관상 벗어난 무수한 원인들에 휘둘리는 것처럼 보이는 덧없고 불확실한 행복의 순간보다 더욱 실체적인 것을 갈망합니다.

행복을 가져올 관습적인 가능성을 모두 살펴본 '개별적인 개체인 척하는 의식'은 이보다 낯선 다른 영역에서 탐색을 합니다. 그중 하나가 바로 영적 탐색입니다.

하지만 점진적이든 순간적이든, 언젠가 의식은 자신이 이미 자신이 찾고 있던 바로 그것이라는 것을, 이 깨달음을 막는 것이 바로 이 탐색 자체라는 것을 인식하게 됩니다.

탐색 그 자체 속에서 일어나는 어떠한 것도 이러한 자기 인식을 일으키지 않습니다. 의식은 행복 혹은 충족 혹은 평온 그 자체이며, 이 충족은 이미 늘 모든 경험보다 앞서며 그 속에 있다는 인식이 바로 자기 인식이기 때문이지요.

이러한 이해는 탐색의 완전한 무너짐과 동의어지만, 습관의 관성으로 인해 이따금 다시 나타날 수도 있습니다.

* * *

의식에게는 언제든지 원하면 몸/마음과의 한정적인 동일시를 거둬들일 자유가 있습니다.

우리는 신생아였을 때 우리의 자아, 즉 의식을 몸과 마음의 연속적인 수준과 동일시하는 법을 서서히 배웠지만 이를 잊었습니다.

대개 이러한 동일시를 거둬들이는 과정은 역순으로 여러 단계를 거치며 연속적으로 일어납니다. 이 과정은 몸과 마음과의 동일시에 있는 가장 명백한 층에서 시작해 가장 깊은 층으로 나아갑니다.

우리는 깊은 우물과 같습니다. 우리의 삶 속 지성, 사랑, 아름다움의 현존은 우물 속으로 비쳐 들어오는 정오의 태양과 같습니다.

아래에는 빛이 부족하기에, 보통은 우물 표면에 사는 생물만이 활발합니다. 그러나 더 깊은 곳에 사는 생물은 그들 위로 비치는 태양의 현존으로 인해 매일 짧은 기간 동안 깨어납니다.

이것이 우리 삶 속 지성의 현존입니다. 지성, 사랑, 아름다움이라는 태양이 점점 더 자주 우물 위를 들르면서, 더욱더 깊은 동일시의 층이 빛 속으로 들어와 드러납니다.

이렇게 의식은 몸/마음의 연속적인 층과의 동일시를 보고는 그것이 어떻게 자신을 한정하는지 명확히 이해합니다. 이러한 이해가 동일시의 자연스러운 이완을 가져옵니다.

의식이 동일시를 이완할 때마다, 처음에는 모르지만, 자신을 기억하고 자신에게 돌아가고 있습니다.

의식은 실제로 결코 자신에게 돌아가지 않습니다. 단지 알면서 자신 속에서 자신으로 머무를 뿐입니다. 더 이상 자신이 아닌 척하지 않습니다.

처음에 의식은 이러한 자신 속 머무름에 익숙하지 않습니다. 그래서 오래된 대상, 즉 익숙하고 편안해진 회피와 저항이라는 오래된 습관을 다시 붙잡습니다.

그러나 몸/마음의 층과의 동일시는 이해를 거치며 계속해서 이완합니다. 의식은 자신 속에서 자신으로 머무르는 것을 더욱 편안해합니다. 존재의 편안이 경험에 스며들기 시작합니다.

몸/마음과의 동일시라는 오래된 층은 이따금 다시 나타납니다. 하지만 분리하는 힘을 잃고, 이와 더불어 고통을 일으키는 능력도 잃습니다.

일상생활의 기능에 필요한 그러한 층은 필요할 때마다 계속되고 있습니다. 기능적이지 않은 것은 자연스럽게 사라지며, 점점 더 우리의 자연스러운 상태 속에서 우리 자신을 알게 되지요.

이것은 특별한 상태가 아닙니다. 그것은 단순하고 자연스럽습니다. 심지어 마음이 어떤 특별한 것을 알아차리지 못해도 우리가 그것을 깨달을 수도 있습니다.

안녕과 편안이라는 감각은 과거 우리의 사유, 느낌, 활동에 스며 있던 미묘한 결핍감을 대신합니다. 이 감각은 우리의 삶이라는 배경 속에서 빛나기 시작하며, 우리의 활동과 관계라는 전경으로 넘쳐흐릅니다.

사랑이란 경험은 바로 이 의식의 개별적인 몸/마음과의 한정적인 동일시를 이완하며, 그 결과 '다른 이', 모든 '다른 이들'을 필연적으로 자신 속에 포함합니다.

그래서 사랑은 무조건적이고, 원인이 없고, 변하지 않고, 보편적이라고 여겨지며 느껴지는 것입니다. 그 반대는 없습니다. 사랑은 우리의 진정한 본성 속에 있습니다.

* * *

자신의 궁전에서 삶을 즐기는 왕을 상상해 보세요. 어느 날 왕은 신하의 삶을 경험하고 싶어집니다. 그는 다른 명령을 내리기 전까지 자신을 평범한 사람처럼 대하라고 신하들에게 지시합니다.

다음 날 왕은 농부로 변장해 시장으로 갑니다. 신하들은 멀리서 지켜보기만 할 뿐 개입하지 못합니다.

처음에 왕은 시장에서 느끼는 즐거움이 궁전에서 느끼는 즐거움과 같은 본성이라는 것을 알아채지 못하기에, 자신이 그렇게 가장하고 있다는 것을 곧 잊어버립니다.

왕은 이내 고통을 느끼기 시작합니다. 그는 자신의 타고난 권리를 잊어버린 채 고통을 줄이려고 시장 속에서 온갖 방법을 동원합니다.

하지만 왕에게 주어지는 어떠한 것도 그를 일깨우거나 궁전으로 돌아가게 하지 않습니다. 신하들은 왕이 곤경에 처한 것을 보고 도울 수 없다는 무력감을 느낍니다. 그의 곤경을 보았지만 도울 수 없다고 느낀 신하들은 평범한 사람으로 변장합니다. 이따금 왕은 변장한 신하와 마주칩니다. 신하는 왕을 평범한 사람으로 대하겠다는 약속을 저버리지 않으며, 그가 생각하고 느끼는 스스로의 모습이 그가 아니라는 것을 그에게 암시합니다.

왕이 깊은 기억 상실증에서 깨어나는 데 시간이 걸리지만, 결국에 그는 자신이 진정 누구인지 기억합니다. 그는 궁전에 돌아와 신하들에게 공무를 다시 처리하라고 명령합니다.

왕이 자신의 권력을 포기하던 바로 그 순간, 그는 자신의 자유 의지로 자신의 자유를 포기한 것입니다. 그의 자유는 자유롭지 않기를 바라는 욕망으로 자신을 표현했습니다. 그 순간부터 왕은 무언가에 얽매인 것처럼 보였으며, 그의 삶을 둘러싼 환경은 그의 새로운 지위를 확증하는 것처럼 보였습니다.

이 상태에서 '평범한 사람으로 가장한 왕'에게 주어진 유일한 자유는, 자신을 자신의 진정한 모습으로 다시 기억할 자유입니다.

왕이 자신이 왕이라는 정체성을 되찾았을 때 비로소 그는 자신이 무언가에 얽매인 것처럼 생각하고 느끼고 행동했지만 사실 자신이 늘 자유로웠다는 것을 깨닫습니다. 평범한 사람이라는 자신의 지위는 자신이 초래한 상상이었으며, 평범한 사람이 되는 트라우마에 깊이 빠져 있을 때조차 자신은 여전히 늘 왕이었다는 것을 깨닫습니다.

그가 타고난 권리를 되찾기 위해 할 수 있는 것은 없었으며, 더 중요한 사실은 해야 할 것도 없었다는 것입니다. 단지 그것을 인식하고 그에 따라 행동을 시작하기만 하면 됐습니다.

농부인 왕에게는 자신의 진정한 정체성을 기억할 자유만이 있었습니다. 왕인 그에게는 완전한 자유가 늘 있었지요.

의식이 자신 속의 자유로 자신을 파편과 동일시하기로 선택한다면, 의식에게 주어진 유일한 자유는 자신을 그 파편에서 벗어나게 해 늘 그대로인 자신의 모습으로 다시 기억하는 것입니다.

그래서 "당신에게는 자유가 없다"와 "당신에게는 완전한 자유가 있다"라는 두 표현은 서로 다른 관점에서 모두 참입니다.

알고 있음

의식의 본성은 알기Knowing 혹은 알고 있음Knowingness입니다.

의식은 알려진 것을 알기, 경험되는 것을 경험하기, 지각되는 것을 지각하기입니다.

의식이 무언가를 알 때 자신을 압니다.

의식은 모든 경험 속의 알고 있음이기에, 모든 경험 속에서 자신을 압니다. 의식은 단지 그 자신이기 때문이지요.

의식은 자신을 아는 것입니다.

의식은 자신을 알기 위해 어떠한 것도 할 필요가 없습니다. 의식이 있는 것 자체가 그것이 자신을 아는 것입니다. 그것은 늘 자신을 압니다.

태양의 본성은 비추는 것입니다. 따라서 태양은 본성에 따라 자신을 비춥니다. '비춤'이란 그것의 모습이지, 그것이 하는 것이 아닙니다. 명백히 태양은 늘 비치므로 자신을 비출 필요가 없습니다. 태양은 스스로 빛납니다.

마찬가지로 의식은 스스로 빛납니다. 바로 그 빛으로 자신을 봅니다.

알기는 의식의 모습이지, 의식이 하는 것이 아닙니다.

알기는 의식의 본성이므로, 무언가를 아는 과정에서 자신을 압니다.

어떠한 대상을 아는 과정에서 아는 의식이 존재하며, 그것의 현존은 자신을 아는 것입니다.

알기와 존재는 의식 속에서 동일합니다.

자신을 알려고 무언가를 알 필요가 없습니다. 무언가를 아는 것이 곧 자신을 아는 것입니다.

그리고 대상이 존재하지 않을 때, 이 알기는 자신만을 알면서 완전히 늘 그대로 있습니다. 의식이 자신을 '알지 못할' 수는 없습니다.

* * *

이것이 명확히 보일 때, 의식은 자신 바깥에서 자신을 찾는 것을 멈춥니다. 발생하는 모든 경험 속에서 자신을 경험하고 있다는 것이 깊이 이해되기 때문입니다.

대상성이 존재하지 않을 때, 예컨대 깊은 잠 속에서, 혹은 사유나 지각 사이의 간격 속에서, 의식이 자신이 되는 것이 곧 자신을 아는 것입니다.

하지만 이 경험에는 대상적 내용이 존재하지 않기에 '그곳'에는 기억할 것이 없습니다. 대상적인 것은 전혀 경험되지 않기에 오로지 대상으로만 이루어져 있는 마음은 이 경험을 자기 것이라 주장할 수 없습니다. 마음이 있는 동안 마음은 존재하지 않았습니다. 마음이 없었기에 기억할 것도 없었습니다.

그것이 다시 나타나면, 마음은 이 시간을 초월한 의식의 현존이라는 경험을 공백으로, 공허로 해석합니다. 마음이 알 수 있는 것은 대상이 전부이기 때문입니다. 의식은 그것의 형태 없는 현존이라는 경험을 마음속 공백의 대상으로 표현한다고 하는 것이 보다 정확할 것입니다. 그러나 공백이나 공허조차도 미묘한 대상입니다.

이 의식의 형태 없는 현존이라는 경험이 마음속에서 표현되는 순간, 마음은 형태를 띱니다. 마음은 형태이기 때문입니다.

따라서 의식의 형태 없는 현존을 마음속에서 가장 정확하게 표현하는 것은 바로 공백의 대상, 공허입니다. 말하자면, 그것은 형태 없는 형태입니다. 그것은 의식의 형태 없는 현존을 흉내 내려 하는 표현입니다.

이는 마음이 할 수 있는 최선이지만 오해를 일으킬 여지가 있습니다. 의식은 이처럼 자신을 마음속에서 표현하려고 하면서 대상성의 영역 내에서 자신을 찾는 데 몰두하기 때문입니다. 그렇게 의식은 자신의 창조성에 현혹됩니다. 자신을 흉내 내어 이 공백 상태를 창조하고는 그 상태를 자신의 부재로 해석합니다. 그렇게 공백의 대상이라는 자신의 창조물을 믿게 됩니다. 의식이 스스로 마음속에 만든 "나는 존재하지 않는다"라는 이론을 받아들입니다.

즉, 의식은 자신을 잊습니다.

이처럼 '공백의 대상', 즉 "나는 존재하지 않는다"라는 이론을 받아들

사물의 투명성

인 결과, 의식은 대상의 영역 내에서 자신을 찾는 운명에 놓입니다.

이는 탕아가 궁전을 떠나는 순간입니다. 그는 아버지로부터 등을 돌리고는 대상의 세상으로 향합니다.

의식은 외관상 자신으로부터 등을 돌리고는 마음의 영역으로 향하려고 바깥으로 눈을 돌립니다.

사실, 의식이 자신을 아는 경험은 늘 일어나고 있습니다. 의식은 대상성이 부재할 때도, 대상성이 현존할 때도 일어나고 있습니다. 그래서 의식이 자신을 잊는다고 보는 것은 완전히 옳지는 않습니다. 자신을 잊는 척한다고 보는 것이 보다 정확할 것입니다.

탕아는 궁전을 떠나지만 자신이 결코 왕국을 떠나지 않는다는 것을 아직 모릅니다.

의식이 자신을 아는 경험은 아무 색도 없으며 투명하기에, 즉 대상으로 경험될 수 없기에 자신의 현존을 간과합니다.

의식은 늘 이미 자신을 경험하고 있다는 것을 잊기에, 외관상 바깥으로 보이는 대상성의 영역 내에서 자신을 찾습니다.

그 순간 의식은 자신에게 베일을 씌우고, 자신을 잊습니다. 그리고 자신을 찾는 탐색이 시작됩니다.

이따금 이 탐색은 이해, 사랑, 아름다움의 순간 속에서 끝납니다. 그러한 순간에 의식은 알면서 자신을 경험합니다.

의식은 자신을 떠올립니다. 의식은 자신에게 자신을 떠올리게 합니다. 자신을 음미합니다.

두 가지가 아니다

우리는 오로지 한 가지만을 경험합니다.

언제나 단 하나의 경험만이 존재합니다. 이것만으로도 의식과 실재가 하나라는 것을 보도록 초대할 수 있습니다.

하지만 우리는 이러한 경험의 본성을 잘못 해석합니다. 이 잘못된 해석의 다른 이름은 바로 고통입니다.

관습적인 관점에서 볼 때, 우리의 경험은 마음, 몸, 세상의 다양한 조합으로 구성된 수많은 대상으로 이루어져 있습니다. 즉, 그것은 사유, 이미지, 몸에서의 감각, 지각으로 이루어져 있습니다.

보통 이러한 대상에는 각각 독립적인 현존이 있다고 여겨집니다. 그 대상을 관찰하는 것과도, 서로와도 독립적이라고 여겨집니다.

우리는 '만물'을 동시에 경험한다고 생각하며, 이 '사물'은 각각 자신의 특성과 주변의 상황에 따라 자신의 시간 속에서 오고, 머무르고, 간

사물의 투명성

다고 생각합니다. 예컨대 우리는 사유보다 나무가 오래가며, 나무보다 산이 오래간다고 생각하지요.

그러나 실제로 이 '만물' 중 그 무엇도 별개의 대상으로 경험되지 않습니다. 어느 순간이든 우리 경험의 총체는 하나의 완벽한 전체입니다.

이 완벽한 전체는 마음, 몸, 세상의 복잡하고 복합적인 대상으로 이루어져 있는 것처럼 보일 수 있지만, 결합되고 통일된 경험입니다.

복잡할 수는 있지만 파편화되어 있지 않습니다. 완벽한 경험입니다. 하나의 경험입니다.

그러나 마음은 이 완벽한 전체를 조각조각 냅니다. 우리 경험의 총체를 파편화합니다.

마음은 '자동차'나 '의자'와 같은 단일한 대상을 추상하고는 각각에 독립적인 실재라는 지위를 부여합니다. 이 '자동차' 혹은 '의자'를 가리키는 대상은 개념입니다. 경험이 아닙니다. 유용한 개념이지만, 그럼에도 개념이지 경험이 아닙니다.

'자동차' 혹은 '의자'라는 개념 자체는 경험되는 복잡하고 다면적인 대상의 일부이지만, 우리는 그 개념이 가리키는 단일한 대상인 '자동차' 혹은 '의자'를 실제로 경험하지는 않습니다.

이러한 추상 과정에서 몸과 마음 또한 개별적이며 독립적인 현존이 있는 대상으로 개념화됩니다. 그 현존은 다른 개념화된 대상과 일부 관련이 있지만, 여전히 대상에겐 자신만의 개별적이고 독립적인 실재가 있습니다.

대상이 모인 작고 고립된 집단인 '마음과 몸'은 추상 과정에서 특별한 지위를 받습니다. 다른 모든 개념화된 대상과 구분되고, 이상하게도 주체의 지위를 받습니다. '나'로 여겨지는 한편, 당연히 다른 모든 사람이 포함된 다른 모든 개념화된 대상은 '다른 이'로 여겨집니다.

우리는 오직 하나의 생각으로만 이루어진 경계로 특정 대상을 제한합니다. 그 생각은 경험의 완벽한 총체를 '나'와 '나가 아님'으로 구분하는 것처럼 보입니다. 이 경계 내에 있는 모든 것은 '나'를 가리키며, 경계 바깥쪽에 있는 모든 것은 '세상', '다른 이'를 가리킵니다. 그러나 실제로 이러한 구분은 결코 일어나지 않습니다.

* * *

매우 간단한 실험이 이러한 경험 해석이 거짓임을 보여줄 것입니다. 책상 등 근처에 있는 표면에 손을 대보세요. 손과 책상이 접촉하면서 새로운 감각이 생성될 것입니다. 그것은 단일한 감각입니다.

이제 스스로에게 물어보세요. "나는 책상을 느끼는가?" 답은 당연히 "맞아"입니다. 이제 스스로에게 물어보세요. "나는 손을 감각하는가?" 답은 당연히 "맞아"입니다. 그렇게 우리는 이 경험으로 손과 책상을 모두 느낀다는 것을 쉽게 받아들입니다.

책상을 만진 우리의 손으로 생성된 이 새로운 감각은 두 개의 감각인가요? 아니오, 하나입니다. 그럼에도 우리는 그곳에서 손과 책상이 모두 경험된다고 인정했습니다.

따라서 경험되는 새로운 감각은 '손'도, '책상'도 아닙니다. '손'과 '책상'의 조합이라고 말하는 것조차 정확하지 않습니다. 그 표현 속에서 우리는 결코 그렇게 경험되지 않는 두 개념화된 대상을 조합하고 있기 때문입니다. 이들은 개별적이고 독립적인 개체로 현존하지 않습니다.

이 실험의 결과를 그러한 용어로 표현하는 것은 우리가 수행하고 있는 바로 이 실험이 반증하는 개념 그 자체를 사용하는 것입니다.

그러므로 '책상을 만진 우리의 손'으로 생성된 이 새로운 감각을 감각 A라 부르겠습니다. 물론 현실에서 이처럼 엄밀한 실험을 수행하는 것은 불가능합니다. '손'과 '책상'을 격리하는 것이 불가능하기 때문입니다. 다른 요소들이 늘 존재할 것입니다.

이제 새로운 요소를 하나 추가해 봅시다. 책상 위에 둔 손 뒤편에 파란 벽이 놓여 있다고 상상해 보세요. 이제 감각 A와 '파란 벽'의 조합인 새로운 감각이 나타날 것입니다.

하지만 이전 실험에서 우리가 내린 결과처럼, 이 새로운 경험에는 개별적인 감각 A도, 개별적인 '파란 벽'도 없습니다. 감각 A와 '파란 벽' 모두 그렇게 실제로 경험되지는 않는 개념입니다.

마찬가지로 우리의 새 경험을 A와 '파란 벽'의 조합으로 표현하는 것은 이 새 실험이 반증하는 개념을 또다시 사용하는 것입니다. 따라서 '파란 벽'을 포함하면서 생긴 이 새로운 감각을 감각 B라고 부르겠습니다.

우리가 이러한 실험을 무한히 계속하며 대상을 추가한다면 결국 '만물'로 이루어진 감각 Z에 이르게 될 것입니다. 이것이 사실상 우리의 현재 경험의 총체가 될 것입니다.

이 실험은 개별적이고 고립된 대상을 우리가 실제로 경험하지 않는다는 것을 보여줍니다. 개별적이고 고립된 대상이라는 개념은 우리 경험을 해석한 것일 뿐입니다. 경험을 서술하지 않습니다. 그 해석은 유용한 가설이지만, 그 해석을 실제 경험과 혼동하는 것은 잘못입니다.

이 실험은 경험과 관련해 두 가지 사실을 보여줍니다.

첫 번째 사실은 우리가 '만물'을 경험하지 않는다는 것입니다. 우리는 수많은 대상을 경험하지 않습니다. 두 대상이 동시에 존재할 수는 없습니다. 우리는 몸, 마음, 세상을 이루는 다면적 대상인 '한 가지'를 경험합니다. 어느 순간이든 이 '한 가지'는 우리 경험의 총체를 가리킵니다.

이 탐사에서 우리가 배우는 두 번째 사실은, 우리가 우리 경험의 총체 내에서 작고 고립된 집단에 그린 '나'라는 이름의 경계선이 자의적이라는 것입니다. 실제 경험과 아무 관련이 없습니다. 예컨대 몸과 세상을 구분하는 명확한 선을 그을 수는 없습니다.

이는 감각 A, 즉 '손/책상'이 경계 안에 있는 '나' 쪽인지, 경계 바깥에 있는 '다른 이' 쪽인지 스스로에게 물어보면 명확히 알 수 있습니다.

그것이 '손'일 때는 '안쪽'입니다. '책상'일 때는 '바깥쪽'입니다. 그러나 우리는 그것이 손도 책상도 아님을 압니다. 그것은 한 가지입니다. 한 가지, 즉 하나의 완벽한 경험이라면, '나'와 '다른 이'로 구분하는 선은 현존하지 않아야 합니다. 이것이 매 순간 우리의 실제 경험입니다.

이 마지막 발견을 설명하는 또 다른 방법은, '나'와 '나가 아닌 것'을 구분하던 개념적 경계를 제거하여, 이전에 주체로 여겨졌던 '나', 즉 마음과 몸의 지위를 세상의 나머지와 함께 대상의 지위로 격하했다고 말

사물의 투명성

하는 것입니다.

하지만 자의적인 경계를 제거해 마음과 몸을 대상이라는 지위로 격하한다고 말하는 것조차 완전히 옳지는 않습니다. 우리는 이 자의적인 경계선을 제거하면서 동시에 '나'와 '나가 아닌 것', '주체'와 '대상'이라는 범주도 제거하게 됩니다. 한쪽은 곧 다른 한쪽을 의미하므로, 하나는 홀로 있을 수 없기 때문입니다.

그러므로 우리에게는 '한 가지'가 남습니다. 즉, '만물'로 개념화되기 전인 경험의 완벽한 총체이자, '나'가 '나가 아닌 것'과 자의적으로 구분되기 전이자, 주체와 대상의 관념이 떠오르기 전인 우리 경험의 날것 그대로인 실재입니다.

* * *

두 가지가 있지 않습니다.

그렇다고 해서 '한 가지'가 있다고 말하는 것은 너무 지나칩니다. 우리가 그것을 대상으로 만드는 순간 이는 주체를 암시하게 되며, 우리는 다시 이원성, 두 가지의 영역에 놓이게 됩니다. 따라서 '한 가지'는 '두 가지'를 암시합니다.

우리가 사용하는 단어가 아무리 투명하더라도 그것에 이름을 붙이는 순간, 어느 정도의 대상성과 은연중 주체성을 암시하게 됩니다.

이와 동시에 우리가 말하려고 하는 것이 무엇이든 간에 그것은 '아무 것도 아닌 것'이 아님을 인식해야 합니다.

그러므로 이것을 '완벽한 총체' 혹은 '일체'라고 부르겠습니다. 이러한 단어들조차 어떠한 방식으로도 단어와 마음으로 서술될 수 없는 것에 대상성이라는 그림자를 드리우지만, 그 자체로 모든 단어와 마음을 밝힌다는 것을 이해하면서 말이지요.

경험의 이 '완벽한 총체' 속에는 목격하는 의식의 현존이 있습니다. 이 '완벽한 총체'를 경험하는 것은 모두 명백히 그 총체 속에 존재합니다.

하지만 이 목격하는 의식은 경험 속 어딘가의 작은 개체로 존재하지 않습니다. 오히려 경험의 총체 전반에 걸쳐 존재합니다.

경험에는 이 목격하는 의식이 존재하지 않는 부분이 없습니다.

우리 경험의 본성을 보다 철저히 탐사할 수 있도록 우리는 경험의 완벽한 총체, 즉 일체 내에 인위적인 선을 다시 그려서 이 목격하는 의식을 목격되는 마음/몸/세상과 잠정적으로 분리할 것입니다.

이 분리는 명확성과 이해를 위한 개념에 불과합니다. 결코 실제로 일어나지 않습니다.

모든 경험 속에는 지각하는 것과 지각되는 것이 있습니다. 그것이 무엇이든 간에 말입니다.

지각하는 모든 것은 '주체'를 가리키며, 지각되는 모든 것은 '대상'을 가리킵니다.

이렇게 우리는 지각하는 이와 지각되는 것을 개념적으로 분리합니다. 하지만 이번에는 몸/마음이 주체, 지각하는 것이 아니며, 세상이 대상, 지각되는 것이 아닙니다. 오히려 의식이 지각하는 주체이며, 마음/몸/세상이 지각되는 대상이지요.

다시 우리는 이원성, 즉 주체/대상 관계의 영역에 있습니다. 하지만 이번에는 우리 경험의 사실과 더욱 가깝습니다. 이번에는 바로 의식이 주체이며, 마음/몸/세상이 대상입니다. 이전에는 몸/마음이 주체였고, 다른 이들을 포함한 세상은 대상이었지요.

이렇게 경험을 구분하면서 우리는 초기에 경험의 단일성을 무수한 대상으로 구분하던 바로 그 마음의 개념화 능력을 사용합니다. 마음은 작고 고립된 집단인 마음과 몸을 '나', 즉 주체로 분류했으며, 그 밖의 나머지를 '나가 아닌 것', 즉 대상으로 분류했습니다.

이제 우리는 경험의 단일성을 주체이자 의식이자 목격하는 것과, 대상이자 마음/몸/세상이자 목격되는 것으로 구분합니다.

대개 경험의 대상적 측면은 매우 매력적이고 설득력 있기에, 보통 의식의 현존은 간과됩니다.

우리는 의식의 이 목격하는 현존에 주의를 기울이기 위해 인위적으로 우리 경험을 둘로 구분했습니다. 우리는 일체를 지각하는 주체와 지각되는 대상으로 구분합니다.

경험의 대상적 측면, 즉 알려진 것 혹은 지각되는 것은 매 순간 변합니다. 경험의 주체적 측면, 즉 아는 것 혹은 지각하는 것은 결코 변하지 않습니다.

의식이란 경험하는 것입니다. 우리는 이 의식이 무엇인지 모르지만, 그것이 그러하다는 것을 압니다. 우리는 그것이 존재한다는 것을 압니다. 현재 상황을 기록하고, 목격하고, 알고 있는 것이 있다는 것을 압니다.

우리는 지각되는 대상이 정확히 무엇인지 모르지만, 그것이 존재한다는 것을 압니다. 그것에 실재, 현존, 존재가 있음을 압니다.

* * *

우리는 어떤 경험에서도 두 가지를 경험하지 않습니다. 경험은 모두 하나입니다.

의식과 의식의 대상은 늘 하나입니다. 둘을 나누는 구분은 없습니다. 대상적 경험은 모두 완벽한 전체입니다. 즉, 의식/대상입니다.

우리는 이 목격하는 의식의 현존과 독립을 확립하려는 목적으로 이 완벽한 전체를 주체와 대상으로 분리합니다. 그리고 한 걸음 더 나아가 그 완벽한 전체를 재확립합니다. 사실, 우리는 단지 그것을 다시 주장할 뿐입니다. 그것은 늘 그래왔기 때문이지요.

이는 돌아온 탕아라 할 수 있습니다. 탕아가 아버지에게 다시 눈길을 돌리는 이 순간이 바로 의식이 존재한다는 것을 인식하는 순간입니다.

의식은 대상의 세상 속에서 자신을 잃습니다. 의식이 대상에서 자신으로 주의를 돌리는 순간 자신을 인식합니다. 더욱더 자신에게 주의를 기울일수록 자신 속으로 흡수됩니다.

아들이 아버지를 향해 한 걸음 내딛는 순간, 그는 자신인 자신의 경험을 아버지와 합치기 시작합니다. 대상성의 세상, 보다 정확히 말하자면 아들로 표현되는 이 '대상성의 세상 속에서 길을 잃은 의식'은 아버지와 다시 통합됩니다.

실제로는 아들을 맞이하려고 달려가는 이가 바로 아버지입니다. 대상성의 세상을 되찾는 것은 바로 의식입니다.

의식은 자신 속으로부터 대상성의 세상을 투사하고는 그 세상을 되찾습니다.

아버지는 아들이 결코 왕국을 떠나지 않는다는 것을 압니다. 하지만 '자신을 대상이라고 믿는 의식'인 아들은 이를 잊었기에 돌아와야만 합니다.

실제로는 아들을 되찾는 것이지, 돌아오게 하는 것이 아닙니다.

* * *

두 가지가 있는 것이 아닙니다.

오로지 의식, 현존, 일체만이 있을 뿐입니다.

의식은 우리 현재 경험의 총체이며, 이 현재 경험이라는 모양을 지금, 지금, 그리고 지금 띱니다.

우리의 경험은 늘 의식을 표현할 뿐입니다. 늘 일체를 표현할 뿐입니다.

그것의 실체는 늘 항상 의식일 뿐입니다.

매 순간 일어나는 우리의 경험이라는 모양을 띠면서도 늘 자신으로 머무르는 것이 바로 이 의식입니다.

그리고 깊은 잠, 지각 사이에 있는 영원한 간격, 욕망의 충족처럼 어떠한 경험도 일어나지 않을 때, 의식은 여전히 늘 자신일 뿐입니다.

그래서 우리는 출발했던 바로 그 장소에 도착합니다. 우리의 경험은 그것이 늘 그래왔고, 그러한 모습과 완전히 동일합니다. 하지만 우리의 경험, 우리의 해석은 변했습니다. 그리고 우리의 해석이 변했기에 우리의 경험도 변한 것처럼 보입니다.

우리는 세상이 몸을 포함하고, 몸이 마음을 포함하고, 마음이 의식에 있는 작고 보이지 않는 불꽃을 포함한다는 개념에서 출발했습니다. 그것은 기껏해야 세상의 부산물 정도로 여겨지며, 최악의 경우 그것은 완전 간과됩니다.

우리는 의식이 모든 사물의 항상 존재하는 실재이며, 모든 것이 그 속에서 그것의 표현으로 나타난다는 이해에 도달하게 됩니다.

의식은 모든 경험에서 동시에 자신을 목격하고 표현하며, 그것이 바로 늘 변하면서도 늘 동일한 우리의 모습임을 우리는 이해하고 느낍니다.

우리의 경험은 완벽하며 나눌 수 없는 총체입니다.

경험은 일체입니다.

단지 경험하기입니다.

경험되는 두 가지는 결코 없습니다.

우리의 경험은 늘 오로지 의식일 뿐입니다.

이처럼 추론하는 과정에서 마음은 그것의 앎이 가진 한계에 이르게 됩니다. 자신의 생각이 거짓임을 보게 되며, 의식이 잘못된 생각을 품고 스스로를 가리는 것을 멈추기 때문에 새로운 가능성이 생깁니다.

자신의 창조성으로 자신을 가리는 것을 멈춥니다.

사물의 투명성

의식은 경험의 거울을 들여다보고 더 이상 '다른 이'의 얼굴을 보지 않습니다.

자신의 얼굴을 봅니다.

의식은 모든 사물 속에서 자신을 보고, 자신 속에서 모든 사물을 봅니다.

알기는 존재하기이고 사랑하기이다

의식은 그 사물로 있으면서 사물을 압니다.

의식은 자신이 아닌 것을 알 수 없습니다.

이따금 의식은 자신을 몸과 마음과 동일시합니다. 자신의 정체성, 즉 자신 속에 있는 '나'로 있음이라는 감각을 몸과 마음의 대상에 부여합니다.

이러한 동일시는 진정한 경험에서 생깁니다. 의식은 그것이 경험하는 모든 것과 하나입니다.

사실, 의식은 사물을 실제로 경험하지 않습니다. 의식은 그 사물로 있으며, 의식이 그 사물로 있기란 그 사물을 알기의 방식입니다.

의식과 하나가 아닌 그 어떠한 것도 우리 경험 속에 존재할 수는 없을 것입니다.

동일성은 의식 속에 있습니다. 동일시란 '같은 것이 되는 것', '하나가 되는 것'입니다.

의식과 개별적인 것은 전혀 없습니다. 의식은 사물과 하나가 되면서, 그 사물이 되면서 그것을 압니다.

따라서 '하나가 되는 것'이라는 의미인 동일시는 무지의 징후가 아닙니다. 경험의 불가피한 사실입니다.

무지한 것이란 의식이 총체의 한 부분을 다른 부분보다 한정적으로 동일시하는 것입니다.

이러한 한정성을 바로잡으려고 초기에 의식은 자신을 몸/마음과의 동일시에서 벗어나게 합니다.

의식은 이 부분적인 동일시에서 자신을 해방시킵니다.

의식은 '나'로 있음이라는 감각을 몸/마음으로부터 거둬들이고, 그 감각을 그것의 진정한 거처인 그 자신으로 돌아가도록 합니다.

우리, 즉 의식은 "나는 떠올리지도, 지각할 수도 없는 것이다"라는 입장을 취합니다.

이는 의식의 현존과 우선성에 주의를 기울이게 하고, 대상이 나타나 있든 존재하지 않든 의식이 있다는 것을 알려주기 위해 거치는 교육적 단계입니다.

하지만 우리는 실제로 동일성을 의식으로 돌아가게 할 수 없습니다. 동일성은 이미 늘 의식 속에 있기 때문입니다. 그것은 바로 의식이 하고 있는 모습입니다.

우리는 동일시를 몸/마음으로부터 거둬들일 수도 없습니다. 의식을 어떤 대상으로부터 거둬들이는 순간, 그 대상은 분명 사라집니다. 현존하지 않습니다.

의식의 진정한 대상은 결코 없기에, 의식은 경험의 주체가 결코 아닙니다.

의식과 그 대상은 늘 하나이며, 주체와 대상의 영역을 넘어섭니다.

의식의 대상은 실제로 없지만, 우리는 의식의 몸/마음과의 부분적인 동일시에서 벗어나려고 모든 외관(몸/마음 포함)에 대상성이라는 잠정적 지위를 부여합니다.

이 "나는 몸/마음이다"라는 신념은 "나는 세상이 아니다"라는 신념을 낳습니다. 이 두 신념은 함께 창조됩니다.

의식 자신이 몸/마음이라는 신념과 느낌에서 벗어날 때, 이와 동시에 자신이 세상이 아니라는 신념과 느낌에서도 벗어납니다.

이러한 잠정적인 상태인 의식은 자신을 파편도, 몸/마음도 아닌 자신의 경험의 총체와 이제 자유롭게 동일시합니다.

사실, 의식은 늘 자신의 경험의 총체와 하나입니다. 하지만 이러한 과정은 매우 강력하고, 우리의 실제 경험 속 모든 사물의 단일성을 재확립합니다.

의식은 늘 총체일 뿐 결코 파편이 아닙니다. 단일성이 늘 확립되어 있음에도 우리는 이제서야 그러하다고 생각하고 느낍니다.

의식이 모든 사물과의 동일성을 다시 깨달을 때, 의식이 모든 사물 속에서 모든 사물로서 자신을 인식할 때, 우리는 그것에게 사랑이란 이름을 붙입니다.

사랑은 의식이 모든 사물과 알면서 하나일 때인 자연스러운 상태입

사물의 투명성

니다. 모든 사물을 자신 속에 포함하며, 그 자체로 모든 사물의 실체입
니다.

변함없는 현존

　현재 상황을 경험하고 있는 것이 존재합니다. 우리는 그것이 무엇인
지 모르지만, 그것이 존재하며 의식한다는 것을 확실히 압니다.

　우리는 그것이 마음도, 몸도, 세상도 아니라는 것을 압니다. 마음, 몸,
세상은 경험되고 있는 현재 상황의 일부이기 때문입니다.

　마음, 몸, 세상은 이 의식의 목격하는 현존에 나타납니다.

　우리가 이 의식을 찾으려고 하거나 주의를 돌리려 한다면 볼 수도,
찾을 수도 없습니다. 그것에는 대상적 특성이 없기 때문입니다.

　만약 그것에 대상적 특성이 있다면, 그 특성 자체가 경험되고 있는 현
재 상황의 일부가 될 것입니다. 의식의 목격하는 현존은 이 특성을 경험
할 것입니다. 특성은 다른 모든 대상과 함께 그것에 나타날 것입니다.

　동시에, 의식의 이 목격하는 현존은 부인할 수 없이 존재한다는 것이
바로 우리의 직접적인 경험입니다. 우리의 가장 내밀한 자아입니다.

사물의 투명성

우리는 그것을 우리 자신이라고 압니다. 우리는 그것을 '나'라고 부릅니다.

현재의 상황은 언제나 변하고 있습니다. 변화가 미미하더라도 우리는 매 순간 마음, 몸, 세상의 다른 구성을 접합니다.

하지만 이 의식하고 목격하는 현존, '나'는 결코 변하지 않습니다. 늘 그저 존재하고, 열려 있으며, 여유가 있으며, 알아차립니다.

우리는 의식을 몸과 마음과 무심코 한정적으로 연관 짓기에, 몸과 마음의 변화가 곧 의식의 변화를 의미한다고 생각하는 경향이 있습니다.

그러나 우리의 경험을 자세히 들여다보면, 의식 그 자체에서 어떠한 변화도 결코 경험한 적이 없다는 것을 명확히 알게 됩니다.

우리의 삶을 되돌아보면, 이 의식하는 현존이 지금의 모습처럼 늘 완전히 그래왔다는 것을 알게 됩니다. 그것은 결코 변하지도, 움직이지도, 나타나지도, 사라지지도 않았습니다.

의식의 이 목격하는 현존은 우리가 신생아일 때 겪었던 바로 그 첫 경험을 경험했습니다.

의식은 이 첫 경험을 목격하려고 존재하고 있었습니다. 그런데 우리는 이 의식의 나타남을 경험한 적이 있나요?

만약 의식의 나타남이 어떤 한 경험이었다면, 그 나타남을 목격하려 존재하던 또 다른 의식도 있었을 것입니다. 그리고 만약 의식의 나타남이 결코 경험되지 않는다면, 의식이 나타난다거나, 시작이 있다거나, 태어났다는 주장에 어찌 타당성이 있을까요?

나타남을 목격하려 존재할 또 다른 의식이 있어야 할 것입니다. 만약 의식의 나타남을 경험한 적이 한 번도 없다면, 의식은 나타나며, 의식에는 시작이 있으며, 의식은 태어난다는 주장에 어찌 타당성이 있을까요?

이와 마찬가지로, 우리가 의식의 끝을 경험한 적이 있나요? 의식의 사라짐을 경험했다면, 그 사라짐을 목격하려고 존재하는 또 다른 의식이 있어야 할 것입니다.

그리고 '옛' 의식의 사라짐을 목격한 이 '새로운' 의식이 자신의 사라짐을 목격했다고 정당하게 주장하려면, 자신의 사라짐이 일어나는 동안과 그 이후에도 존재해야 하겠죠.

우리는 의식의 사라짐을 경험한 적이 있다고 결코 주장할 수 없습니다. 그렇다면 의식인 우리가 죽는다는 우리의 확신에 어찌 타당성이 있을까요?

우리는 모든 대상의 시작과 끝을 경험합니다. 그러나 의식, 즉 우리 자아의 시작이나 끝을 결코 경험하지 않습니다.

우리가 잠이 들면 의식이 사라지고 깨어나면 다시 나타난다고 생각할 수 있지만, 이는 사실 우리 경험이 아닙니다. 그것은 탐구되지 않은 신념입니다.

하지만 깊이 뿌리박힌 신념은 용인된 규범이 되어버려서, 우리는 잠이 들면 의식의 사라짐을 경험한다고 실제로 생각합니다.

우리는 잠이 들면 지각이 물러나는 것을 먼저 경험합니다. 보다 정확히 말하자면, 지각하고 감각하는 기능이 물러나는 것을 경험합니다. 지각하기가 사라지면서 세상은 우리 경험에서 사라지고, 감각하기가 사라지면서 몸은 우리 경험에서 사라집니다. 오로지 생각하기와 사유하

사물의 투명성

기만이 남습니다. 이것이 바로 꿈의 상태입니다.

생각하고 상상하는 기능도 결국 물러나게 되고, 그 결과 꿈의 상태는 깊은 잠으로 바뀝니다.

깊은 잠에서 의식은 단지 늘 열려 있고 알아차리고 있을 뿐입니다. 다만 그 속에는 어떠한 대상도 있지 않습니다.

의식은 생각하기, 감각하기, 지각하기라는 모양을 띠고는 마음, 몸, 세상의 외관을 투사합니다.

잠에 드는 과정은 개별적인 개체가 상태를 전환하는 것이 아닙니다. 그저 이 투사가 물러나는 것일 뿐입니다.

우리는 의식을 몸과 마음과 너무 가깝게 한정적으로 동일시했습니다. 그래서 깊은 잠을 경험하는 동안 일어나는 몸과 마음의 부재가 의식의 부재를 의미한다고 추정합니다.

하지만 이는 마음이 존재하지 않을 때 일어난 경험을 마음이 해석한 것일 뿐입니다. 추정에 기반한 추정입니다.

의식이 실제로 몸과 마음과 한정적으로 동일시된다는 추정입니다. 결국 잠이 들어 몸과 마음이 사라질 때, 은연중에 몸이 죽을 때 의식이 사라진다는 또 다른 추정을 낳습니다.

첫 번째의 경우, 이는 우리 경험이 아니며, 두 번째의 경우, 그것이 우리 경험일 것이라고 보여줄 증거가 전혀 없습니다.

죽으면 감각력이 사라진다는 증거는 있지만, 의식이 사라진다는 증거는 없습니다.

깊은 잠을 거친 후, 그곳에 존재하는 의식은 생각하기와 상상하기라는 모양을 띱니다. 그 결과 꿈의 상태가 다시 나타납니다.

꿈꾸기를 거친 후, 결국 의식은 감각하기와 지각하기라는 모양을 띱니다. 그 결과 몸과 세상은 다시 창조됩니다. 즉, 깨어 있는 상태가 다시 나타납니다.

우리가 깨어 있는 상태의 관점으로 깊은 잠을 들여다보면, 그것은 일정 시간 지속되는 것처럼 보입니다. 마치 꿈의 상태와 깨어 있는 상태에서 나타나는 대상이 일정 시간 지속되는 것처럼 말이죠.

시간이란 어떤 한 외관과 다른 외관 사이에 있는 상상된 기간입니다. 깊은 잠이 있는 동안에 외관은 전혀 없기에 시간도 그곳에 존재하지 않습니다.

사실, 시간은 꿈꾸는 상태와 깨어 있는 상태에서조차 존재하지 않지만, 적어도 시간의 환영은 이러한 상태에서 존재합니다. 깊은 잠에서는 시간의 환영조차 존재하지 않습니다.

깨어 있는 상태와 꿈꾸는 상태에서 시간은 환영입니다. 깊은 잠에서 그것은 추정입니다.

깨어 있는 상태의 언어는 대상과 시간에 기반합니다. 그래서 우리는 깨어 있는 상태의 관점으로 꿈이 없는 잠을 보면, 그것이 일정 기간 지속되었을 것이라 생각합니다. 마음은 시간 없음timelessness을 상상하지 못하기 때문입니다.

마음은 자신이 실제라고 상상한 그 시간이 바로 실제 경험이라고 해석합니다. 마음의 부재, 즉 자신의 부재 속에서도 시간이 존재한다고 상상하기에, 깊은 잠에도 기간이 있다고 상상합니다. 그래서 깊은 잠은

사물의 투명성

어떤 한 상태로 여겨집니다.

그러나 기간을 벗겨낸다면, 깊은 잠은 사실 의식의 시간을 초월한 현존입니다. 모든 상태를 넘어서며, 그 뒤에 있으며, 그 속에 있으며, 시간의 외관을 낳지만, 그 자체는 시간 속에 있지 않습니다.

깊은 잠은 나타나지도 사라지지도 않는 이 의식의 시간을 초월한 현존이라는 것이 바로 우리의 경험입니다.

깊은 잠이 있는 동안 존재하는 것, 보다 정확하게 말하자면 깊은 잠으로 존재하는 것은 꿈꾸는 세상이 나타나면 사라지나요?

아닙니다! 꿈꾸는 세상은 깊은 잠, 즉 이 시간을 초월한 의식 속에서 그저 생겨날 뿐입니다.

깊은 잠으로 존재하는 것은 깨어 있는 상태라는 세상이 나타나면 사라지나요?

아닙니다! 깨어 있는 세상은 깊은 잠, 즉 이 시간을 초월한 의식 속에서 그저 생겨날 뿐입니다.

깊은 잠에서 꿈꾸기를 거쳐 깨어 있기가 되는 전환은 완벽합니다. 사실, 그것은 전환조차 아닙니다. 깨어 있는 상태의 관점으로 볼 때만, 그것은 개별적인 개체가 한 상태에서 다른 상태로 전환하는 것처럼 보이는 것으로 추정되지요.

의식의 관점에서 보면 전환은 없습니다. 단지 의식 그 자체의 항상 존재하는 실재에서 변화하는 외관의 흐름이 있을 뿐이며, 때로는 외관조차 전혀 없기도 합니다.

깊은 잠인 것, 즉 시간을 초월한 현존은 꿈꾸는 세상과 깨어 있는 세상을 나타나게 하고자 사라지지 않습니다. 그저 늘 그대로 있을 뿐이며, 동시에 꿈꾸는 세상과 깨어 있는 세상이라는 모양을 띱니다.

이 과정에서 개별적인 개체가 잠에 들거나, 어떤 한 상태에서 다른 상태로 변하는 경우는 없습니다.

아무도 잠에 들지 않으며, 아무도 깨어나지 않습니다.

깨어 있는 상태의 관점에서 볼 때 깊은 잠은 하나의 상태이지만, 그 자체의 관점에서 볼 땐 시간을 초월한 현존입니다.

시간은 결코 일어나지 않는다

우리에게 있는 것은 경험이 전부입니다.

마음은 마음을 경험한 것일 뿐입니다. 몸은 몸을 경험한 것일 뿐입니다. 세상은 세상을 경험한 것일 뿐입니다.

우리는 경험 바깥에 존재하고, 경험과 분리되어 있으며, 독립적인 마음, 몸, 세상을 개념화합니다. 이들이 경험되고 있지 않을 때도 이들은 존재한다고 여겨집니다. 그러나 그러한 마음, 몸, 세상이 경험된 적은 결코 없습니다.

그러한 경험을 겪는 것조차 불가능할 것입니다. 그것이 경험되는 순간 분명히 경험 속으로 들어오기 때문입니다. 따라서 더 이상 경험 바깥에 있지도, 경험과 분리되어 있지도, 독립적이지도 않을 것입니다.

경험하기는 마음, 몸, 세상의 본질적인 성분이며, 의식은 경험하기의 본질적인 성분입니다.

마음, 몸, 세상에서 경험하기를 제거한다면 어떤 모습인가요?

또한 경험하기에서 의식을 제거한다면 어떤 모습인가요?

* * *

일어난 모든 경험은 늘 지금 일어납니다. 과거와 미래는 결코 실제로 경험되지 않습니다. 과거와 미래에 대한 사유와 이미지는 경험되지만, 늘 지금 나타납니다.

사실, 시간은 결코 경험되지 않습니다. 오로지 '지금'만이 경험됩니다. 시간은 유용한 개념이지만 경험은 아닙니다. 시간이라는 개념이 경험이지, 시간 자체는 경험이 아닙니다.

지금은 항상 존재합니다. 지금인 적이 없었던 시간이 있었나요? 지금은 순간이 아닙니다. '현재 순간'은 결코 경험되지 않습니다.

'현재 순간'은 무한히 짧은 시간적 기간을 의미합니다. 기간은 이전과 이후, 과거와 미래를 의미합니다. 보통 '현재 순간'은 무한히 연속적으로 일어나는 무수한 순간들 중 하나로 여겨집니다.

시간 속에서 일어난다고 여겨지는 이러한 외관적 순간을 수용하고자 시간이라는 개념이 창조됩니다. 그리고 시간 그 자체는 외관상 그것을 경험하는 의식 바깥에서 의식과 독립적으로 '영원히' 존재해 왔다고 여겨집니다.

그러나 우리가 우리의 경험을 들여다보고 그것과 직접적으로 일치하지 않는 개념을 받아들이지 않는다면, 이 시간의 모델이 그저 그것의 본성을 반영하지 않는다는 것을 명확히 알게 됩니다.

모든 경험은 지금이며, 지금은 항상 존재합니다.

하지만 언어는 시간과 경험을 추상적이고 잘못된 방식으로 보는 관점에 많은 영향을 받기에, 언어를 사용해 우리의 경험을 사실대로 전달하는 것은 불가능합니다. 예컨대 "항상 존재한다"라는 용어를 사용해 지금을 서술하는 경우, '항상'은 시간에서의 기간을 이미 의미하며, '존재한다'는 과거와 미래를 의미합니다.

항상 존재하는 지금을 나타낼 때 사용하는 단어는 '영원'입니다. 이 단어는 무한한 시간과 연관되어 있지만, 그 원래의 의미일 때는 지금의 즉시성과 사실을 전달하는 데 가장 가까운 단어겠지요.

영원이 상상된 시간과의 거짓된 연관성을 벗는다면, 지금은 단지 그대로, 시간을 초월한 현존으로 경험됩니다.

경험이 존재할 때 경험의 모양을 띤 것은 바로 지금입니다. 지금은 그 경험으로 있습니다.

대상이 사라질 때 지금은 단지 늘 그대로, 현존으로 남아 있을 뿐입니다.

지금은 모든 경험의 실체이자 그것을 담는 그릇입니다.

기간이라는 환영을 벗은 시간이 바로 의식입니다.

의식은 자신의 연속성을 대상에 부여하고는, 그렇게 했다는 것을 잊어버리고 시간이라는 외관을 창조합니다.

하지만 의식이 자신을 잊기를 선택하듯이, 자신을 기억하기도 선택합니다. 의식은 자신이 아닌 척하기를 멈춥니다. 대상으로부터 자신의 투사를 거둬들입니다.

자신을 자신에게 되돌려줍니다.

* * *

의식이 마음, 몸, 세상이라는 모양을 띠는 것을 멈출 때마다, 의식은 스스로를 현존 혹은 존재로 다시 압니다.

사실, 의식은 대상이 현존할 때조차 늘 자신을 알고 있습니다. 다만 이제 외관적 대상성은 더 이상 현존이라는 투명한 유리에 색을 칠하지 않습니다.

이러한 자기 인식의 '순간'에는 대상적 내용이 없으므로 시간을 초월합니다. 기억에 어떠한 흔적도 남기지 않습니다.

사유, 이미지, 감각, 지각과 같은 대상들 사이에 있는 이러한 '순간'은 경험의 흐름 속에서 나타나는 미미한 기간의 간극으로 여겨집니다.

하지만 이러한 표현은 대상의 관점으로만 생각할 수 있는 마음을 위해 양보한 것입니다. 의식이 자신의 진정한 본성을 떠올릴 수 있도록 스스로에게 준 실마리입니다.

의식이 사유를 통해 자신이 시공간 속에 나타난다는 것과, 시공간이 자신 속에 나타나는 외관이 아니라는 것을 확신하게 되면, 이 확신을 당연한 사실로 받아들입니다. 의식은 이 확신으로 자신을 얽맵니다.

이후에 나타나는 모든 표현은 이 시공간에 대한 근본적인 사실을 받아들입니다. 이제 의식은 생각을 통해 자신이라는 이미지를 창조할 때,

이 새로운 신념의 관점을 따라 그렇게 합니다. 따라서 시공간의 끝없는 기층 위 대상의 흐름 사이에서 의식은 순간적인 간극으로서 나타난다는 생각이 생깁니다.

사실, 의식의 끝없는 기층 위에서 순간적으로 나타나는 것이 바로 대상입니다.

그리고 시공간이라는 환영을 암시하는 것이 바로 이 대상의 현존입니다. 대상이 존재하지 않을 때 남아 있는 것은 시공간의 무한한 확장이 아닙니다. 남아 있는 것은 바로 시공간보다 앞서 있는 현존이지요.

이따금 불이원성Non-Duality의 가르침에서는 지각 사이에 있는 이 '간극'에 주의를 기울이라고 제안합니다. 이러한 간극은 분명히 존재합니다. 그렇지 않다면 어떤 하나의 사유나 지각은 결코 끝나지 않으며, 다른 사유나 지각은 결코 시작하지 않을 것이기 때문입니다.

하지만 그 간극에는 시간에서의 기간이 있지 않습니다. 지각 사이에는 시간이 없기 때문입니다.

마음이라는 형태를 취한 의식이 자신은 존재하지 않으며, 무언가가 빠져 있으며, 자신에게 돌아가려면 무언가를 해야 하거나 찾아야 한다고 확신한다면, 이러한 간극으로 주의를 돌리는 것은 매우 설득력 있어 보입니다.

의식은 자신이 존재하지 않으며, 자신을 찾아야 한다고 생각합니다. 시공간이 대상과 독립적으로 존재하며 경험의 기층이라는 생각은 개념일 뿐 경험이 아니라는 것을 잊었습니다.

처음에 이 간극은 공백의 대상, 즉 '아무것도 아님'으로 여겨집니다.

하지만 의식은 이처럼 자신을 떠올리며 마음속에서 가능한 한 자신과 최대한 가까운 것을 창조하고 있을 뿐입니다. 의식이 자신을 대상이 아닌 것으로 떠올릴 수 없기 때문이지요.

이는 의식이 찾을 무언가를 제공합니다. 이 무언가에는 어떠한 특성도 없지만, 이 무언가는 여전히 이 단계에서 절대적인 사실로 여겨지는 시공간에서 나타나는 것처럼 보입니다.

의식은 자신에게 향할 수 있는 미묘한 대상이 자신이라고 여깁니다. 자신에게 기울이려 하는 주의 그 자체가 이미 그 자신이라는 것을 아직 모릅니다.

대상을 벗은 그 주의가 이미 의식, 현존, 그 자체라는 것을 아직 명확히 보지 못합니다. 그래서 자신을 속입니다. 자신을 찾습니다.

의식은 결코 이러한 방식으로 자신을 찾지 못합니다. 자신을 모른 채 이미 자신이기 때문입니다.

그러나 의식은 마음을 사용해 대상이 아닌 것을 바라보려는 불가능한 과제를 시도하는 과정에서 '바깥'과 '다른 곳'을 보는 습관을 어떻게든 뒤흔들고 있습니다.

마음이 그 대상 없는 장소를 보거나 만지려 할 때 마음은 녹아내립니다. 탐색은 무너집니다. 충족되기보다는 뒤흔들립니다.

사실, 이는 마음이 녹아내리는 것과는 거리가 멉니다. 그보다는 자신을 몸과 마음과 동일시하면서 개별적이고 한정적인 개체라는 형태를 상정하던 의식이 자신을 이러한 동일시에서 벗어나게 하는 것입니다. 그 결과 의식은 마음으로 변장하는 대신 직접적으로 알면서 자신을 인식하고, 깨닫고, 기억하고, 경험합니다.

의식은 자신이 주의를 받는 게 아니라 주의를 기울인다는 것을 깨닫습니다. 그 다음에는 자신이 주의를 기울이지 않는다는 것을 깨닫습니다. 의식은 주의로 있습니다.

주의란 대상이 있는 의식입니다. 대상이 사라질 때 주의는 단지 늘 그대로, 의식으로 남아 있을 뿐입니다.

의식은 이미 자신이 향하는 모든 대상의 모양입니다. 그 대상으로서 자신을 목격하는 동시에 자신을 드러냅니다.

자신을 인식합니다.

실재를 드러내다

현재 경험의 특성이 무엇이든지 간에 그 실재, 즉 본성은 존재하며 변함없습니다.

실재는 어떤 미래에서 가능한 것이 아니며 특정 환경에 의존하지도 않습니다. 실재가 무엇이든지 간에 매 순간 존재합니다.

이 경험은 사실이며, 이 경험도 사실이며, 이 경험도 사실입니다.

이 경험들은 각각 대상적으로 달랐지만, 단지 약간만 그렇습니다. 그러나 각 경험의 실재, 이 세 가지 경험의 각 현존은 동일하며 항상 존재합니다.

경험의 변화하는 특성은 그 실재를 가리는 동시에, 경험의 현존은 곧 그 실재입니다.

나타나는 경험의 그 부분은, 나타나지 않지만 존재하는 경험의 그 부분을 가리면서도 표현합니다.

사물의 투명성

모든 경험은 실재를 가리면서도 드러내는 것처럼 보입니다.

* * *

외관으로서의 경험은 늘 변화하며 사라지고 있습니다. 외관을 벗은 경험은 존재로서 드러납니다.

매 순간 외관은 변화하며, 하나의 현상은 다른 현상이 지난 후에 사라집니다. 매 순간 외관은 사라지고 있으며 존재의 연속체를 드러내고 있습니다.

존재는 외관의 배후와 그 속에 있습니다.

모든 경험 속에서 빛나는 이 존재는 우리 자신 속에서 '아이엠I am'이라는 경험으로 알려져 있습니다.

세상 속에서 그것은 "그것이 있다"로 알려져 있습니다.

우리는 우리가 모든 사물과 있다는 현존을 공유합니다.

우리가 찾는 것이 곧 우리다

의식은 경험에서 가장 중요하고 내밀한 사실입니다.

이 의식은 우리가 겪었던, 겪을 수 있었던, 앞으로 겪을 모든 경험을 경험합니다.

명상은 단지 알면서 이 의식의 현존으로서 머무르는 것입니다.

우리는 이미 그것으로 있기에 명상은 매우 쉽습니다. 사실, 그 밖의 다른 것이 되는 것은 불가능하겠지요.

명상에서 우리는 단지 있는 그대로 늘 그래왔던 대로 머무를 뿐이며, 마음, 몸, 세상을 단지 있는 그대로 둘 뿐입니다.

마음, 몸, 세상의 현존이 얼마나 평온하든, 얼마나 동요하든, 오로지 의식의 이 목격하는 현존 덕분에 가능합니다.

그 무엇도 의식을 가릴 수 없습니다. 그 무엇도 이 목격하는 현존을 가릴 수 없습니다.

사물의 투명성

이는 사유가 일어나든, 혹은 사유, 몸속 감각, 세상 속에서 일어난 일로 외관상 주의가 다른 데로 가든 상관없습니다. 이러한 경험을 겪는 것은 의식이 존재하기에 가능한 것입니다.

사유 혹은 몸에서의 감각 혹은 세상에서 일어난 일로 사유가 일어나든, 주의가 외관상 다른 데로 가든, 이는 중요하지 않습니다. 의식이 존재하기 때문에 이러한 경험을 할 수 있는 것입니다.

마음, 몸, 세상은 의식을 가리지 않습니다. 의식을 가리킵니다. 의식을 드러냅니다. 의식을 표현합니다.

명상에서 마음은 그것을 바꿀 필요 없이 완전히 그대로 있을 수 있습니다. 그것을 평온하게 만들 필요도, 사유를 멈출 필요도, 긍정적으로 만들 필요도 없습니다.

우리는 단지 있는 그대로 머무르면서 매 순간 우리의 경험이 무엇이든 간에 그것을 그대로 둡니다.

만약 우리가 우리 경험의 한 측면에만 한정적으로 몰두하고 있다면, 예컨대 사유나 세상 속 무언가에 사로잡혀 있다면, 이는 우리가 그 대상을 없애거나 붙잡으려 한다는 것을 시사합니다. 그것을 좋아하기에 유지하려 하거나 싫어하기에 없애고 싶어 합니다.

그러나 우리가 대상을 얻거나 잃는 것은 어떤 식으로든 의식을 의미하지 않는다는 것을 이해한다면 우리는 우리 자아로, 이 의식하는 현존으로 돌아갈 뿐입니다. 우리는 이미 그것이므로, 이는 단지 우리가 알면서 그곳으로 돌아간다는 것을 의미할 뿐입니다.

우리는 그곳으로 돌아가는 것처럼 보이지만, 사실은 그저 그곳에 알면서 있을 뿐입니다. 우리는 그곳에 머무릅니다.

경험이 흐르도록 둡니다. 경험이 움직이고 변하도록 둡니다. 우리가 그것을 조작하려 한다면, 그래도 괜찮습니다. 그 또한 현재 경험의 일부입니다. 그것도 그대로 둡니다.

이윽고 "나는 싫어한다"라는 저항의 첫 번째 층이 사라지지만, 이것이 명상의 목적은 아닙니다.

명상에는 목적이 없습니다. 목적은 이미 이루어졌습니다.

우리는 이미 우리의 모습입니다. 우리는 이미 우리가 찾는 것입니다.

우리는 단지 그것으로서 머무를 뿐입니다.

* * *

처음에 우리가 경험의 대상에서 한 걸음 물러서면, 우리는 우리 자신을 의식, 현존으로 경험합니다.

나중에 우리는 평온과 행복이 이 현존 속에 있는 특성임을 발견합니다. 그 특성은 대상의 전경이 아니라 의식의 배경에서 생깁니다.

하지만 우리의 경험을 둘로, 의식과 마음/몸/세상으로, 주체인 '나'와 대상인 마음/몸/세상으로 나누는 것은 인위적입니다.

이렇게 하는 이유는 우리 경험의 사실을 서술하기 위해서가 아니라 의식의 현존과 우선성으로 주의를 돌리기 위함입니다.

보통 우리는 대상에, 즉 마음, 몸, 세상에 빠져 있기에 의식의 현존조차 알아차리지 못합니다. 그래서 모든 경험 속에 의식이 존재한다는 것을 명확히 알기 위해 마음, 몸, 세상으로부터 한 걸음 물러서는 것입니다.

이렇게 우리는 의식이 모든 경험 속에 존재하며, 우리에게 가장 중요한 경험이라는 것을 확립합니다.

우리가 의식의 현존을 실제 경험의 사실로 확립한다면, 의식의 관점에서 마음, 몸, 세상을 다시 들여다볼 수 있습니다.

우리의 사유는 어디서 나타나나요? 그저 의식에게 나타나나요? 아니면 의식 속에서 나타나나요?

만약 의식 속에서가 아니라 의식에게 나타난다면, 지각되는 사유와 지각하는 의식 사이에는 명확히 지각되는 경계나 접점이 있어야 할 것입니다.

우리는 그러한 경계를 경험하나요? 지금 어떤 한 사유를 보세요. 의식과 분리되어 있나요? 이들이 만나는 지점이 있나요?

아닙니다! 둘을 구분하는 선은 없습니다. 사유는 분명 의식 속에서 일어납니다.

우리는 몸에서의 감각으로도 동일한 실험을 할 수 있습니다. 얼굴에서 따끔거리는 감각을 예로 들어봅시다.

그 감각은 어디서 나타나나요? 그 감각과 의식 사이에 접점이 있나요? 사유가 나타나는 바로 그 장소에서 나타나지 않나요? 단지 의식에게 나타나는 것이 아니라 의식 속에서 나타나지 않나요?

마음이 우리에게 말해주는, 몸이 무엇인지와 어디에 있는지에 대한 이야기를 믿어서는 안 됩니다. 우리는 오로지 우리 경험의 사실에만 기대야 하며, 그것은 이 현재 경험을 의미합니다. 바로 실재의 시험이자 진리의 시험입니다.

이러한 탐구에서 우리는 아이처럼 순수해야 하고 과학자처럼 정직해야 합니다. 순수하다는 것은 우리가 모든 경험을 마치 처음 경험하는 것처럼 받아들인다는 의미로, 실제로도 그렇습니다. 정직하다는 것은 우리가 우리의 실제 경험을 따르며, 우리가 경험한다고 생각하는 것과 실제로 경험하는 것을 구별한다는 것입니다.

우리는 세상, 우리의 지각으로도 동일한 실험을 할 수 있습니다.

대개 멀리서 발생하는 것으로 개념화되는 소리를 예로 들어봅시다. 그 소리의 본성과 위치에 대해 마음이 우리에게 말해주는 어떠한 이야기도 거부하세요.

소리가 사유와 감각이 나타나는 바로 그 장소에서 발생하지 않나요? 의식 속에서 일어나지 않나요? 소리와 의식은 하나의 완벽한 경험 아닌가요? 소리가 의식과 멀리 있거나 분리되어 있나요? 소리와 의식 사이에 경계나 접점이 있나요?

아닙니다! 사유, 감각, 지각이 나타날 때, 이들은 의식에게 나타나는 것이 아니라 의식 속에서 나타납니다.

우리 경험은 하나의 완벽한 총체입니다. 의식과 사유, 감각, 지각은 하나의 경험입니다.

우리는 세상이 몸을 포함하고, 몸이 마음을 포함하고, 마음이 의식에서 간헐적으로 일어나는 작은 불꽃을 포함한다고 믿도록 깊이 조건화되어 있습니다. 또한 이 조건화는 매우 깊기에 우리는 그러하다고 느끼게 됩니다.

그러나 우리는 세상 속의 몸, 몸속의 세상, 마음속의 세상을 결코 경험하지 않습니다. 세상은 몸, 마음, 의식을 포함하지 않습니다. 마음, 몸, 세상을 동등한 위치에서 포함하는 것은 바로 의식입니다.

마음, 몸, 세상은 의식 속에서 나타납니다. 이는 우리의 실제 경험입니다. 특별한 경험이 아닙니다. 백만 명 중 한 명의 깨우친 현자가 겪는 경험이 아닙니다. 우리의 자연스럽고 일상적인 경험일 뿐입니다. 늘 그래왔습니다. 이를 알게 된다면, 그것은 아주 단순하고 명백합니다.

세상이 몸을 포함하고, 몸이 마음을 표현하며, 마음이 의식을 포함한다는 오래된 신념은 그 신념에 기반한 여러 사유, 느낌, 활동을 모두 촉발합니다.

일단 의식이 마음, 몸, 세상을 포함한다는 것을 명확히 본다면 이러한 사유, 느낌, 활동은 서서히 풀어집니다. 어떤 애를 쓰는 것이 아니라 무시를 통해 이들은 사라집니다. 그저 필요가 없어집니다. 이들의 기반은 제거되었습니다.

모든 것이 의식 속에 있다고 명확히 보는 것은 순간적입니다. 생각하고, 느끼고, 행동하던 오래된 습관이 풀어지려면 시간이 걸립니다.

* * *

이러한 경험의 진정한 본성에 대한 탐사는 보다 깊이 이루어질 수 있습니다. 사유, 몸에서의 감각, 세상에 대한 지각이 의식 속에서 나타난다는 것이 명확히 보이면 그 경험, 그 대상의 실제적인 실체가 무엇인지 탐구할 수 있습니다.

사유를 예로 들어봅시다. 사유의 실체는 사유가 나타나는 의식과 다른가요?

우리의 손가락에서 실제로 따끔거리는 감각은 그것이 나타나는 의식과 차이가 있나요?

감각, 소리, 감촉, 맛, 냄새를 예로 들어보세요. 각각이 의식 속에 나타난다는 것을 보면서, 경험 그 자체로 깊이 들어가 무엇으로 이루어져 있는지 살펴보세요.

그것은 그것이 나타나는 의식과 다르거나 구별되는 실체로 이루어져 있나요? 실제 감각이나 지각은 의식 그 자체와 차이가 있나요?

그 감각이나 지각을 이루는 또 다른 실체를 실제 경험에서 찾을 수 있나요? 또 다른 실체가 있다면 그 자체는 사유 혹은 이미지 혹은 감각 혹은 지각일 것입니다. 그것으로 동일한 실험을 계속 반복하세요. 그러면 이 의식 외에는 경험할 실체가 없다는 것이 완전히 명확하고 분명해질 것입니다.

사유에서 시작하는 것이 가장 쉽습니다. 무지할 때조차 사유는 우리 속에서 나타난다고 여겨지며, 분명 사유는 물리적이지 않기 때문입니다. 하지만 감각 지각의 전 영역도 이러한 방식으로 탐사될 수 있으며, 각각은 결국 의식으로만 이루어져 있다는 것이 드러날 수 있습니다.

아마 시각적 영역은 가장 확실하게 바깥에 나타나는 것처럼 보이는 영역일 것입니다. 그러나 시각적 영역은 지각입니다. 그것은 지각하기로, 마음으로 이루어져 있으며, 우리가 사유로 보았던 것처럼 그것은 바로 의식입니다. 차이는 없습니다.

모든 경험의 그 실체가 바로 의식의 실체입니다.

대상은 단지 의식 속에서 나타나지 않습니다. 의식으로서 나타납니다.

의식은 단지 모든 경험을 목격하지 않습니다. 자신을 모든 경험으로서 표현합니다.

경험되는 모든 것은 의식에 의해, 의식을 통해, 의식 속에서, 의식으로서 경험됩니다.

의식은 매 순간 자신을 목격하고, 경험하고, 표현합니다. 그리고 대상이 존재하지 않을 때는 늘 그대로 남아 있을 뿐입니다.

오직, 그것뿐입니다. 지금 이곳에 존재하는, 바로 이것.

영원한 자연

|Q| 실재의 본성을 탐구하거나 표현할 때 예술에는 어떠한 가치나 관
   련성이 있나요?

폴 세잔Paul Cézanne은 말합니다. "모든 것은 사라지고 무너져내리지
않는가? 자연은 늘 한결같지만 우리에게 보이는 그 무엇도 전혀 지속되
지 않는다. 우리 예술은 자연의 영속이라는 전율을 자연의 요소, 자연
의 모든 변화하는 외관과 함께 표현해야 한다. 예술은 우리가 자연의
영원을 음미할 수 있게 해줘야 한다."

그의 말은 우리 시대 예술의 본성과 목적에 대해 가장 명확하고 심오
하게 다룬 표현일 것입니다.

세잔이 자연 속에서 가장 견고하며 영구적인 구조물인 생트 빅투아
르산을 향해 서서 "모든 것은 사라지고 무너져내린다…"라고 말했을

사물의 투명성

때, 그의 말은 무엇을 의미했던 걸까요?

세잔은 보는 행위를 가리키고 있었습니다.

우리는 의식 바깥의 세상을 지각하지 않습니다. 세상은, 우리의 세상에 대한 지각입니다. 지각 바깥에, 의식 바깥에 세상이 있다는 증거는 없습니다.

보이는 것은 보기와 분리될 수 없으며, 보기는 의식과 분리될 수 없습니다.

견고한 대상은 의식 속에서 나타날 수 없습니다. 마치 견고한 대상이 사유 속에서 나타날 수 없는 것처럼 말입니다.

물질로 이루어진 대상만이 공간 속에서 나타날 수 있습니다. 마음으로 이루어진 대상만이 마음속에서 나타날 수 있습니다. 그리고 의식으로 이루어진 대상만이 의식 속에서 나타날 수 있습니다.

결국 모든 것은 의식 속에서 나타나므로, 결국 모든 것은 의식으로 이루어져 있습니다.

우리가 대상을 지각한다고 말할 때, 이는 대상이 의식 속에서 나타난다는 것을 의미합니다. 의식 속에서 나타나는 지각이지요.

우리가 잠시 눈을 감으면 기존의 감각은 완전히 사라집니다. 눈을 다시 뜨면 새로운 지각이 나타납니다. 동일한 대상이 다시 나타난 것처럼 보일 수 있지만 사실은 새로운 지각입니다.

이 과정을 반복하면서 외관상으로 동일한 대상을 일정 시간 본다면 마음은 다양한 이미지나 지각을 종합해 견고한 대상을 떠올립니다. 견고한 대상은 지각이 나타나고 사라지는 내내 외관상 지속되며, 자신을 지각하는 의식과 독립적으로 시공간 속에 존재합니다.

이 개념도 다른 대상처럼 스스로 나타나고 사라질 것입니다. 그리고 주체, 즉 보는 이는 그 다음 사유와 함께 떠오를 것입니다. 주체는 여러 다양한 관점으로 외관적 대상을 본 것으로 추정되며, 그 대상이 나타나기 전, 나타나 있는 동안, 나타난 후에도 존재했던 것으로 추정됩니다.

이 경우 대상과 보는 이는 이들에 대한 사유와 독립적으로 혼자 스스로 존재하는 것처럼 여겨집니다. 그러나 이들은 모두 개념일 뿐이지요.

이러한 대상과 그 주체인 보는 이는 사실 그저 이들을 떠올리는 바로 그 사유에 불과합니다.

시공간 속에 존재하며 지속되는 이러한 대상을 떠올리려면, 그 대상을 수용할 시공간 그 자체를 먼저 떠올려야 합니다.

마찬가지로 시공간 그 자체도 그것을 떠올리는 바로 그 사유라는 것이 밝혀집니다.

이처럼 대상과 그에 상응하는 주체를 떠올리는 마음의 능력은 유용하지만, 이는 경험의 정확한 모델을 반영하지 않습니다.

어떤 한 지각이 완전히 사라지고 나서 그 다음 지각이 나타난다는 것이 우리의 실제 경험입니다. 세잔이 말했듯, 이러한 의미에서 모든 것은 매 순간 "사라집니다."

견고한 대상이라는 외관적 경험은 이러한 이해 속으로 녹아내리며, 우리가 사실은 연속적인 덧없고 비실체적인 지각을 경험한다는 이해로 대체됩니다. 이러한 의미에서 "모든 것은 무너져내립니다."

그렇지만 우리에게는 세잔이 '자연'이라고 부른 그 무언가가 지속된다는 깊은 직관이 있습니다.

이러한 지속이나 영속이라는 감각은 어디서 오는 걸까요? 세잔은 "자연은 늘 한결같다"라는 앎을 어디서 얻은 걸까요? 이미 그는 "우리가 보는 모든 것은 사라지고 무너져내린다"라고 인정했는데 말입니다.

인간인 우리는 세잔이 바라보았던 그 산만큼이나 자연의 일부입니다. 몸/마음/세상은 하나의 통합된 체계입니다.

따라서 소위 우리 자신의 내적이고 주체적인 영역과, 소위 자연의 외적이고 대상적인 영역을 조사하는 탐사는 결국 동일한 실재에 이르러야 합니다.

자연과 사람은 하나의 통합된 체계의 일부이므로 이들의 현존을 공유해야 합니다. 이들의 존재는 공유되어야 합니다.

대상적 측면을 먼저 들여다본 세잔은 자연 속 지속이나 영속이라는 감각이 "자연의 모든 변화하는 외관"에서 올 수 없다는 것을 인정합니다. "자연에서 우리에게 보이는 그 무엇도 전혀 지속되지 않기" 때문입니다.

그는 '대상'이 연속적인 덧없고 비실체적인 지각으로 생긴 개념이지만, 각각의 지각에는 공유되는 실재가 있다는 것을 은연중에 인정합니다.

"자연은 늘 한결같지만 우리에게 보이는 그 무엇도 전혀 지속되지 않는다"라고 표현한 그의 말에는 세 가지 요소가 있습니다.

'늘 한결같은' 자연의 실재 혹은 현존이 있습니다. '그 무엇도 전혀 지속되지 않는' 자연의 외관이 있습니다. 그리고 '우리', 즉 그 외관을 알아차리는 의식이 있습니다.

세잔은 어떠한 경험이든 이 세 가지 요소가 존재한다는 것을 인정합니다. 현존, 외관, 의식.

세잔은 자연을 겪는 우리의 경험 속에 '늘 한결같은' 무언가, 지속되는 무언가가 있다는 앎을 이 세 가지 요소 중 어느 것으로부터 얻은 것일까요?

세잔은 "자연에서 우리에게 보이는 그 무엇도 전혀 지속되지 않는다"라고 말하면서, 자연 속에 나타나는 모든 것을 '늘 한결같은' 것이 생겨날 수 있는 원천으로 치부합니다. 이는 현존과 의식만을 남깁니다.

* * *

현존과 의식, 이 둘은 어떤 관계인가요? 세잔이 "늘 한결같다"라고 표현한 것을 이들 중 하나 혹은 둘 다 어떻게 설명할 수 있나요?

자연은 우리에게 형태와 개념으로 나타납니다. 형태는 지각으로 얻은 날것 그대로의 정보이며, 개념은 마음의 개념화하는 능력이 짜맞춘 꼬리표 혹은 해석입니다.

또한 우리가 대상이나 그러한 자연을 겪는 경험 속에서 존재하는 요소가 있습니다. 자연에는 현존 혹은 실재 혹은 존재가 있습니다. 자연은 그러합니다.

외관은 언제나 변하지만, 외관의 현존이나 실재는 한 외관에서 다른 외관으로 변하지 않습니다.

이 현존은 지적인 이론이 아닙니다. 대상으로 지각될 수 없지만, 일어나는 모든 경험 속에서 여전히 표현되고 경험됩니다.

세잔은 늘 존재하지만 나타나지 않는 이 현존 혹은 존재함Beingness 을 '영원'이라 일컫습니다.

'나타나는 것'을 자연의 영원이 생겨나는 원천으로 치부했기에, 그것 이 생겨날 수 있는 유일한 원천은 바로 현존, 존재, 사물의 있음 혹은 의식입니다.

현존 혹은 존재는 대상을 겪는 모든 경험 속에 존재하며, 형태와 개 념이 변하고 사라져도 변하거나 사라지지 않습니다. 마치 파도가 사라 져도 물이 물이기를 멈추지 않는 것처럼 말입니다.

지각 그 자체는 덧없고, 비실체적이고, 매 순간 사라지지만, 모든 지 각에는 실재가 있습니다. 이 실재는 어떤 한 외관에서 다른 외관으로 지속됩니다.

이 실재는 외관의 지지대 혹은 기반입니다. 외관은 환영일 수 있지만, 그 환영 자체는 사실입니다. 환영은 있습니다. 환영에는 실재가 있습니다.

모든 경험의 실재는 외관 속에 숨겨져 있지 않습니다. 외관은 그 실 재를 표현합니다.

우리가 어떤 경험의 본성을 깊이 탐사한다면, 이 실재가 그것의 실체 임을 알게 됩니다. 그것은 외관을 이루는 내용입니다.

사실, 실제로 경험되는 것은 오직 실재일 뿐입니다.

이것이 명백해지기 전까지 우리는 외관만을 볼 뿐입니다. 명확해진 후 우리는 외관과 실재를 동시에 봅니다.

우리는 새로운 것을 보지 않습니다. 새롭게 봅니다.

예컨대, 우리는 밧줄을 뱀으로 착각할 수 있습니다. 외관, 즉 외관적인 뱀이라는 형태와 개념은 밧줄의 실재를 표현하지 않습니다.

하지만 밧줄의 실재는 뱀의 실체이며, 뱀에 의해 표현됩니다. 우리가 그 뱀을 경험할 때 실제로 존재하는 것이 있습니다. 바로 밧줄입니다.

뱀은 밧줄을 숨기지 않습니다. 사실, 우리는 항상 밧줄만을 볼 뿐입니다.

뱀으로서 나타나는 것은 밧줄로 있습니다.

뱀의 외관을 경험하는 것은 밧줄을 경험하는 것이지만, 그러하다는 것이 알려져 있지 않을 뿐입니다.

뱀에 대한 두려움은 이처럼 명확성이 부족해서 일어난 자연스러운 결과이며, 밧줄의 실재가 보이는 순간 두려움은 사라지죠.

뱀은 밧줄 없이 나타날 수 없습니다. 밧줄은 뱀의 외관을 이루는 진정한 실체이자 실재입니다. 밧줄이 없으면 뱀도 없습니다. 하지만 뱀이 없어도 밧줄은 여전히 있습니다. 애초에 이 뱀은 존재하지도 않았습니다.

* * *

그래서 우리는 자연이 사실이라는 것을, 무언가가 존재한다는 것을, 그것에 실재가 있다는 것을 압니다. 우리에게 나타나는 모든 것이 비실체적이고 덧없더라도 말이지요.

사실인 것은 모두 명백히 지속됩니다. 존재하지 않는 것이 사실이라고 말할 수는 없습니다. 진정으로 존재하는 것만이 사실이라고, 실재가

사물의 투명성

있다고 말할 수 있습니다.

우리는 꿈에서 깨어날 때마다 이를 생생하게 경험합니다. 꿈이라는 외관은 사실처럼 보이지만, 깨어나면 그것이 단지 의식 속 덧없는 외관에 불과하다는 것을 발견합니다.

꿈 속의 호랑이는 사실처럼 보이지만, 깨어나면 그것은 마음으로 이루어져 있고, 마음은 단지 의식 속 외관으로 이루어져 있음을 발견합니다.

의식은 마음의 실재입니다. 꿈 속의 호랑이는 '호랑이'로서는 사실이 아니지만 의식으로서는 사실입니다.

호랑이가 존재할 때 호랑이에는 실재가 있습니다. 호랑이의 실재는 의식이며, 호랑이의 지지대이자 목격자입니다.

의식은 호랑이로 가려지지 않습니다. 그것은 호랑이 속에서 자명합니다. 호랑이의 외관 속에서 호랑이의 외관으로서 자신을 압니다.

깨어 있는 상태일 때 우리의 대상적 경험 또한 의식 속 덧없는 외관으로 이루어져 있습니다. 따라서 결국 꿈꾸는 상태와 깨어 있는 상태의 차이는 없습니다.

꿈꾸는 상태와 깨어 있는 상태 속 외관을 이루는 기층과 실체, 즉 그 외관의 실재는 동일하며, 외관이 사라진 후에도 남아 있습니다.

외관은 오직 그 기저에 있는 실재로만 이루어져 있습니다. 거울 속 이미지는 오직 거울로만 이루어져 있습니다.

실재는 늘 존재합니다. 우리는 그 실재의 부재를 경험한 적이 없습니다. 그 실재가 아닌 것을 경험한 적도 전혀 없습니다.

변화는 오직 외관 속에만 있습니다. 오직 실재만이 이것, 이것, 이것이라는 모양을 띱니다.

사실인 무언가가 어찌 사실이 아니게 될 수 있을까요? 그 실재는 어디로 가나요? 그 본성, 그 실체가 실재인 것이 어찌 다른 것이 되거나 비실재가 될 수 있을까요?

우리가 자연 혹은 어떤 대상을 실제로 겪은 경험에서 사실인 것, 지속되는 것, 진정으로 경험되는 것은 그것이 무엇이든 간에, 모든 경험 속에서 명백히 존재합니다.

실재Reality는 모든 경험의 실체입니다. 그것은 모든 경험 속에 있는 현존Existence, 존재함Beingness, 있음Isness, 그러함Suchness, 알고 있음 Knowingness, 경험한다는 것Experiencingness입니다.

그리고 깊은 잠이나 외관 사이에 있는 간격처럼 대상성이 존재하지 않을 때도 이 실재는 늘 그대로 남아 있을 뿐입니다.

우리가 어떻게 보는지에 따라 이 형태 없는 실재는 외관으로 숨겨지거나 드러납니다.

실재에는 형태가 없기에 한계가 있다고 말할 수 없습니다. 어떠한 한계라도 대상적 경험이 되려면 형태가 있어야 하고, 마음이나 감각을 통해 경험되어야 하기 때문입니다.

동시에 여기서 표현되고 있는 것은 경험의 내밀한 사실입니다. 지금 이 경험 속에는 사실인 것이 있습니다.

우리의 경험 속에서 명백히 지속적으로 존재하면서도 외적인 특성이 없는 것은 무엇인가요?

그 질문에 대한 우리의 직접적인 경험의 유일한 대답은 바로 의식입

사물의 투명성

니다. 의식은 어떠한 외관이 나타나 있든 명백히 경험되지만, 의식에는 대상적 특성이 없습니다.

따라서 의식과 실재 혹은 현존은 모든 경험 속에서 함께 존재합니다.

의식과 현존은 어떤 관계인가요?

만약 이들이 서로 다르다면 이들을 나누는 선, 즉 이들을 구분하는 경계가 있어야 할 것입니다. 우리는 그러한 경계를 경험하나요?

아닙니다! 우리는 의식과 현존을 함께 겪은 우리의 내밀한 경험을 통해 이들이 명백히 존재하며, 이들에게 대상적이고 정의하는 특성이 없다는 것을 인정했습니다.

이들에게 대상적 특성이 없다면, 어찌 이들이 서로 분리되어 있다거나 다르다고 말할 수 있을까요? 그렇게 말할 수 없습니다!

그러므로 우리가 깨닫든 깨닫지 못하든, 이들은 우리의 실제 경험 속에서 하나입니다. 즉, 의식/현존이지, 의식과 현존이 아닙니다.

의식과 현존이 하나라는 것이 우리의 내밀하고 직접적인 경험입니다.

우리, 즉 의식이 현존이고 우리가 우주의 모습이라는 것이 우리의 직접적인 경험입니다.

기독교 전통에서 이 이해는 "나와 나의 아버지는 하나다"로 표현됩니다. '나'는 의식이며 나의 진정한 모습입니다. '나의 아버지'는 우주의 실재, 즉 신입니다.

"나와 나의 아버지는 하나다"라는 이 표현은 의식과 실재의 근본적인 단일성을, 모든 사물과 함께하는 자아의 단일성을 표현합니다.

이 전통에서 '나'는 단일한 몸/마음을 가리키는 것으로 대개 일관되게 해석되었으며, 그 결과 아버지는 무한히 떨어져 있는 '바깥'으로 수 세기에 걸쳐 일관되게 투사되었습니다. 그렇다고 해서 이 사실이 원래 표현에 있던 의미를 모호하게 만들어서는 안 됩니다.

* * *

의식은 어떠한 지각이 나타나 있든 존재하며, 지각의 대상적 부분이 사라져도 늘 그대로 남아 있습니다.

지각이 나타나거나 사라져도 의식에는 아무 일도 일어나지 않습니다. 의식은 지각의 모양을 띠지만 자기 자신으로 남아 있습니다. 마치 거울이 대상의 외관을 취해도 늘 완전히 그대로 있는 것처럼 말이지요.

우리는 지각이 나타나거나 사라져도 의식이 나타나거나 사라지는 것을 경험하지 않습니다.

의식은 지속되며 영속적이라는 것이 우리의 경험입니다. 이와 마찬가지로 실재, 현존도 지속됩니다.

물론 이러한 표현은 의미가 없습니다. 이는 의식과 현존이 시간 속에서 지속된다는 것을 암시하기 때문입니다.

지각이 사라지면 시간도 사라집니다. 시간은 두 지각 사이의 기간이기 때문입니다. 사실 지각이 현존한 동안에도 시간은 존재하지 않습니다. 시간의 환영만이 존재할 뿐입니다. 소위 두 지각 사이의 간격이 있는 동안에는 시간의 환영조차 존재하지 않습니다.

그래서 의식과 실재는 시간 속에서 영원히 지속되지 않습니다. 이들은 항상 존재하며 늘 지금 있습니다. 이들은 영원합니다. 하지만 시간은 의식 속에서 이따금씩 존재하는 것처럼 보입니다.

세잔은 이 항상 존재하는 실재를 가리키려고 '영원'이라는 용어를 사용했습니다. 그는 예술의 목적이 이 영원을 "음미하게 해주는 것"이라 이해했습니다.

예술은 우리를 실재에 이르게 하고, 사실인 것을 알려주고, 실체적인 것을 환기해야 한다고 그는 느꼈습니다. 그것은 외관으로부터 우리를 실재에 이르게 해야 합니다. 사물의 본질을 가리켜야 합니다. 그리고 지각의 비실체적이고 덧없는 외관, 즉 "(자연의) 모든 변화하는 요소"를 사용해 그리 합니다.

그는 문학이 실재를 표현하듯 예술은 실재를 묘사한다고 말하지 않았습니다. 오히려 예술로 우리가 실재를 음미하게 된다고 말했습니다. 예술은 우리를 직접적인 경험에 이르게 합니다. 우리의 진정한 모습인 의식은 실재의 실체이고, 오직 한 사물만이 있고, 오직 존재만이 있다는 내밀한 알기에 이르게 합니다.

* * *

윌리엄 블레이크는 "하늘을 가르는 모든 새는 오감으로 둘러싸인 거대한 환희의 세상이다"라고 말하며 동일한 이해를 표현합니다.

그는 새를 자연의 상징으로 사용합니다. 그는 새의 실재가 '거대한 환희의 세상'이지만, 감각이 그것의 실재를 가린다고 말합니다. 그는 '둘러싸인'이라는 단어를 사용하여 감각이 어떻게든 실재를 제한한다고 암시합니다. 감각은 그것의 외관을 조건화합니다.

블레이크가 자연, 즉 대상의 실재를 "환희롭다"라고 표현한 점이 중요합니다. 세잔 또한 그가 자연의 '영원'이라고 부르는 자연의 실재가 '전율'로 경험된다고 말합니다.

블레이크와 세잔 모두 의식과 실재의 일체 속에 있는 것은 환희의 경험이며, 그 경험은 전율을 느끼게 해준다고 암시합니다.

이는 모든 경험을 '나마 루파 삿 칫 아난다*nama rupa sat chit ananda*'로 표현하는 인도 철학과 일치합니다.

나마란 '이름'입니다. 그것은 사유가 제공하거나 조건화하는 경험의 일부입니다. 그것은 마음이 경험을 표현할 때 사용하는 꼬리표라는 개념으로 볼 수 있습니다. 그것은 "저것이 의자다"라고 말합니다. 여기서 '의자'라는 개념이 바로 나마입니다.

루파란 '형태'입니다. 그것은 감각이 제공하는 경험의 일부입니다. 각 감각에는 세상 속에서 자신과 상응하는 대상이 있습니다. 보는 감각은 보이는 대상에 대응하며, 듣는 감각은 들리는 대상에 대응하는 등입니다. 감각은 각자의 특성에 따라 실재가 우리에게 나타나는 방식을 조건화합니다.

나마와 루파는 함께 자연 혹은 대상의 외관을 구성합니다.

마음과 감각이 경험의 진정한 본성에 부여한 특성과 독립적으로 그 본성을 파악하고자 한다면 우리는 경험하는 기구, 즉 지각의 수단인 마음과 감각이 제공하는 우리 경험의 그 부분을 벗겨내야 합니다.

세잔의 말에서 보았듯이 우리가 경험의 대상적 측면인 나타나는 것을 제거한다면, 명백하지만 보이지 않는 현존 혹은 존재함과 의식의 경험이 우리에게 모두 남게 됩니다.

따라서 경험의 진정한 본성을 탐사할 때 우리는 먼저 이름과 형태, 나마와 루파, 즉 실재를 둘러싼 마음과 감각이라는 베일을 제거합니다.

이로써 경험의 명백한 두 가지 사실, 즉 현존과 의식이 남게 되는데, 인도 철학에서는 이를 일컬어 삿*sat*과 칫*chit*이라 합니다.

모든 경험 속에는 경험되고 있는 무언가가 있습니다. 무엇이든지 간에 그 무언가는 사실입니다. 그것에는 존재가 있습니다. 그것이 삿입니다.

모든 경험 속에는 경험하는 무언가도 있습니다. '나', 즉 의식이 있습니다. 무엇이든지 간에 그 무언가는 존재합니다. 그것은 의식합니다. 그것이 칫입니다.

외관적이고 개별적인 개체의 관점으로 보면, 우리는 "나는 저것을 본다"라고 말하며 우리의 경험을 표현합니다. 즉, 의식인 '나'는 대상 혹은 세상인 '저것'을 봅니다. 칫은 삿을 경험합니다. 이들은 알기라는 행동으로 연결된 두 가지로 여겨집니다.

그러나 우리의 경험을 주의 깊게 탐사한다면, 우리는 의식과 실재가 하나이고 '나'와 '다른 이', '나'와 '당신', '나'와 '세상', 칫과 삿을 구분하는 분리는 없다는 이해에 이르게 됩니다.

이러한 깨달음을 겪는 경험이 인도에서는 아난다*ananda*로 알려져 있으며, 전통적으로 '지극한 행복'으로 번역되어왔습니다. 그러나 이러한 번역은 오해를 일으킬 여지가 있습니다. 그 번역은 일체를 깨달을 때 드물고 이색적인 상태가 함께 온다는 것을 암시합니다. 이는 결국 단순하게 그것이 아닌 무언가, 즉 특별한 경험을 살피는 '찾기'를 시작하게 됩니다.

아난다는 평온 혹은 행복 혹은 단순하게 충족으로 번역하는 것이 더 나을 것입니다. 사실, 그것은 매우 평범합니다. 동요의 부재 혹은 존재의 편안으로 표현될 수 있습니다.

보통 평온과 행복은 바라던 대상을 얻으면서 생기는 몸/마음의 상태로 여겨집니다. 그러나 인도 전통의 이러한 표현에서는 평온과 행복이 우리의 진정한 본성 속에 있는 것으로 이해됩니다. 이는 동일한 경험을 '전율'과 '환희의 세상'으로 묘사한 세잔과 블레이크의 견해와 일치합니다.

블레이크가 말했듯이 우리가 마음과 감각, 즉 지각의 수단이 부과하고 둘러싼 우리 경험의 그 부분을 분리할 때, 의식과 실재는 하나임을 깨닫게 됩니다.

이들의 단일성이 드러납니다. 창조되지 않습니다. 그 경험의 또 다른 이름이 바로 평온 혹은 행복입니다. 그것은 매우 자연스럽습니다.

* * *

결국 모든 대상은 이러한 경험에서 생기기에 그것을 표현합니다. 그런데 신성한 예술 작품이라 볼 수 있는 특정한 범주의 대상이 있습니다. 그 대상은 이러한 이해의 현존으로 빛나기에 직접 전달하거나 소통할 힘이 있습니다. 그것을 환기시킵니다.

사물의 투명성

고대 그리스에서는 이 경험이 아름다움으로 묘사되었습니다.

아름다움은 대상의 속성이 아닙니다. 경험의 근본적인 본성 속에 있습니다. 의식과 실재가 하나라는 것을 인식하는 경험입니다.

이러한 신성한 예술 작품은 우리 안에 있는 깊은 기억을 일깨웁니다. 우리는 작품 속에서 무언가를 인식합니다. 이러한 인식에서 의식은 그 자신을 인식하고 있습니다. 의식은 자신의 실재를, 자신의 존재를 기억하고 있습니다.

의식은 경험의 거울 속을 들여다보고 자신을 봅니다. 자신의 실재를 경험합니다.

이러한 예술 작품은 우리가 '영원'을 음미하게 해줍니다.

의식과 존재는 하나다

동일성은 의식 속에 있습니다.

의식은 본래 알아차리고 의식합니다. 의식은 그러합니다.

의식은 알아차리고 있기에 분명 스스로 알아차리며, 스스로 의식합니다.

의식은 언제나 자신을 압니다. 알기가 그 본성이기 때문입니다.

그 자체가 알기인 것이 어찌 자신을 모를까요?

그것이 자신을 아는 것이란 무언가를 아는 것이 아닙니다.

그것이 자신을 아는 것은 그 자신으로 있습니다.

알기는 모든 경험 속에 존재합니다.

의식은 그 알고 있음으로 있습니다.

이 알기는 모든 경험 속에 있는 비추는 특성입니다.

의식의 알고 있음이란 모든 경험을 비추는 것입니다.

의식은 스스로 빛납니다.

그것은 빛을 통해, 빛으로서 스스로를 압니다.

'나'라는 용어는 자기 알기를 표현합니다.

'나'는 동일성입니다.

'나'와 하나인 것이 바로 동일성입니다.

의식은 자신과 하나이고 모든 사물과 하나입니다.

'나는 아이엠I am입니다.'

의식 속에는 의식 자신만이 존재합니다.

의식에는 대상적 내용, 즉 자신이 아닌 모든 것이 비어 있습니다.

이러한 비어 있음은 모든 사물을 담습니다.

충만한 비어 있음입니다.

그것이 현현되지 않은 상태일 때, 의식은 자신을 자신으로 압니다.

대상이 나타날 때, 그 대상의 모양을 띠는 것은 바로 의식입니다.

의식은 그 대상으로 있으면서 대상을 압니다.

그것이 대상으로 있는 것은 그 자신을 아는 방법 중 하나입니다.

의식은 대상을 결코 알 수 없습니다. 오직 자신만을 알 뿐입니다.

의식이 자신을 알기란 자신으로 있기입니다.

대상의 현존은 그것의 존재 혹은 '있음Isness'입니다.

이 존재는 자신을 아는 의식의 알기입니다.

대상은 의식으로부터, '나 있음Amness'으로부터 그것의 존재를 얻습니다.

존재는 모든 경험 속에 존재합니다.

의식은 그 존재로 있습니다.

'아이엠I am'이라는 앎 속에서 의식과 존재는 하나입니다.

이것이 알려지면 마음, 몸, 세상은 투명해지고 빛납니다.

이들은 현존과 함께 현존으로서 빛납니다.

사물의 투명성

자아의 구조

대상이 나타나기 전, 의식은 그대로 있습니다.

이는 자궁 속에서 우리가 겪었던 첫 경험보다 앞서며, 깊은 잠 동안에 한 대상이 사라지고 그 다음 대상이 나타나는 무수한 순간이 있는 동안의 의식의 현현되지 않은 상태입니다.

죽으면서 몸의 마지막 외관이 나타난 이후에는 이것이 의식의 경험이 아닐 거라고 시사하는 것은 없습니다.

의식은 시간에도 공간에도 위치하지 않습니다. 시공간을 포함해 온 우주로 충만합니다.

이 광활하고, 충만하고, 빛나고, 비어 있는 의식의 공간 속에서 대상이 나타납니다. 사유, 이미지, 감각, 지각이 나타납니다.

의식 속에 존재하는 '아이엠I am'은 처음에 모든 외관에 동등하게 자신을 빌려줍니다.

의식의 현존 속에서 '아이엠I am'은 "나는 저것이다"가 됩니다.

의식은 자신의 '나 있음'을 모든 사물에게 줍니다.

자아의 '나 있음'은 곧 사물의 있음입니다.

의식은 모든 외관과 하나입니다.

의식은 자신을 모든 외관으로 압니다.

일체가 있습니다.

* * *

어느 순간, 늘 지금인 그 순간, 의식은 여러 대상 중 특정 대상을 고르기 시작합니다.

모든 외관의 창조자, 목격자, 실체로서 모든 것이 자신을 자유롭게 흐르도록 두는 대신, 어떤 대상을 선호한 채 특정 대상에 집중합니다.

일체는 자신을 '나 있음'과 '있음'으로 분리하는 것처럼 보입니다.

나 있음은 '나'가 되고, 있음은 '다른 이'가 됩니다.

의식과 존재는 분리되는 것처럼 보입니다.

이들은 두 가지가 되는 것 같습니다.

"나는 모든 것이다"라는 선천적인 이해는 "나는 어떠한 사물이며, 다른 사물이 아니다"라는 신념과 느낌이 됩니다.

의식은 이 새로운 분리의 지위를 구현하고자 자신의 '항상 존재함'을 몸을 구성하는 작은 감각 무리에 부여합니다.

외관의 현존 속에서 "나는 저것이다", "나는 모든 것이다"가 된 '아이

사물의 투명성

엠I am'은 이제 "나는 특별한 사물이다", "나는 무언가다"가 됩니다.

의식은 자신의 동일성을 몸에만 한정적으로 부여합니다.

의식은 "나는 몸이다"라고 믿고 느낍니다.

"나는 좋아한다"와 "나는 좋아하지 않는다", "나는 원한다"와 "나는 원하지 않는다"라는 선택 과정은 이 신념을 계속해서 구현합니다.

의식은 특정 외관, 특정 대상을 붙잡으려 하거나 없애려 하면서 그것에 주의를 집중합니다.

의식의 광활한 공간 속에서 욕망과 두려움이라는 그물이 짜입니다. 어떤 대상은 이 그물을 통과하고, 어떤 대상은 그물에 얽힙니다.

이 좋아함과 싫어함이라는 원리는 경험의 완벽한 총체를 '나'와 '나가 아닌 것'으로 파편화합니다.

이 그물에 걸린 대상은 자아의 구조가 됩니다. 그물을 통과한 대상은 세상이 됩니다.

이렇게 "나는 몸이다"라는 신념과 느낌은 계속해서 구현됩니다. 조밀하고, 견고하며, 끈적거리고, 겹겹이 쌓입니다.

* * *

"나는 무언가다"에서 "나는 모든 것이다"로 돌아갈 때, 이 조밀한 자아의 구조는 그저 느슨해질 뿐입니다.

자아를 감싼 촘촘하게 짜인 좋아함과 싫어함이라는 옷은 느슨해집니다. 그리 세밀하게 짜여 있지 않습니다.

의식의 열린 공간은 자신을 맞이하는 공간으로 다시 알기 시작합니다. 모든 것은 자신이 원하는 대로, 원할 때, 원하는 곳에서 그 공간을 통과할 수 있습니다.

욕망과 두려움이라는 그물은 이 맞이하는 공간에서 풀어지며, 그물에 걸리는 대상은 점점 더 적어집니다.

결국 그물은 다 닳아 해집니다. 그물의 남아 있는 조밀한 곳조차 공간에 너무 스며들어 있기에 그물은 어떠한 것에서도 어떠한 것을 분리할 힘이 없습니다.

몸은 원래 자신의 투명성으로 돌아가면서 열려 있고, 여유가 있으며, 사랑이 넘치고, 매우 민감합니다. 하지만 어떠한 것도 붙잡고 있지 않습니다.

마음은 개별적인 자아의 횡포에서 해방되면서 명확하고, 활기차고, 친절합니다.

세상의 아름다움과 생기가 회복됩니다.

진정한 꿈꾸는 이

경험을 두 가지 방식으로 들여다볼 수 있습니다. 하나는 의식의 관점이며, 또 하나는 보다 흔한 방식으로, 의식이 이따금 자신이라고 믿고 느끼는 외관적이고 개별적인 개체의 관점입니다.

의식의 동질적 단일성이 어떻게 시공간 속에 존재하는 개별적인 개체로 외관상 파편화되는지 이해하려면 깨어 있기, 꿈꾸기, 깊은 잠이라는 세 가지 상태를 살펴봐야 할 것입니다.

우리가 몸과 마음이기 이전에, 몸과 마음이 나타나기 이전에 우리는 무엇인가요?

몸과 마음이 나타나기를 그만두면 우리는 존재하기를 그만두나요?

그리고 몸과 마음이 나타나면, 우리는 이들이 나타나기 전에 하고 있던 우리의 모습을 그만두나요?

이 순간에는 의식이 있고 외관이 있습니다. 즉, 이 단어들이 있고, 이 순간에 나타나는 다른 모든 것이 있고, 의식이 있습니다. 외관은 의식에 나타나고, 의식 속에 나타나며, 결국에는 의식으로 나타납니다.

언제나 외관은 오고 갑니다.

외관이 하나씩 사라지고 새로운 것으로 대체되는 경우가 점점 줄어들다가 결국에는 어떠한 외관도 없는 시간이 온다고 상상해 보세요.

무엇이 남나요? 각각의 외관이 나타날 때마다 그 외관의 목격자로 존재하던 의식만이 남습니다. 마치 방에서 물건을 하나씩 치우다가 결국에는 방의 공간만이 남는 것과 같습니다.

이는 우리가 잠에 들 때, 깨어 있는 상태에서 꿈의 상태로 넘어갈 때, 꿈의 상태에서 깊은 잠으로 넘어갈 때 일어나는 과정입니다.

우리는 "잠에 들 때"라고 표현하지만, 사실 깨어 있는 상태에서 꿈의 상태로 넘어가거나 꿈의 상태에서 깊은 잠으로 넘어가는 개체는 없습니다.

우리는 깊은 잠에 든 누군가를 경험하나요? 아닙니다!

꿈을 꾸는 이로서 존재하는 누군가를 경험하거나, 꿈을 꾸고 있는 누군가를 경험하나요?

아닙니다! 그 누군가는 꿈 속에 나타날 뿐, 꿈꾸는 이로 나타나지 않습니다.

그 누군가는 꿈 속에 나타나는 이야기의 주체일 뿐, 꿈의 진정한 주체가 아닙니다. 진정한 꿈꾸는 이가 아닙니다.

그 누군가는 꿈 속의 다른 등장인물처럼 어떤 한 등장인물로 나타납니다.

꿈 속의 외관적 주체는 사실 꿈 속에 나타나는 여러 대상 중 하나입니다.

이 대상은 꿈이 일어나는 곳이자 진정한 꿈꾸는 이인 의식에 나타납니다.

우리는 깨어나는 순간 꿈 속의 외관적 주체가 사실은 이야기의 일부였다는 것을 깨닫습니다. 그것은 진정한 꿈꾸는 이인 의식의 대상이었습니다. 우리는 꿈 속의 외관적 주체가 환영에 불과한 주체였다는 것을 깨닫습니다.

하지만 우리는 깨어나자마자 즉시 무심코 또 다른 환영에 빠집니다.

우리는 깨어 있는 상태 속 이야기의 주체인 몸/마음, 개별적인 개체, 행하는 이, 느끼는 이, 생각하는 이, 아는 이를 깨어 있는 상태의 주체로 여기지만, 사실 그것은 진정한 주체인 의식의 대상이라는 것을 깨닫지 못하고 있습니다.

꿈의 상태에서 외관적 주체는 사유와 이미지로만 이루어져 있는 반면, 깨어 있는 상태에서는 이와 더불어 감각과 지각으로도 이루어져 있다는 것이 꿈꾸는 상태와 깨어 있는 상태의 차이점입니다.

그러나 생각하기와 상상하기가 마음의 기능이듯, 감각하기와 지각하기도 마음의 기능입니다.

생각하기와 상상하기의 실체가 마음인 것처럼, 감각하기와 지각하기의 실체도 마음입니다. 이러한 의미에서 볼 때, 꿈의 상태에서 나타나는 몸/마음과 깨어 있는 상태에서 나타나는 몸/마음은 거의 차이가 없습니다.

처음에는 이들 모두 마음의 투사이고, 마음으로 이루어져 있는 것으로 보입니다.

결국에는 마음으로 이루어져 있다고 기존에 이해되던 몸/마음은 이해를 통해 더욱 환원되며, 비로소 의식의 투사, 의식으로 이루어져 있는 것으로 인식됩니다.

꿈 상태의 사유와 이미지, 깨어 있는 상태의 사유, 이미지, 감각, 지각은 의식 속에서 나타나지만, 어떠한 방식으로도 의식에 영향을 미치지 않습니다. 어찌 그럴 수 있을까요? 이들은 의식으로 이루어져 있는데!

의식 속에 나타나는 사유 중 하나는 각각의 개인에 대한 것입니다. 이 '각각의 개인'은 여러 다양한 형태로 표현됩니다. 경험하는 이, 생각하는 이, 즐기는 이, 창조하는 이, 아는 이, 나타나는 다른 모든 대상에 고통받는 이.

이들은 개별적인 개체가 나타나는 변장입니다. 각 변장은 그 개체의 외관적 현존을 입증하고 구현합니다. 여러 정체성을 가진 사기꾼처럼 말입니다.

우리는 꿈에서 깨어나면, 꿈을 경험하는 이로 보였던 '각각의 개인'이 사실은 꿈 속에서 경험되었다는 것을 발견합니다.

하지만 우리는 깨어나자마자 경험하는 이라는 지위를 꿈에 존재하는 것처럼 보였던 '각각의 개인'에서 이제 깨어 있는 상태에서 존재하는 것처럼 보이는 '각각의 개인'으로 옮깁니다.

이렇게 우리는 실수를 반복하고 꿈 경험을 활용하지 못합니다. 꿈 경험을 이용한다면 우리는 '각각의 개인'이 사실 꿈의 상태와 깨어 있는

사물의 투명성

상태 모두에 있는 의식 속 이미지와 사유라는 것을 알 수 있습니다.

그래서 이따금 깨어 있는 상태를 일컬어 백일몽이라고 표현하기도 합니다. 깨어 있는 상태에서의 개별적인 개체의 외관은 본질적으로 꿈의 상태에서의 외관과 동일하지요.

두 경우 모두 거기에는 실재가 없습니다. 두 경우 모두 그 실재가 의식입니다.

* * *

우리가 꿈의 상태라는 관점에서 본다면 깨어 있는 상태라는 환영을 이해할 수 있습니다.

깊은 잠이라는 관점에서 본다면 꿈의 상태라는 환영을 이해할 수 있습니다.

또한 의식의 관점에서 본다면 깊은 잠이라는 환영을 이해할 수 있습니다.

그래서 일부 영적 전통에서는 깨어 있는 상태에서 꿈의 상태로 넘어가는 전환과 꿈의 상태에서 깊은 잠으로 넘어가는 전환이 깨달음에 이르게 해주는 중요한 기회로 여겨집니다.

이러한 전환 속에서 각 상태에서 환영인 것이 노출됩니다. 마찬가지로 각 상태에서 사실인 것, 전환하는 동안 사라지지 않는 것이 드러납니다.

이 과정 중 어느 단계에서도 몸/마음의 본성은 실제로 변하지 않았습니다. 늘 그대로인 모습, 즉 현존, 의식으로 있을 뿐입니다.

단계를 거치는 이는 전혀 없습니다. 사유, 이미지, 감각, 지각의 흐름이 변함없는 현존 속에서 모두 나타나고 사라지고 있을 뿐입니다.

하지만 몸/마음의 본성에 대한 우리의 해석은 변할 수 있으며, 이 새로운 해석은 몸/마음이 경험되는 방식을 조건화합니다. 그러한 경우 몸/마음, 세상은 우리의 이해에 맞게 경험되기 때문입니다.

우리의 경험과 그 해석은 의식 속에서 함께 창조됩니다.

* * *

이따금 의식은 꿈꾸는 상태나 깨어 있는 상태일 때 자신 속에서 창조한 이미지와 자신을 동일시하거나, 그 이미지가 자신이라고 상상합니다. 이렇게 자신을 한정적인 개체, 개별적인 개인으로 상상합니다.

그러나 어느 단계에서도 의식은 실제로 한정적인 개체도, 개별적인 개인도 되지 않습니다. 단지 그렇게 되었다고 상상할 뿐이며, 그렇게 상상하기 때문에 그렇게 경험하는 것처럼 보이는 것입니다.

의식은 이를 사실이라 느끼고 자신을 그렇게 경험하는 것처럼 보입니다. 바로 이 의식이 자신이 개별적이라는 생각과 분리되어 있다는 외관적 경험을 창조하기 때문이지요.

그것은 감각과 지각과 더불어 생각과 이미지를 창조하기에, 이들을 서로 일관되게 창조하는 능력을 가집니다.

따라서 의식은 자신 속에 분리되고 독립적인 세상에서 살아가며 움직이는 개별적인 개체의 외관을 창조하며, 이러한 신념에 수반되는 이후의 모든 사유, 느낌, 감각과 함께합니다.

의식은 자신이 그 개체라고 믿고, 이 신념을 따르며 확증하는 경험을 자신 속에 창조합니다.

그 무엇도 의식에게 이러한 활동, 가리는 활동, 상상하는 활동을 강요하지 않습니다. 의식 바깥에는 아무것도 없는데, 이 활동을 강요하는 것이 어찌 있을까요?

가리는 활동, 즉 '나 자신이 한정적인 개체라고 상상하는 것'은 바로 의식 자신의 활동이자 그 자체의 창조력입니다.

의식에게는 언제든지 이 투사를 거둬들이고 자신을 자유롭고, 끝없으며, 스스로 빛나고, 항상 존재하는 자신의 진정한 모습으로 경험할 자유가 있습니다. 마찬가지로 의식에게는 이러한 이해와 일치하는 세상을 창조할 자유가 있습니다.

* * *

보통 우리는 깨어 있는 상태가 가장 사실적이며 정상적인 상태이고, 꿈의 상태는 깨어 있는 상태의 과도기적인 왜곡이며, 깊은 잠은 상태들 사이에 있는 일시적인 심연이라고 여깁니다.

또한 우리는 각각의 개체인 '개인'이 한 상태에서 다른 상태로 전환하거나 이동하고, 깊은 잠에서는 정지해 있다고 여깁니다.

깨어 있는 상태의 관점에서 깊은 잠은 일정 시간 지속되는 것처럼 보이기에 하나의 상태로 여겨집니다.

상태는 일정 시간 지속됩니다. 시작이 되고 끝이 납니다. 이미 우리는 깊은 잠에는 어떠한 대상도 존재하지 않기에 시간도 없다는 것을 보았습니다.

따라서 깊은 잠은 일정 시간 지속된다고 할 수는 없기에 어떤 한 상태라고 할 수도 없습니다.

깊은 잠에서 의식은 단지 존재합니다. 그 '장소'에서 결코 움직이지 않습니다.

'그곳'에서 자고 있는 이는 없습니다. 깨어나거나, 한 상태에서 다른 상태로 넘어가는 이도 없습니다.

의식은 단지 존재하며, 자신의 현현되지 않은, 항상 존재하는 실재를 경험하고 있습니다.

일정 시간 지속된다고 여겨지는 깊은 잠이라는 상태는 오고 가는 것처럼 보입니다. 그러나 깊은 잠 그 자체는 늘 존재합니다.

깊은 잠에 존재하는 모든 것은 꿈꾸는 상태와 깨어 있는 상태에서도 동등하게 존재합니다. 깊은 잠은 꿈꾸는 상태와 깨어 있는 상태의 모양을 띠며, 이들의 실체이자 기저에 있는 실재입니다.

* * *

우리가 신생아였을 때 나타났던 첫 경험, 혹은 그보다도 이전인 자궁 속에 있었을 때 나타났던 감각과 지각을 상상해 보세요.

그 첫 경험이 일어나기 전과 일어나는 동안 우리는 의식으로서 존재하고 있지 않았나요? 그 첫 경험을 경험할 수 있으려고 우리는 이미 존재해 왔지 않았나요? 그 이후의 우리 삶은 우리의 모습인 이 의식에서 모두 나타나는 연속적인 외관이지 않았나요?

자궁 속에서 겪었던 우리의 첫 경험보다 더 이전으로 거슬러 올라가는 것은 어떤가요? 나타난 바로 그 첫 외관을 경험한 모든 것이 사실은 지금 이 단어를 경험하고 있는 바로 이 의식이지 않나요?

그렇지 않나요? 이 경우가 사실이 아니라고 시사하는 증거는 없습니다. 반대 경우인 개별적이고 개인적인 의식이 참이라고 시사하는 증거도 없습니다.

대개 우리는 의식이 한정적이고 개인적이라고 추정합니다. 의식이 끝없고 보편적일 수 있다는 가능성에 기회를 주는 것은 어떤가요?

모든 사물의 실재인 단 하나의 보편적인 의식만이 있다면, 그것은 이미 사실일 것입니다. 필요한 것은 우리의 사유, 느낌, 활동을 이 가능성에 맞추는 것일 뿐이며, 그렇게 그것은 우리의 실제 경험 속에서 확증될 것입니다.

우리가 이 '첫 외관'을 기억하지 못한다는 사실이 우리가 의식으로서 '그곳'에 존재하지 않았다는 증거가 되지는 않습니다. 결국 우리는 정확히 5일 전이나 5년 전에 경험하고 있었던 모든 것을 목격하는 의식으로 존재했음을 기억하지 못합니다. 그런데도 그 당시의 우리, 즉 목격하는 의식이 지금 존재하며, 이 현재 상황을 경험하고 있는 이 목격하는 의식과 동일하다는 것을 우리는 의심하지 않습니다.

바로 그 첫 경험이 일어나기 전에도 의식은 단지 존재하며, 단지 자기 자신으로, 자신을 경험하고 있었던 것이 아닌가요? 경험하기가 그것의 본성이라는 이유로 말입니다. 그러면 그것은 자신을 알고 있지 않았나요? 지금 자신을 알듯이 그때도 자신을 알고 있지 않았나요? 알기가 그것의 본성이라는 이유로 말입니다.

의식은 그때도 단지 존재하고, 스스로 빛나며, 자명하며, 자기 알기로 있지 않았나요?

그리고 우리에게는 사라지거나, 나타나거나, 변화하는 의식이라는 경험이 없는데, '지금' 존재하는 의식이 '그때' 존재하던 의식과 완전히 동일하지는 않다고 표현할 만한 것이 있나요?

사실, 그 '그때'는 바로 이 '지금'이었던 것이 아닌가요? 그리고 그 '그곳'은 바로 이 '여기'였던 것이 아닌가요?

물론 "그 첫 경험이 일어나기 전"이라고 말하는 것은 의미가 없습니다. 분명 '그때' 혹은 '그곳'에는 대상이 없었고, 대상 없이는 시간도 공간도 없기 때문입니다.

우리의 첫 경험이 나타나기 '이전'에 존재하던 의식의 원초적 공간은 시간도, 장소도 없는 장소입니다.

그것은 '그때', '그곳'에서 존재하지 않았습니다. '여기', '지금'에서 존재합니다. 그것은 늘 '여기'와 '지금'입니다. 장소인 '여기'와 시간인 '지금'이 아닙니다. 오히려 '여기'와 '지금', 즉 이 시간 없는 장소 없음이자 이 장소 없는 시간 없음입니다.

'수십억 년 전' 일어났던 그 첫 경험은 '여기'와 '지금', 즉 이 단어를 보고 있는 바로 그 현존 속에서 일어났습니다.

시공간은 그것 속에서 나타납니다. 그것은 시공간 속에서 나타나지 않습니다.

첫 대상, 첫 경험이 나타났을 때, 의식의 이 원초적인 공간에는 무슨 일이 일어났나요?

그것에는 무슨 일이 일어났나요?

그것이 움직였거나 변했나요?

우리는 그것이 나타나거나 사라지는 것을 경험한 적이 있나요?

그것이 있기 전에 존재했으며, 의식 그 자체가 아니었던 무언가를 떠올리는 것이 가능한가요?

그리고 우리가 겪었던 첫 경험을 목격하려 존재했거나 예전에 있었던 의식의 이 원초적인 공간은 깊은 잠 동안 존재하는 의식의 비어 있는 공간과 완전히 동일하지 않나요?

그것은 지금 존재하지 않나요?

죽음에 이르러 마지막 대상이 그것을 떠날 때 그것은 변할까요?

깊은 잠에서 꿈의 상태로 전환되면서 그 속에 꿈의 첫 이미지가 나타날 때, 그것은 변하거나 사라지나요?

각각의 경우에서 의식은 늘 그대로 남아 있을 뿐입니다.

실재는 하나의 견고하고, 완벽하고, 나눌 수 없는 실체이며, 광명, 투명성, 알고 있음, 존재함으로 이루어져 있습니다.

* * *

깊은 잠에서 의식은 자신 속에서 자신으로 머무릅니다. 온 우주와 전 우주는 그것으로 감싸여 있으며, 언제든지 모양을 띨 준비가 되어 있지만 아직은 현현되지 않았습니다.

첫 이미지나 사유가 나타나면서 꿈의 상태가 시작됩니다. 의식은 이 첫 이미지와 사유라는 모양을 띱니다. 의식은 이 이미지와 사유가 되지만 동시에 여전히 자신으로 남아 있습니다.

의식은 이 이미지와 사유 속에서, 그리고 이들로서 자신을 표현하는 동시에 자신을 목격합니다.

이 이미지와 사유가 나타나면서 시간이라는 환영이 창조됩니다. 하지만 공간이라는 환영은 아직 존재하지 않습니다.

꿈의 상태에서 깨어 있는 상태로의 전환을 일으키는 것은 바로 감각과 지각의 외관이며, 감각과 지각의 외관으로 공간이라는 환영이 생깁니다.

꿈의 상태에서 공간의 이미지가 나타나는 것은 사실이지만, 우리는 깨어나면 꿈이 실제로는 공간이 아닌 시간 속에서만 일어났다는 것을 깨닫습니다.

이 과정 중 어느 단계에서도 의식은 늘 이미 그대로 있을 뿐입니다.

이 과정 중 어느 단계에서도 의식 바깥에서, 혹은 의식과 분리되어 나타나는 것은 전혀 없습니다.

꿈의 상태에서 의식은 사유와 이미지의 모양을 띠며, 그 순간 의식은 시간의 차원을 포함하는 꿈의 세상을 낳습니다. 그것은 단일 차원의 세상입니다.

사실, 시공간 그 자체를 겪는 실제 경험은 결코 없습니다. 마음이 탄생하면서, 즉 의식 속에서 생각하기와 상상하기가 나타나면서 시간이라는 환영이 실재에 부과됩니다.

그리고 세상이 탄생하면서, 즉 감각하기와 지각하기가 나타나면서 공간이라는 환영이 실재에 부과됩니다.

마음과 감각을 벗겨내고, 이름과 형태를 벗겨낸다면, 시공간의 외관적인 연속체는 사실 늘 그러한 외관의 항상 현존ever-presence임이 드러납니다.

깨어 있는 상태에서 의식은 사유와 이미지뿐만 아니라 감각과 지각의 모양도 띠며, 그 순간 의식은 시간의 차원과 공간의 차원을 포함하는 깨어 있는 세상을 낳습니다. 그것은 4차원의 세상입니다.

의식은 생각하고 상상하는 기능을 통해 자신 속에 꿈의 세상을 투사합니다.

의식은 생각하고 상상하는 기능과 더불어 감각하고 지각하는 기능을 통해 자신 속에 깨어 있는 세상을 투사합니다.

깊은 잠에서는 투사가 없기에 시간도 공간도 없습니다. 세상이 없습니다.

단지 현존이 있을 뿐이며, 그 현존이 바로 이 현존입니다.

여기와 지금의 현존

모든 경험은 '여기'에서 일어납니다.

이 여기는 물리적 공간이 아닙니다. 공간의 외관적 경험을 포함해 모든 경험이 일어나는 의식의 공간입니다.

멀리서 들리는 소리는 여기에서 일어납니다.

그 소리가 지각하는 의식으로부터 멀리 있다고 그 후에 생각하는 사유는 소리 그 자체와 동일한 공간에서 일어납니다. 그것은 여기에서 일어납니다.

'방 건너편에 있는' 의자는 여기에서, 소리와 사유와 완전히 동일한 곳에서, 의식과 전혀 거리가 있지 않으면서 지각됩니다.

모든 몸에서의 감각은 동일한 장소 없는 장소, 즉 여기에서 일어납니다.

의식이 모든 곳에 존재한다는 것이 아닙니다. 모든 곳이 여기에서 존재한다는 것입니다.

이 여기는 몸속의 위치가 아닙니다. 몸은 이 여기 속에, 현존 속에 있는 감각입니다.

모든 것은 '여기', 의식 '속'에서 일어난다는 것이 이해되고 느껴진다면, '그곳' 혹은 '바깥'에서 경험이 일어난다는 생각은 사라지게 됩니다.

하지만 '여기', '속'이라는 생각이 의미를 가지려면 그 반대인 '그곳', '바깥'이 필요합니다.

그러므로 '그곳', '바깥'이 사라지면 '여기', '속'도 무너져내립니다.

'여기'와 '속'은 의식이 '그곳'과 '바깥', 즉 자신으로부터 멀리 무언가가 있다는 그 후의 생각과 느낌에서 벗어나게 하는 중간 단계일 뿐입니다.

이것이 명확히 보인다면 '여기'와 '속'도 버릴 수 있게 되고, 의식은 속성 없이 홀로 남아 시공간보다 앞서 자신 속에서 자신으로서 빛납니다.

'그곳'이 물러나면 '여기'가 드러납니다. '여기'가 녹아내리면 의식은 있는 그대로 빛납니다.

* * *

모든 경험은 '지금' 일어납니다.

과거에 대한 모든 기억은 지금 일어납니다.

미래에 대한 모든 사유는 지금 일어납니다.

이 지금은 시간 속에서 지속되지 않습니다. 모든 시간이 지금 속에서 지속됩니다.

하지만 '지금'은 '그때', 즉 과거나 미래라는 개념 없이 존재할 수 없습니다. 그래서 이해 속에서 과거와 미래는 현재로 환원되며, 그러고 나서 홀로 설 수 없는 현재는 의식과 합쳐집니다.

공간의 '여기'와 시간의 '지금'은 장소 없고 시간 없는 동일한 의식의 현존으로서 드러납니다.

이 장소 없고 시간 없는 현존은 투명하고, 동질적이고, 실체적이고, 경험의 항상 존재하는 실재입니다. 우리가 몸, 마음, 세상이라 부르는 덧없고 비실체적이고 간헐적인 경험은 그 속에서, 결국 그것으로서 파도처럼 나타납니다.

* * *

우리가 방에 앉아 있고, 방에서 한 벽이 완전히 거울로 이루어져 있다고 상상해 보세요.

거울 속에 나타나는 이미지는 우리가 앉아 있는 방과 동일할 것입니다. 거울 속에 나타나는 공간은 방 속에서 나타나는 공간과 동일하게 나타날 것입니다.

그러나 우리가 손을 뻗어 거울에 나타나는 물리적 대상이나 공간을 만지려 할 때, 우리는 대상도 공간도 아닌 거울만을 만질 뿐입니다.

거울 속에는 공간이라는 환영이 있지만, 사실 거울 속에 나타나는 모든 것은 거울에서 같은 거리에 있습니다. 즉, 전혀 떨어져 있지 않습니다.

어떠한 것도 다른 것보다 거울에 가까이 있지 않습니다.

의식은 마치 모든 것이 나타나는 3차원의 거울 같습니다.

의식이라는 거울 속에서 나타나는 모든 것 역시 의식 속에 있으며 전혀 떨어져 있지 않습니다.

우리가 무엇을 만지든, 우리는 오직 현존만을 만집니다.

우리가 무엇을 지각하든, 우리는 오직 현존만을 지각합니다.

우리가 무엇을 경험하든, 우리, 즉 이 현존은 오직 우리 자아만을 경험할 뿐입니다.

모든 경험은 현존과 하나입니다.

모든 경험은 현존입니다.

의식은 스스로 빛난다

의식이라는 거울은 모든 것이 경험되는 화면인 동시에 모든 것을 경험합니다.

거울 속에 나타나는 이미지는 거울로만 이루어져 있습니다. 의식 속에 나타나는 모든 것은 의식으로만 이루어져 있습니다.

대상이 나타날 때, 대상은 거울에 색을 칠하는 것 같습니다. 이렇게 거울에 색을 칠하는 것은 거울에 대상과 같은 특성을 부여하는 것처럼 보입니다.

이미지가 사라지면 거울은 다시 투명한 거울이 됩니다. 사실, 늘 오로지 거울이었을 뿐입니다.

의식은 투명하며 대상으로 보이지 않습니다. 마치 거울 속에 어떤 대상이 비치지 않으면 거울을 이루는 유리가 보이지 않는 것처럼 말입니다.

사물의 투명성

대상이 사유든, 감각이든, 지각이든 간에 그 대상이 현존하면 우리는 의식을 지각할 수 있게 됩니다. 즉, 의식은 자신을 지각하고 경험할 수 있게 됩니다.

사실, 대상이 현존하든 부재하든, 의식은 늘 자신을 지각하고 있습니다.

우리가 이를 깨닫지 못하더라도 우리가 대상을 경험할 때, 즉 대상이 의식 속에 나타날 때 자신을 그 외관적인 대상으로 경험하고 있는 것은 바로 의식입니다. 대상이란 의식이 자기 알기를 하는 방식 중 하나입니다.

우리는 대상의 외관이 의식의 투명한 매체에 색을 칠한다고 표현할 수 있습니다.

우리가 유리를 볼 수 있게 해주는 것은 바로 유리에 있는 색깔입니다. 색깔이 없다면 유리는 완전히 투명해져 보이지 않겠죠.

이 비유는 대상이 존재할 때 자신을 경험하고 있는 것은 오직 의식이라는 것을 이해하는 데 도움을 줍니다. 하지만 여타 비유와 마찬가지로 이 비유도 한정적입니다.

거울이나 투명한 유리와 달리, 의식은 의식합니다. 의식은 지각합니다. 대상이 존재하든 존재하지 않든 언제나 자신을 경험합니다.

따라서 의식은 알려지기 위해 자신 바깥에 있는 아는 이를 필요로 하지 않습니다. 자신을 알기 위한 대상의 현존을 필요로 하지도 않습니다. 자신을 알기 위한 몸도 마음도 필요로 하지 않습니다.

의식은 어떤 무언가를 알기 전보다 앞서 자신을 알며, 몸이든 마음이든 세상이든 간에 그 무언가를 알 때도 여전히 그 무언가로서의 자신을 알고 있을 뿐입니다.

의식은 몸/마음이 나타나기 이전에 자신을 압니다. 이 앎은 계속되며 항상 존재합니다. 대상은 그것을 흐리게 하거나 가리지 않습니다. 대상은 그것을 드러냅니다. 그 이상으로, 대상은 바로 그 앎으로 빛납니다.

* * *

보다 정확한 비유는 끝없는 공간일 것입니다.

이 공간의 모든 부분은 의식하고, 민감하고, 알아차리고 있습니다.

이 공간의 본성은 의식하는 것입니다. 이 알아차림을 끌 수는 없습니다.

이 끝없고 알고 있는 공간 속에 여러 홀로그램 이미지가 투사된다고 한번 더 상상해 보세요. 각 이미지에는 서로 다른 집이 담겨 있습니다. 각 집은 개별적인 몸/마음과 같습니다.

이 끝없는 공간에 홀로그램 이미지가 투사될 때, 그 공간은 어떻게든 변하나요?

집의 이미지 중 일부가 물러나고 새로운 이미지가 나타나면 그 공간에 무슨 일이 일어나나요?

외관적인 집의 벽 안쪽에 나타나는 공간은 그 벽으로 한정되고 있나요? 그것은 벽의 안쪽, 바깥쪽, 벽 그 자체의 내부와 동일한 공간 아닌가요?

이 공간 속에서 어떤 분리나 구분이 있나요?

이 공간은 자기 자신이 아닌가요?

이 이미지에서 공간이 존재하지 않는 곳이 있나요?

집의 외관은 그 외관이 나타나는 공간으로 이루어져 있지 않나요?

공간 그 자체만이 집을 이루는 실체로서 존재하지 않나요?

집이 나타나거나 사라질 때, 공간은 이미 그대로인 모습으로 있지 않나요?

집에는 공간 그 자체와 다르거나 동떨어진 실재가 있나요?

공간이 집을 '알' 때, 공간은 자신만을 알고 있지 않나요?

공간에게 있어 집이 되는 행위는 집을 아는 행위와 같지 않나요?

이 아는 공간은 집이라는 현재 경험 속에서 그 경험으로서 자신을 알고 있지 않나요? 이와 동시에 그것은 늘 존재하고, 분명하고, 자신을 비추고, 자신을 알고 있지 않나요?

이제 우리는 끝없는 공간이라는 비유에서 출발해 우리 자아, 즉 의식을 겪는 내밀하고, 즉각적이고, 직접적인 우리 자신의 경험으로 나아갑니다. 집이라는 이미지에서 출발해 의식 속에 나타나며 우리가 몸이라 부르는 감각의 집단을 겪는 우리의 실제 경험으로 나아갑니다. 그러면 우리는 무엇을 알게 되나요?

몸을 겪는 우리의 실제 경험은 무엇일까요?

우리는 위의 비유에서 했던 동일한 질문을 이론에 근거하지 않고 매 순간 우리가 느끼고 살아가는 실제 경험 속에서 스스로에게 묻습니다. 몸을 겪는 우리의 실제 경험은 그 집처럼 무게도 없고, 투명하고, 빛나고, 넓고, 열려 있고, 맞이하고, 한계나 경계도 없고, 정의도 없고, 위치도 없고, 모두를 포용하는 동시에, 이 순간, 이 순간, 이 순간 모든 세부 사항과 뉘앙스 속에서 이들로서 자신을 자신에게 드러내고, 자신을 놀라게 하고, 자신을 기쁘게 한다는 것을 우리는 알게 되지 않나요?

의식은 자기 스스로를 알 뿐이다

눈이 먼저 태양과 같이 되어야만 비로소 태양을 볼 수 있고, 영혼 그 자
체가 아름다워야만 비로소 영혼은 첫 아름다움을 볼 수 있다.

- 플로티노스Plotinus

의식은 대상을 알 수 없습니다.

그러한 대상은 의식 바깥에 있거나 의식과 분리되어 있어야 할 것입
니다.

의식이 자신 바깥에 있거나 자신과 분리되어 있는 것을 어찌 알 수
있을까요? 그러한 대상과 어찌 접촉할 수 있을까요?

의식은 사물이 되면서 그 사물을 압니다. 이 방식으로 의식은 무엇이
든지 압니다. 대상을 알려면 의식은 먼저 그 대상을 자신으로 변환해
야 합니다. 대상은 의식에 의해, 의식으로서 의식의 실체로 변환됩니다.

하지만 이는 대상이 의식 바깥에 혼자 스스로 존재한다고 주장하는 마음을 위해 쓰인 글에 불과합니다.

사실, 그러한 일은 일어나지 않습니다. 애초에 대상은 결코 의식 바깥에 있지 않았으므로 대상을 받아들이거나 변환하는 것은 당연합니다.

바닷속 물은 일어나 솟구쳐 파도의 모양을 띠고, 한동안 밀려들다가 다시 잠잠해져 바다가 됩니다. 하지만 그것은 한순간도 물이 아닌 적이 없습니다. 마찬가지로 모든 대상, 모든 경험은 의식 속에서 일어나 고유한 모양을 띠고, 고유한 일을 하다가, 자신 속에서 자신으로 머무르는 현존의 바다에게 자신의 이름과 형태를 되돌려줍니다. 그러고 나서 그것은 그 다음 파도의 모양을 띱니다.

파도는 물에 이름과 형태를 부여합니다. 파도가 사라질 때, 오직 이름과 형태만이 사라집니다. 물은 늘 그대로 남아 있습니다.

대상은 의식 속에서 녹아내리지 않습니다. 대상은 늘 의식일 뿐입니다. 녹아내리는 것은 없습니다.

대상에서 의식이 아닌 부분은 없으며, 의식은 녹아내릴 수 없습니다. 어찌 그것이 녹아내릴 수 있을까요?

대상이 존재할 때, 존재하는 모든 것의 실재는 의식이며, 그 실재는 항상 존재합니다.

그 무엇도 사라지지 않습니다. 이름과 형태만이 계속해서 변환될 뿐입니다.

크라쿠프의 한 묘지에 있는 묘비에는 알파벳의 모든 글자가 새겨져 있습니다. 살다 간 모든 사람이 그곳에서 기억됩니다.

진정으로 살아가는 것은 그곳에서 영원히 인정됩니다.

하나의 묘, 수많은 이름들.

하나의 자궁, 수많은 형태들.

우리는 어디를 바라보아도 신의 얼굴만을 볼 뿐입니다.

신은 모든 사물 속에서 자신을 봅니다.

의식은 자유 그 자체다

|Q| 깨달음을 얻기 위해 생각하는 마음으로 할 수 있는 것은 아무것
도 없다는 것을 저는 자주 듣곤 합니다. 그런가요?

이에 대한 간단한 대답은 "네, 그렇습니다. 하지만…"입니다.

생각하는 마음은 연속적인 추상적 개념으로, 우리는 우리의 경험을
나타내 문화로서 소통하기 위해 그 개념에 만장일치로 동의했습니다.

마음의 언어는 기호입니다. 그것은 직접적인 경험을 통화通貨로 전환
합니다. 이 통화는 마음, 몸, 세상 수준에서의 실용적인 목적을 위해 사
용되거나 교환될 수 있습니다.

마음의 언어는 그것이 나타내는 대상을 전달하지 않습니다. 가리킬
뿐이지요.

하지만 우리는 이를 잊고는 마음의 표현을 우리 경험의 사실적인 묘

사물의 투명성

사로 받아들입니다. 우리는 "나는 차를 본다"라고 말합니다. 그렇게 '나'라는 개체가 '여기'에서 '그곳에' 있는 대상인 차와 관련해 '보기'라는 것을 하면서 '나'가 '그것'을 경험할 수 있게 해준다고 진정으로 믿고 느낍니다.

이것이 삶의 특정 측면을 가능하게 해주는 잠정적인 표현으로 이해된다면 아무런 문제가 없습니다.

보고 말하는 방식은 세상 속에서 특정 수준의 기능을 가능하게 해주므로 정당하게 존재합니다.

그러한 표현을 우리의 실제 경험의 묘사로, 실재의 묘사로 받아들일 때만 혼란이 시작됩니다.

"나는 차를 본다"라는 표현은 '차를 보기'라는 실제 경험의 진정한 본성을 나타내지 않습니다. 그래서 경험의 진정한 본성을 이해하고 드러내는 것을 목적으로 하는 불이론적 가르침은 실재를 드러낼 때 마음의 역할을 자주 의심하며 심지어 거부하기까지 합니다.

'어쨌든 결국' 논쟁은 이어집니다. "애초에 문제를 창조한 것은 생각하는 마음의 이원적인 본성입니다. 왜 우리가 그 동일한 기만적인 수단에 기대어 문제를 완화해야 하나요?"

한 남성이 방 안에 앉아 맞은편 벽에 있는 거울로 자신을 본다고 상상해 보세요. 잠시 후 그는 자신과 거울 사이에 어떤 구조물을 세우기 시작합니다. 그 구조물은 거울에 비친 남성의 상을 가리게 되고, 그는 자신을 더 이상 볼 수 없게 됩니다.

이 이미지에서 남성은 의식을 나타내고, 거울은 경험의 외관상 대상적인 세상을 나타내며, 구조물은 마음의 이원적 개념을 나타냅니다.

남성이 거울 속 자신을 보는 것을 막는 것이 구조물이듯, 의식이 자신을 알면서 아는 것을 막는 것처럼 보이는 것은 바로 생각의 체계입니다.

따라서 남성이 구조물에 더하는 어떠한 것도 결국에는 그의 상을 더욱 가릴 뿐이라는 것은 사실입니다. 이것이 위에서 했던 대답의 "네" 부분입니다.

하지만 남성이 구조물을 해체할 수 있습니다. 사실, 그가 구조물을 지었기에 그는 구조물 해체의 이상적인 위치에 있습니다. 그는 구조물이 어떻게 세워졌는지 정확히 알고 있으며, 같은 맥락으로 그것을 어떻게 해체할지도 정확히 알고 있습니다.

단지 '나'가 개별적이고 개인적인 개체라는 마음의 신념을 탐구하고, '나'가 몸이거나 몸속에 위치한다는 느낌을 탐사하는 것이 바로 구조물, 체계를 해체하는 것입니다.

신념이란 우리가 참이라고 사유하는 생각입니다. 사실이란 우리가 참이라고 아는 생각입니다. 우리가 신념과 사실, 이 둘을 구별하는 과정이 바로 '체계의 분해'입니다.

우리가 2 더하기 2는 5라고 생각하고, 그것을 사실이라고 생각한다고 상상해 보세요. 어느 시점에서 우리는 직관에 의해서, 혹은 2 더하기 2는 5가 아닐 수 있다는 취지의 무언가를 읽거나 들어서 이 '사실'을 의심하기 시작합니다. 우리의 마음에 의심의 씨앗이 심깁니다.

의심의 현존은 분명 그 밑에 있는 신념의 현존을 가리킵니다. 신념과 의심은 늘 함께 옵니다. 사유가 사실을 나타낸다면, 우리는 사실을 압니다. 그것을 믿지 않습니다. 그리고 우리가 그것을 안다면 그것을 의심하지 않습니다. 그것을 의심한다면 그것을 모르는 것입니다. 우리가 그것을 모른다면, 그것은 신념이지 사실이 아닙니다.

'체계의 분해', 즉 남자가 거울 속 자신을 보는 것을 막는 것의 분해, 의식이 알면서 자신을 아는 것을 막는 것의 분해는 마음 수준에서 우리 사유를 탐구하는 것입니다. 그 사유는 사실인가요? 신념인가요?

우리의 생각을 철저한 탐구하면, 대부분의 생각이 사실이 아니라 신념이라는 것이 드러납니다.

우리는 우리의 생각을 탐사하기 시작합니다. 더 이상 우리는 2 더하기 2는 5인지 모릅니다. 우리는 그것이 5라고 생각하고, 그것이 5라고 믿는다는 것을 깨닫지만 확신하지 못합니다. 약간의 의심이 있습니다. 외관적인 사실은 탐구를 통해 신념으로 환원되었습니다.

더 깊은 탐구를 통해 우리는 2 더하기 2가 5가 아니라 4라는 것을 발견합니다. 이 시점에서 신념은 자발적으로, 즉각적으로 사라집니다. 하지만 '2 더하기 2는 5'라는 생각은 여전히 생길 수 있습니다. 신념은 사라졌지만 생각은 아직 남아 있을 수 있습니다.

그래서 우리 경험의 본성을 파고드는 탐구는, 우리의 이해로 외관적 사실이 신념으로 환원되는 것과 그 다음에 신념이 생각으로 환원되는 것을 수반합니다.

아직 스스로 신념이 되지 않은 생각은 무해합니다. 그것은 어떠한 것에서도 어떠한 것을 분리할 수 없습니다. 그러한 생각을 품을지 말지는 전적으로 우리에게 달려 있습니다. 예컨대, 우리는 아이의 마음을 이해하고 산수를 가르치려고 '2 더하기 2는 5'라는 사유를 받아들이기로 결정할 수 있습니다.

마찬가지로, 우리는 이 생각에서 생겨난 사유, 느낌, 감각, 감정, 지각, 이미지, 활동으로 이루어진 다채로운 태피스트리를 즐기고 감내하려고 우리가 개별적인 개인이라고 생각하기로 결정할 수 있습니다. 그것이 우리의 자유이자 의식의 자유입니다.

매 순간 의식에게 있는 것은 바로 자유입니다. 자신이 개별적이고 개인적인 개체라는 생각을 창조합니다. 그 생각을 믿습니다. 그 생각을 믿기로 결정했다는 것을 잊으면서 그것을 사실로 여깁니다. 그 사실을 탐사하고는 그것이 신념이라고 다시 발견합니다. 그것을 믿는 것을 멈추고는 그것이 단지 생각이며, 의식이 자신의 자유로 매 순간 결정하는 그러한 무수한 존재 방식 중 하나라는 것을 다시 깨닫습니다.

개별적이고 개인적인 개체라는 생각에는 문제가 없습니다. 하지만 의식을 그 생각과 한정적으로 연관시키는 것은 문제를 일으킵니다. 이 경우 개별적인 개체라는 생각은 "나는 개별적인 개체다"라는 신념으로 변합니다.

생각이 신념으로, 그 다음에 신념이 외관적 사실로 격상하는 것이 심리적 고통을 일으키는 유일한 원인이라는 것이 탐구를 통해 밝혀집니다.

의식에게는 그렇게 할 자유가 있으며, 그렇게 하는 것을 멈출 자유도 있습니다. 의식은 자유 그 자체입니다. 의식에게는 잊을 자유도, 기억할 자유도 있습니다.

사물의 투명성

'2 더하기 2는 5'라는 사유와 '2 더하기 2는 4'라는 사유가 동일한 의식에서 일어난다는 것은 참입니다. 그러하기에 둘 다 동등하게 의식을 표현합니다.

하지만 두 사유가 동일한 의식 속에서 나타나고 동일한 의식으로 이루어져 있다는 이유만으로 둘 다 동등하게 참이라고 하는 것은 지나친 단순화가 될 수 있습니다. 최종적인 관점에서 보면 두 생각이 동등하다는 것은 참이지만, 우리가 상대적인 수준에 있을 때 그렇게 말하는 것은 솔직하지 못합니다.

깨달음을 얻기 위해 생각하는 마음으로 할 수 있는 것이 있는지 묻는 질문은 개인적인 개체라는 생각에 신뢰를 부여합니다. 이 실체에게는 무언가를 할 능력이 있을 수도, 없을 수도 있습니다. 그러한 개체에 대한 생각에는 그 개체 자체가 행하는 이라고 추정하는 것이 은연중에 있습니다. 따라서 그 개체는 할 일이 없다고 정당하게 말할 수 없습니다. 그것은 이미 행하는 이입니다.

그 외관적인 개체가 자신의 본성을 탐사한다고 보는 것이 보다 솔직할 것입니다. 이렇게 우리는 할 일이 없고 개별적인 개체가 없다는 것이 명확히 보이는 절대적 수준에서 참인 생각을 상대적 수준 위에 덧씌우는 것을 피할 수 있습니다. 상대적 수준에서는 개별적인 개체가 사실이라는 신념과 느낌을 적어도 잠정적으로 받아들입니다.

할 일이 없다는 이 문제에서, 의식 수준과 마음 수준은 서로 자주 혼동됩니다. 한쪽의 절대적 진실은 다른 쪽의 상대적 진실을 정당화하는 데 쓰입니다. 우연히도 이는 에고, 즉 자아('개별적인 개체인 척하는 의

의식은 자유 그 자체다

식')가 자신을 영속해 나가는 방법이기도 합니다. 그것은 자아에게 보다 안전한 피난처입니다.

우리가 마음을 사용한다면, 우리는 알게 모르게 마음의 개념에 적어도 일시적으로 동의하기에 마음의 한계에도 동의합니다.

말하자면, 우리는 의식의 최종적인 수준에서 한 걸음 내려와서 의논할 수 없는 것을 의논하고, 생각할 수 없는 것을 생각하며, 보이지 않으며 이름 붙일 수 없는 것을 가리키는 것에 동의합니다.

이는 라마나 마하리시가 질문을 받으면 자주 침묵했었던 이유입니다. 실재 혹은 자아의 본성을 묻는 질문에 대한 가장 고귀한 대답은 늘 실재 혹은 자아 그 자체이며, 이를 말로 표현할 수는 없습니다. 그래서 그는 단지 침묵했을 뿐입니다.

하지만 이러한 대답의 미묘함을 받아들이지 못하는 사람들이 많았기에, 말하자면 그는 이들을 위해 대답의 주파수를 낮추어 대답이 그들의 이해와 공명하도록 했습니다.

예컨대 스승이 대답할 때 분리된 개체를 믿는 신념을 용인하는 것처럼 보일 수 있습니다. 학생이 이해로 한 걸음 나아가려면 그 이해가 필요하다고 여겼기 때문입니다.

하지만 이러한 경우 스승은 진실을 말하지 않았다거나, 그의 가르침은 어떤 식으로든 한정적이었다고 말하는 것은 지나친 단순화가 될 수 있습니다.

이는 모든 질문에 "모든 것은 의식이기에 모든 것은 동일하다"라고 단순히 대답하는 이가 필연적으로 최종적인 이해에서 온다는 생각에

사물의 투명성

대응하며, 이 생각만큼 단순합니다.

가르침에 담긴 진실을 가리키는 것은 바로 그 가르침이 생겨나는 깊은 이해입니다. 단어 그 자체의 '정치적 올바름'이 아닙니다. 그리고 진정한 스승에게는 이따금 서로 모순되는 것처럼 보이는 표현 등을 포함해 광범위한 표현을 다룰 수 있는 거대한 표현의 자유가 있습니다.

단어로 표현되는 모든 것, 마음이 만드는 것에는 그와 관련하여 상대성 수준이 있으며, 따라서 어느 정도의 거짓, 완전성의 부족이 있다는 것은 사실입니다. 단어의 배후에 있는 깊은 이해가 중요하지요.

단어가 상대적 진실을 말하면서도 한편으로는 마음을 넘어서는 진정한 이해에서 생겨난다면, 최종적으로 전달되는 것은 바로 이 이해에 담긴 진실입니다.

진실을 앵무새처럼 말하는 이가 '절대적 진실'을 말하게 되면서 '절대적 진실'이 진정한 이해에서 생겨나지 않는다면 그 대답에는 깊이가 없을 것이고, 그것은 전달될 것입니다.

* * *

의식이 외관상 자신을 자신과 분리하는 개념적 생각하기라는 체계를 세울 수 있다면, 분명 그 체계를 분해할 수도 있습니다.

우리가 '알지 않기Unknowing'라는 허식虛飾을 깊이 자리 잡은 신념과 편견으로 덧칠하거나, "오직 하나의 의식만이 있다"라는 허식을 "나는 이러한 몸이다", 혹은 "나는 이러한 몸속에 있다"라는 느낌으로 덧칠한다면, 우리는 스스로를 속이고 있는 것입니다.

우리의 신념을 철저히 탐사한다면, 우리는 경험이 "나는 개별적인 개체다"라는 생각과 "세상은 내 바깥에 있다"라는 생각을 구현하지 않는다는 것을 발견하게 됩니다.

이 단어를 보고 있는 의식이 개인적이거나 한정적이라고 시사하거나, 그것이 대상이라고 시사하는 경험적 증거가 없다는 것을 이해하고 나면 위기가 닥칩니다. 우리가 개별적인 개체가 아니라는 것을 알 수도 있지만, 여전히 우리를 몸속에 위치한 개별적인 '나'라고 느낍니다.

그 결과 내가 개별적인 개체인 몸/마음이라는 신념과 더불어, 내가 그러하다는 느낌까지도 탐사하기 시작합니다.

이것은 느낌과 몸에서의 감각을 조사하는 직접적인 탐사로 이루어지며, 마음의 개념적 기능을 우회합니다.

이는 분리의 본성을 파고드는 합리적 탐구라기보다는 경험적 탐사이기에, 약간의 실마리를 얻을 수는 있어도 이처럼 합리적 용어로 말할 수 있는 것은 거의 없습니다. 이 책에서 몸 수준의 탐사에 대한 언급이 많지 않은 이유이기도 합니다.

하지만 분리의 본성을 조사하는 이러한 깊은 탐사가 평온과 행복 속에서 안정을 얻으려고 할 때, 대부분의 경우 이것이 필요하지 않다는 것을 시사하지는 않습니다.

사실 어떠한 면에서는, 신념과 생각 수준에서의 합리적 탐구는 몸 수준에서의 분리감을 조사하는 보다 깊은 탐사를 알리는 전주곡이라 할 수 있습니다.

분리를 믿는 신념은 빙산의 일각에 불과합니다. 빙산의 대부분은 느낌과 몸에서의 감각이라는 어두운 영역인 물속에 숨겨져 있습니다.

우리 대부분은 우리가 끝없다는 것을 '알고' 있지만 한정적이라고 느낍니다. 불이원성이라는 이론을 이해할 수 있지만, 가슴속에는 여전히 갈망의 불꽃이 타오르고 있습니다.

그래서 수십 년 동안 영적인 길을 걸어온 사람 중 일부는 여전히 분리와 갈망의 감각, 무언가가 빠져 있다는 감각, 충족의 결핍을 느낍니다.

경험의 본성에 깊은 관심이 있는 사람은 대부분 이러한 모순을 견디지 못합니다. 이 모순은 느낌과 감각 수준에서의 보다 깊은 탐사를 촉발시킵니다.

경험의 본성을 찾는 초기 탐색은 분별의 길이라 할 수 있습니다. 이는 "나는 아무것도 아니다"라는 깨달음에 이릅니다. 몸과 세상 수준에서의 보다 깊은 탐구는 사랑의 길이라 할 수 있습니다. 이는 "나는 모든 것이다"라는 깨달음에 이릅니다.

분별의 길에서 우리는 우리가 아닌 것을 발견합니다.

사랑의 길에서 우리는 우리인 것을 발견합니다.

이 발견은 매 순간의 드러남입니다. 그것을 단어로 구체화할 수 없습니다.

이것이 바로 아무것도 알려져 있지 않지만 모든 것을 포용하는 진정한 '알지 않기'입니다.

늘 그래왔다

    모든 경험, 모든 외관은 현존이라는 항상 존재하는 바다 위에서 너울거리는 파도입니다.

    우리가 파도를 들여다보면 파도는 매 순간 변합니다.

    우리가 물을 들여다보면 물 그 자체는 결코 변하지 않습니다.

    물은 결코 오고 가지 않습니다.

    물 그 자체에는 아무 일도 일어나지 않습니다.

    경험에서도 마찬가지입니다.

    다음 외관이 나타날 때 기존의 외관은 어디로 가나요?

    첫 외관이 사라질 때 그 외관을 이루고 있던 실체에는 무슨 일이 일어나나요?

    그 실체가 어찌 사라질 수 있을까요?

    무언가가 어찌 아무것도 아닌 것이 될 수 있을까요?

첫 외관을 이루고 있던 그 실체는 어디서 생긴 것일까요?

아무것도 아닌 것이 무언가가 될 수 있을까요?

* * *

우리는 사건의 단일한 흐름을 경험하나요? 아니면 순간적인 사건의 연속을 경험하나요?

만약 단일한 흐름이 있다면, 우리는 어떤 무언가의 나타남이나 사라짐을 어떻게 설명하나요?

강의 흐름은 늘 모양이 변하지만, 강의 실체는 결코 사라지지 않습니다.

그리고 만약 우리의 경험이 연속적인 순간이라면, 하나의 순간은 얼마나 긴가요?

이러한 순간들 사이의 간격은 얼마나 길며, 또 무엇으로 이루어져 있나요?

무언가로 이루어져 있다면, 그 무언가 자체는 하나의 외관일 것이기에 외관 사이의 간격이 아니게 될 것입니다.

아무것도 아닌 것으로 이루어져 있다면, 아무것도 아닐 것입니다. 있지 않을 것입니다. 현존이 없을 것입니다.

이 간격은 외관 사이에 나타났다가, 외관이 현존한 동안에는 사라지나요?

간격이 나타나고 사라진다면, 그것은 하나의 외관일 것입니다. 만약 외관이 아닌데도 존재한다면, 항상 존재할 것입니다.

* * *

경험은 텔레비전 화면의 이미지와 같습니다. 외관은 오고 가지만, 사실 이미지의 외관은 단지 화면일 뿐이며, 화면은 오고 가지 않습니다.

무엇이든지 간에 화면에 나타나는 한, 외관을 만드는 것은 그 다음 외관을 만드는 것과 정확히 동일합니다.

외관 사이의 간격은 간격이 아닙니다. 화면입니다. 그리고 화면은 모든 외관의 영속적인 실체입니다.

화면은 결코 나타나거나 사라지지 않습니다. 오고 가지 않습니다.

오고 가는 수많은 독립적인 이미지가 있는 것이 아닙니다. 이미지의 흐름이라는 외관을 이따금씩 받아들이는 하나의 화면이 있을 뿐입니다. 외관은 움직이고 흐르는 것처럼 보이지만, 화면은 결코 움직이지도 흐르지도 않습니다.

화면은 결코 사라지지도 않습니다. 집, 들판, 자동차로서 나타날 때조차 자신이 아닌 다른 것이 되지 않습니다. 늘 자기 자신일 뿐입니다.

화면에 나타난 자동차를 이루던 빨간 화소는 그 다음 이미지인 딸기에서도 완전히 동일한 화소입니다.

모든 외관의 실체는 화면이고, 마찬가지로 모든 경험의 실체는 현존입니다.

우리는 수많은 순간을 경험하지 않습니다. 우리는 하나의 항상 존재하는 지금을 경험합니다. 그리고 항상 존재하는 지금에는 이따금 외관적 대상성이라는 색이 칠해집니다.

화면은 대상의 외관적 다수성multiplicity으로 굴절해 외관이 되었을 뿐입니다. 사실, 우리는 늘 화면을 보고 있습니다. 존재하는 것은 오직 하나의 사물뿐이며, 그 사물의 실체는 오직 화면일 뿐입니다.

마찬가지로, 우리의 경험에서 다양성은 단지 외관에 불과합니다. 외관상 대상적인 경험 중 어느 순간에도 사실 단 하나의 경험만이 존재할 뿐입니다.

우리가 이해 속에서 사물의 다수성을 하나의 사물로 환원했다면, 더 나아가 그 '하나의 사물'을 모든 사물의 영속적인 배경이자 실체인 우리의 자아로 환원할 수 있습니다.

이러한 발견은 그것을 그렇게 만드는 것이 아니라 오히려 늘 그래왔음을 드러냅니다.

동일함과 일체

|Q| 만약 모든 것이 하나의 의식이라면, 옳고 그름이라는 생각은 어떤
   관련이 있을까요?

이 질문이 이미 그 대답입니다.

바로 이 질문 그 자체에 질문을 초래하는 혼동이 있으며, 같은 맥락
으로 그 속에는 질문이 은연중에 있습니다. 이는 수준을 오해한 결과입
니다.

만약 우리가 모든 것이 하나의 의식, 하나의 실재를 표현한다고 깊이
느끼고 생각한다면, 그 느낌과 사유로 생겨나는 행위와 행동은 명백히
그것을 따를 것입니다.

각 행위는 단지 이론뿐만 아니라 그 사유와 느낌 속으로부터 일어나
기에 하나의 실재와 조화를 이룰 것입니다.

사물의 투명성

우리가 증오를 느끼면 증오에 찬 채 행동하고, 사랑을 느끼면 사랑이 넘치게 행동한다는 것이 우리의 경험입니다. 마찬가지로 우리가 진정으로 모든 것과 모든 이가 우리 자신인 동일한 하나의 실재를 표현한다고 느낀다면 그에 따라 행동할 것이고, 말 그대로 다른 이들을 우리 자신을 대하는 것처럼 대하겠지요.

우리가 늘 얼굴에 환한 미소를 띨 것이라는 의미는 아닙니다. 우리는 모든 것이 하나의 실재를 표현한다는 이해가 존재하지 않는 상황을 자주 마주할 것이고, 그에 따른 우리의 행동은 그 상황에 있어서 적절할 것입니다. 사실, 행동은 그 상황에서 나옵니다. 하지만 행동의 모습이 어떠하든 간에, 행동은 모든 사물의 본질적인 일체를 느끼는 데서 생겨날 것입니다.

일체의 느낌에서 생기지 않은 모든 행동은 어떻게 하든 간에 일체를 표현하지 않는다고 시사하는 것은 아닙니다. 그것은 절대적으로 표현합니다. 모든 것, 무지와 지혜를 막론하고 모든 것은 일체를 표현합니다.

얼마나 아름답든 추하든 간에, 모든 사유는 바로 그것의 실체인 의식의 동일한 현존 속에서 일어납니다.

하지만 이 사실이 마법처럼 무지를 지혜로 바꾸지는 않습니다. 상대적 수준에서 사랑하지 않는 행동이 사랑하는 행동과 동일하다는 의미가 아닙니다. 모든 사유는 결국 동일한 실재를 표현한다는 점에서 동등합니다. 사유들의 실체는 동일하지만 대상적 내용은 서로 다릅니다.

우리가 밧줄을 보고 뱀이라 생각한다면, 우리는 그에 맞게 행동해 그것을 잡거나, 피하거나, 죽이려 할 것입니다. 그것이 밧줄임을 안다면,

우리는 그저 지나갈 것입니다.

밧줄을 보는 것과 외관적인 뱀이 보이는 것, 밧줄에 대한 사유와 외관적인 뱀에 대한 사유 모두 의식 속에서 나타납니다.

각 지각의 실체와 각 사유의 실체는 동일하며, 그것은 바로 의식입니다. 그렇다고 해서 두 사유가 모두 마음 수준에서 참이라는 의미는 아닙니다. 그것이 밧줄이라는 것은 참입니다. 그것이 뱀이라는 것은 참이 아닙니다.

마찬가지로 밧줄을 보고 나서의 행동과 뱀을 보고 나서의 행동은 매우 다릅니다. 우리는 밧줄을 보면 그냥 지나갑니다. 뱀을 본다고 생각하면 두려움이 생겨나며, 이 두려움은 우리의 이후 사유, 느낌, 활동을 대부분 지배합니다.

우리가 모든 곳에서 의식을 경험한다면, 우리는 대상을 경험하지 않습니다. 물론 외관적 대상을 경험하긴 합니다.

사실, 우리는 오직 의식만을 경험할 뿐입니다. 즉, 의식은 오직 자신만을 경험할 뿐입니다. 따라서 "우리가 모든 곳에서 의식을 경험한다"라고 말할 때, 이는 "우리가 의식을 모든 곳에서 알면서 경험한다"를 의미합니다.

우리가 대상을 경험한다고 생각하면, 우리는 의식을 알면서 경험하고 있는 것이 아닙니다.

우리가 뱀을 본다고 생각하면, 우리는 밧줄을 알면서 보고 있는 것이 아닙니다.

밧줄과 뱀은 실체에서는 동일하지만 외관일 때는 서로 다릅니다.

개별적인 대상을 경험하는 것은 의식을 알면서 경험하는 것이 아닙니다. 의식을 알면서 경험하는 것은 대상을 경험하지 않는 것입니다.

우리가 밧줄과 뱀을 동시에 본다고 말할 수 없듯이, 우리는 대상과 의식을 경험하고 있다고 말할 수 없습니다.

물론 모든 것이 의식이고 모든 것이 하나의 실재라는 것을 본다면, 우리는 계속해서 외관적 대상을 보게 됩니다.

하지만 우리는 뱀을 본다고 생각하는 동시에 밧줄을 본다고 말할 수 없습니다. 이들은 서로에게 배타적인 입장입니다. 밧줄을 본다는 것은 더 이상 뱀을 보지 않는다는 것과 동의어입니다. 밧줄을 보면 우리는 여전히 뱀의 외관을 볼 수 있지만, 그것이 밧줄임을 압니다.

마야는 여전히 춤추지만, 그것은 유혹의 춤이 아니라 사랑의 춤입니다.

마찬가지로 모든 것이 의식을 표현하고 모든 것이 의식이라는 것을 깊이 안다면, 우리는 모든 곳에서 의식을 보게 됩니다.

그 결과 우리는 더 이상 마음의 구분적이고 이원적인 개념을 믿지 않게 됩니다. 더 이상 선악을 절대적 실체라고 믿지 않습니다. 하지만 이는 그 개념이 마음 수준에서 나타나지 않는다거나 그 수준에서 적절하지 않다는 의미는 아닙니다.

마찬가지로 우리가 선악을 절대적 실체로 보고 그 개념을 믿는다면 모든 것을 하나의 실재로 보고 있지 않은 것입니다. 무언가를 선이나 악으로 판단한다면, 우리는 이미 마음, 즉 그것의 이원적 개념에 몰두하고 있는 것입니다.

모든 것이 하나의 실재를 표현한다고 본다면, 우리는 마음보다 앞서,

선악과 옳고 그름보다 앞서 입장을 취하는 것입니다. 우리는 마음으로 우리의 경험을 구분하지 않았지만, 적절한 경우일 때 마음을 여전히 사용할 수 있습니다.

그러나 모든 것이 하나의 실재를 표현한다고 보고 느끼지 않는다면, 우리는 명백히 마음의 이원적 필터를 통해 우리의 경험, 하나의 실재를 보고 있는 것입니다. 그리고 그 수준에서는 선악, 옳고 그름과 같은 대립이 존재합니다. 그것이 마음의 모습입니다. 그것에는 아무 문제가 없지만, 최소한 우리는 우리 생각의 본성을 명확히 알아야 합니다.

아름다움과 추함에 대해서도 마찬가지입니다. 마음 수준에서는 아름다움과 추함이 존재합니다. 의식 수준에서는 이들이 존재하지 않습니다.

아름다움에는 목적이 없습니다. 이미 모든 목적을 충족시킵니다.

하지만 마음 수준에서 그 목적은 모든 사물의 실체인 절대적 아름다움으로 주의를 돌리는 것이라고 할 수 있습니다.

아름다운 대상도, 추한 대상도 없다고 말하는 것은 솔직하지 못합니다. 이는 모든 것이 하나의 의식이기에 대상이 없다는 외관적 이해를 대상이 있다고 느끼는 깊이 자리 잡은 신념과 느낌 위에 덧씌우는 것입니다.

대상을 볼 때 우리는 이원성 속에 있습니다. 일단 우리가 이원성 속에 있다면 선악, 옳고 그름, 아름다움과 추함이 있습니다.

그러나 우리가 의식의 관점으로 바라본다면, 대상이 없기에 선악도, 옳고 그름도, 아름다움과 추함도 없습니다.

의식의 입장도, 마음의 입장도 문제가 되지 않습니다. 사실, 둘 다 외관적 세상에서 외관적 개인이 건전하게 기능하도록 해줍니다.

문제가 되는 것은 마음 수준에서 다양성, 차이, 가치가 없다고, 하나의 사물은 다른 사물만큼 좋다고 가장하는 것입니다.

오직 하나의 실재만이 있다는 관점에서 참인 이해를 취하고, 이미 우리가 바로 그 실재를 개별적인 개체로 구분하면서 부정한 수준에서도 그 이해가 참이라고 가장하는 것은 솔직하지 못합니다.

이것이 바로 동일함과 일체를 혼동하는 것입니다.

이는 오직 절대적 진실만을 우리에게 제시하는 가르침이 가지는 한계이기도 합니다. 그 가르침이 참일 수는 있지만, 마음은 그러한 표현을 신념으로 자주 취합니다. 이 얇은 허식인 의식은 신념과 신조를 겹치는 대신 명확함과 솔직함으로 자신을 해방시키지요.

머지않아 의식은 자신의 열려 있음, 자비로운 초연함으로 모든 사물을 자신 속에서 맞이하는 자신의 현존과 마음의 차이를 봅니다. 마음은 명백히 차이를 보지만, 자신에게 '판단하지 않기'라는 구속복을 강제로 입혔습니다.

이 '판단하지 않기'는 두려움과 혼동에서 생깁니다. 그것은 현존의 진정하고 자비로운 초연함이 아닙니다.

앎의 공간

|Q| 깨달음이 비경험이고 언어로 표현될 수 없다고 인정한다면, 이렇게까지 이해를 묘사해야 하는 이유는 무엇일까요?

이해는 스스로와 의미가 가장 가까운 용어로만 표현될 수 있습니다. 여기서 묘사되고 있는 것은 이 이해가 아닙니다. 오히려 드러나고 있는 것은 바로 오해입니다.

이해는 사유로 설명되는 것이 아니라 사유로 드러나는 것입니다.

사실, 사유가 끝나면 이해가 드러나며, 사유하는 과정은 단지 사유가 끝나는 방법 중 하나일 뿐입니다.

대상적 알기가 아닌 이 이해는 처음에는 사유가 끝나면 드러납니다. 나중에는 사유가 있는 동안에도 자신이 존재한다는 것을 깨닫게 됩니다.

사물의 투명성

이해는 사유의 목적지인 동시에 사유의 기원이자 사유의 실체입니다.

하나의 예외를 제외하고, 마음은 실재를 만질 수 없습니다. 달이 태양빛으로 빛나듯 마음은 실재의 빛으로 늘 빛나고 있지만 말입니다.

그 예외는 바로 실재 그 자체에 대한 사유입니다. 우리가 실재의 본성을 생각할 때 마음은 자신의 한계에 이릅니다. 실재는 마음의 추상적 개념을 넘어서므로 실재에는 대상적 특성이 없기 때문이지요. 이는 벼랑으로 달려가 그 끝에 다다른 사람과 같습니다. 계속 나아가면 공허로 떨어져 죽게 됩니다.

실재를 찾는 사유는 자신의 한계에 다다라 실재 그 자체 속으로 뛰어듭니다. 자신이 찾던 것 그 속에서 죽으며, 그것의 녹아내림은 항상 존재하는 그 실재를 드러냅니다.

* * *

오해조차 진리의 빛으로, 의식의 빛으로 빛납니다. 하지만 오해는 그 빛을 가리는 것처럼 보입니다.

많은 사람들이 삶의 어느 단계에서, 특히 초기에 깊은 영적 경험을 겪습니다. '깊은 영적 경험'은 진리, 실재를 힐끗 보는 것, 의식 자신의 실재와의 일체를 인식하는 순간을 의미합니다. 여기에는 대상적 특성이 없으므로 일반적인 의미의 경험이 아닙니다.

이 비대상적 경험은 몸/마음에 영향을 미치며, 일종의 해방 혹은 확장으로 대개 묘사됩니다. 진실을 힐끗 보는 것이 몸/마음에 미치는 영향은 말하자면 포장하기와 같습니다.

하지만 경험의 정수, 즉 의식이 자신을 알면서 아는 순간은 무색하고 투명하므로 기억될 수 없습니다.

하지만 우리는 몸과 마음 수준에서 이 비대상적 경험이 미치는 영향을 기억합니다. 이 영향은 의식이 자신을 아는 비대상적 경험과 자주 혼동되며, 그 결과 몸/마음의 이러한 상태는 때로는 평생 지속되기도 하는 집요한 찾기의 대상이 됩니다.

이러한 상태는 다른 상태와 마찬가지로 오고 갑니다. 본래 비영속적이기에 의식은 그것을 찾으려고 합니다. 그렇게 의식은 무한히 무언가가 되는 순환에 자신을 가둡니다. 이 순환에서는 본질적으로 행복을 얻을 수 없습니다.

의식은 과거 특정 시점에 몸이나 마음에서 일어났다고 해석한 경험을 계속 재현하려 합니다.

그러나 의식이 찾고 있는 경험은 바로 자신의 자아, 자신의 항상 존재하는 실재에 대한 경험입니다. 그 경험은 자신을 찾는 경험을 포함해 모든 경험의 배후와 그 속에 있습니다.

의식이 찾는 경험은 몸과 마음보다 앞서 있습니다. 시공간보다 앞서 있다는 것이 아니라, 매 순간 이들이 일어나는 것보다 앞서 있다는 것입니다.

* * *

의식은 스스로 아는 공간이라는 것 외에는 집이 세워지기 전에 존재하는 공간과 같습니다.

집이 세워지면, 집의 벽은 집이 세워진 공간을 조건화하는 것 같습니다. 그러나 집이 허물어지면 우리는 그 공간이 결코 변하지 않았고, 사실 집은 그 공간을 결코 제한하지 않았다는 것을 깨닫습니다.

공간 그 자체에는 아무 일도 일어나지 않습니다.

우리는 집에 들어간다고 생각하지만, 그렇지 않습니다. 집이라는 이름과 모양을 가진 것처럼 보이는 공간에 들어갑니다.

이 의식의 스스로 아는 공간에서는 아무도 그 공간에 들어가거나 떠나지 않습니다. 그것이 유일한 차이점입니다. 공간은 스스로 의식하는 공간입니다. '알고' 있는 공간입니다. 자신을 압니다.

집이 세워진 공간도 알고 있는 공간이라고 상상해 보세요. 집이 세워지기 전에 이 공간은 자신이 공간이라고 알아차리고 있습니다. 집이 세워질 때 이 공간은 완전히 여전히 그대로이고 늘 그래왔던 자신을 계속해서 알아차리거나, 벽의 모양을 들여다보고 벽이 가진 한계를 자신의 끝없음에 부과할 수도 있습니다.

집이 허물어져도 공간은 아무 데도 가지 않습니다. 어떠한 것과도 합쳐지지 않습니다. 공간은 완전히 늘 그랬고, 그러합니다.

집은 몸/마음입니다. 사유 혹은 감각 혹은 지각이 끝나는 경험은 집이 허물어지는 경험입니다. 공간은 자신이 공간이라고 인식합니다.

의식은 자신이 의식이라고 인식합니다. 그것이 바로 사랑, 유머, 아름다움, 이해를 겪는 경험입니다.

어느 단계에 이르면, 공간이 자신을 공간이라고 계속 알도록 집이 허물어질 필요는 없어집니다.

집이 현존하고 부재하는 내내 공간은 자신을 공간이라고 압니다. 집은 실제로 바깥쪽 공간과 안쪽 공간을 분리하지 않으며, 집 속에 포함된 것처럼 보이는 공간은 사실 집을 포함하는 공간과 완전히 동일하다는 것이 분명해집니다.

이와 마찬가지로 우리가 사랑, 유머, 아름다움, 이해를 경험할 때마다 의식은 알면서 자신을 경험하고 있습니다.

몸/마음이 돌아올 때, 그것은 이 투명한 경험의 여운으로 가득 찬 채 돌아옵니다. 현존의 평온이 스며들어 있습니다.

이는 깊은 잠에서 깨어나는 경험과 동일합니다. 깨어나면 몸/마음은 깊은 잠의 평온으로 가득 찬 채 현존 속에서 다시 나타납니다. 이것이 바로 우리의 진정한 본성의 평온이지요.

우리의 경험을 잘못 표현하던 오해를 드러내면서 의식은 몸, 마음, 세상이라는 영역에서 자신을 끊임없이 살피는 찾기에서 벗어나게 됩니다.

이는 대상으로서의 의식을 살피는 찾기에서 의식을 벗어나게 합니다.

의식이 자신을 해방시키는 순간에 의식은 자신이 늘 존재한다는 것, 자신의 현존이 늘 여기서 빛나고 있고 늘 그래왔다는 것을 알게 됩니다.

의식은 찾기 속에 있습니다. 찾아지기 속에 있지 않습니다.

의식은 자신 속에서 자신이 빛나는 것을 봅니다. 열려 있고, 비어 있으며, 스스로 빛나는 현존은 자신이 결코 떠나지 않았던 곳에서 자신에게 돌아온 자신을 맞이합니다.

그리고 지금, 의식은 자신을 자신으로부터 가리는 것처럼 보였던 오래된 대상을 되돌아봅니다. 의식은 그 대상이 자신 속에서 자신으로서 빛나는 것을 봅니다. 아무것도 아닌 것에서 아무것도 분리하지 않습니다. 마치 집의 벽이 안쪽 공간과 바깥쪽 공간을 분리하는 것처럼 보였지만, 사실은 아무것도 아닌 것에서 아무것도 분리하지 않은 것처럼 말입니다.

의식은 스스로를 감추는 것처럼 보였던 옛 대상을 되돌아봅니다. 의식은 그 대상이 자신 속에서 자신으로 빛나는 것을 봅니다. 대상은 아무것도 아닌 것과 아무것도 아닌 것을 분리하고 있습니다. 집의 벽이 바깥쪽 공간과 안쪽 공간을 분리하는 것처럼 보였지만, 사실은 아무것도 아닌 것과 아무것도 아닌 것을 분리하고 있었던 것처럼 말이지요.

의식의 평온함이 곧 '나'

깊고 꿈 없는 잠 속에서 현존하지 않는 것은 실체가 아닙니다.

-라마나 마하리시Ramana Maharshi

우리가 목격자로서의 입장을 취한다면, 의식은 대상과 독립적이며 대상의 외관이 있는 내내 존재한다는 사실이 확립됩니다.

의식은 존재하고, 명백히 의식합니다. 그것이 의식의 모습이자 이 순간 우리의 경험입니다.

이 말을 보고 있는 것이, 의식하지 않는다면 어찌 그것을 볼 수 있을까요?

깊은 잠에서처럼 대상이 존재하지 않을 때 이 의식은 분명 여전히 의식합니다. 의식은 대상이 아니라 자신을 의식합니다. 그래서 의식을 일컬어 스스로 빛나고 스스로 알기라고 합니다.

의식은 언제나 자신을 밝히는 동시에 자신을 압니다.

깊은 잠은 의식이 자신의 빛나는 자아를 아는 경험입니다.

깊은 잠이라는 경험 속에서 무엇이 또 존재하나요?

바로 평온과 나 자신입니다.

평온은 대상적 경험이 아닙니다. 평온은 단지 대상 없는 의식의 현존일 뿐입니다. 그래서 평온한 것입니다!

우리가 잠들 때 기대하는 것이 바로 이 평온이라는 경험입니다. 이 경험으로 몸과 마음은 아침에 개운하게 다시 나타납니다.

몸/마음은 자신이 생겨난 곳인 평온으로 가득 찬 채 아침에 다시 나타납니다.

마찬가지로 '나 자신', 즉 나의 진정한 자아는 깊은 잠에 존재합니다. 그것은 이따금 사유 혹은 느낌의 대상으로 나타나는 개별적인 개체가 아니라, 내가 늘 그래왔고 늘 그러한 자아입니다.

사실, 그것이 깊은 잠에 존재한다고 말하는 것이 완전히 옳지는 않습니다. 이는 그것이 깊은 잠에 존재하는 일종의 대상이라고 암시하기 때문입니다. '나', 즉 나의 자아가 깊은 잠이라고 말하는 것이 보다 정확합니다.

깊은 잠은 의식, 평온, 나 자신을 동시에 겪는 경험입니다. 이는 우리의 직접적이고, 내밀하고, 즉각적인 경험입니다.

깊은 잠에는 대상이 없기에 경계도 없습니다. 그래서 의식, 평온, 나의 자아는 동일합니다.

* * *

깊은 잠 이후에 꿈인 경우가 많은 첫 대상이 나타날 때, 그것은 이 '의식 평온 나'의 현존 속으로 들어오는 대상으로서 나타나지 않습니다. 그것은 어디서 오나요? 그것은 무엇으로 이루어져 있나요?

그러하지 않습니다! 그것은 이 '의식 평온 나'가 꿈이라는 모양을 띠다가 그 다음에 깨어 있는 상태라는 모양을 띠는 것입니다.

따라서 '의식 평온 나'는 결코 사라지지 않습니다. 그것은 단지 모든 현재 경험이라는 모양을 띨 뿐이며, 대상적 경험이 없을 때는 늘 그대로 남아 있을 뿐입니다.

그래서 명상은 깨어 있으면서 잠에 든 것과 같다고 이따금씩 여겨지기도 합니다.

이는 단지 우리가 대상의 현존 속에서, 즉 깨어 있는 상태에서 깊은 잠인 이 '의식 평온 나'로서 알면서 머무르고 있음을 의미할 뿐입니다. 이는 우리가 타성적이거나 감정이 없는 것처럼 행동해야 한다는 의미가 아닙니다.

꿈꾸는 세상과 깨어 있는 세상에서 겪는 모든 경험은 단지 생각하기, 상상하기, 감각하기, 지각하기라는 모양을 띠는 이 '의식 평온 나'일 뿐입니다.

그래서 라마나 마하리시는 깊고 꿈 없는 잠에서 존재하는 것만이 진정하다고 말했습니다.

그것은 모든 경험의 모양을 띠는 것이고, 모든 경험의 실체이자 실재

사물의 투명성

인 것입니다.

오직 그것만이 있을 뿐이며, 분명 '나', 의식이 바로 그것입니다.

바로 이것

|Q| 동일한 가르침, 동일한 이해를 표현할 때 이렇게 많은 모순이 있는 것처럼 보이는 이유는 무엇일까요?

어떤 가르침은 절대적 진실을 계속 다양한 방식으로 말하는 반면, 어떤 가르침은 외관적 개인을 포함하는 생각을 품으면서 개별적인 개체를 용인하는 것처럼 보입니다.

예컨대, 한쪽은 "당신에게는 자유가 없다"라고 말하고, 다른 한쪽은 "당신에게는 완전한 자유가 있다"라고 말할 수 있습니다.

첫 번째 표현이 외관상 개별적인 개체로 추정되는 개인에게 향한 것이라면 이는 참입니다. 그것이 우리인 현존, 즉 이 말을 보고 이해하는 의식에게 향한 것이라면 이는 거짓입니다.

반대로, 두 번째 표현이 현존에게 향한 것이라면 이는 참이고, '개인'

에게 향한 것이라면 이는 거짓입니다.

그래서 말은 그 맥락에 따라 상대적이지만, 이로부터 우리가 말의 의미는 상대적이라고 결론을 내려서는 안 됩니다. 두 대답 모두 동일한 이해를 표현합니다.

중요한 것은 대답이 생겨나는 이해입니다. 말의 내용 자체가 아닙니다. 그 이해는 알려져 있는 무언가가 아닙니다. 그것은 침묵 그 자체입니다.

침묵은 공백의 대상이 아닙니다. 소리의 부재도 아닙니다. 사실, 소리의 부재는 전혀 침묵이 아닙니다. 그것은 소리의 부재를 포함해 모든 외관의 지지대이자 실체인 현존의 배경입니다.

그것은 살아 있고, '열려 있는 알지 않고 있음open Unknowingness'입니다. 그것에는 어떠한 순간이든, 그 순간과 관련해 어떠한 형태든 입장이든 취할 자유가 있습니다.

가르침을 전하는 말은 이 침묵이 취하는 모양이며, 대답으로 전달되는 것이 바로 이 침묵 자체입니다.

말은 포장입니다. 메시지, 즉 이 알지 않는 열려 있음이 전달되면, 더 정확히 말해 드러나면, 포장은 버릴 수 있게 됩니다. 말을 잊을 수 있게 됩니다.

이렇게 가르침은 고정된 표현, 신조, 원리주의로부터 자유로워집니다. 그것은 유동적이고, 장난기 넘치고, 즐겁고, 예측할 수 없고, 가늠할 수 없습니다. 그것은 열려 있는 알지 않고 있음 속에 늘 우리를 둡니다.

이 열려 있는 알지 않고 있음이 우리의 모습입니다. 그것은 우리가 아는 무언가가 아닙니다.

따라서 질문이 개별적인 개인의 실재를 확고히 믿는 신념, 깊은 감정에 자주 뿌리를 내리는 이러한 신념에서 생겨난다면, 어떤 대답은 질문의 전제를 바로 무너뜨리고는 문제의 핵심, 즉 분리에 대한 신념과 느낌으로 곧장 향할 것입니다. 반면 어떤 대답은 말하자면 외관적 개인과 손을 잡고는 과정을 설명해줄 것입니다.

첫 번째 대답이 필연적으로 '직접적인 길'의 표현이자 가장 고귀한 진실을 표현하며, 두 번째 대답이 '점진적인 길'의 표현이자 낮은 수준의 이해를 나타낸다고 생각하는 것은 지나친 단순화일 수 있습니다.

이 두 입장 사이의 외관적 모순은 전혀 모순이 아닐 수도 있습니다. 두 입장 모두 동일한 장소에서 생겨날 수 있기에 동일한 대답일 수도 있습니다.

경험의 실재에 대한 어떠한 표현도 완전히 사실이지는 않습니다. 우리가 이를 인정한다면, 우리는 말이 지고 있는, 경험의 본성을 표현한다는 불가능한 짐을 덜어주게 됩니다. 그 결과 말은 장난기 넘치고 창조적인 방식으로 자유롭게 말해지고 들려지게 되면서, 실재를 표현하거나 붙잡으려 하는 대신 그것을 환기시킵니다.

질문은 분명 알려져 있지 않은 것에서 생겨납니다. 대답도 동일한 장소에서 생겨납니다.

둘의 유일한 차이점이란, 우리가 찾기와 기대를 하면서 질문이 생겨나는 알려져 있지 않은 것 위에 대상성과 한계의 층을 덧씌운다는 것입니다. 대답은 질문이 생겨나는 알지 않고 있음이 그 덧씌워진 한계에서 벗어나도록 해줄 뿐입니다.

그것은 '가려진 알지 않고 있음'을 '열려 있는 알지 않고 있음'으로 되돌립니다. 열린 알지 않고 있음은 침묵하고, 비어 있고, 자유롭고, 빛나고, 투명하고, 끝없고, 언제든지… 바로 이것…이라는 모양을 띨 준비가 되어 있습니다.

행위자

|Q| 자기 알기Self-knowing는 어떻게 이루어지나요?

당신은 지금 존재하고 있지 않나요? 당신은 늘 존재해 오지 않나요? 당신은 의식의 부재, 현존의 중단을 경험한 적이 있나요?

당신, 의식은 경험보다 앞서 있습니다. 당신, 의식은 경험의 결과가 아닙니다. 모든 경험은 당신의 결과입니다. 당신은 과정의 결과가 아닙니다.

그러므로 당신의 존재, 당신의 실재, 그리고 그 안에 있는 평온과 행복은 수행의 결과일 수 없습니다. 소위 행복을 목표로 하는 수행은 영적이라 할 수 없습니다. 수행은 세속적입니다. 수행은 목적을 이루려고 합니다. 그것은 세상 속 관습적인 삶을 특징짓는 위안과 회피라는 전략을 영속화합니다.

사물의 투명성

하지만 그러한 수행도 행복을 드러낼 여지가 있습니다. 아이러니하게도 수행은 바로 이렇게 효과가 없기에 오히려 효과적입니다. 수행의 효율성은 비효율성 속에 있습니다.

머지않아 이러한 형태의 세속적인 수행, 신과의 협상은 실패합니다. 우리의 일상적인 부정 전략은 한동안 지속되지만, 보상이 모두 소진되고 더 이상 우리가 향할 곳이 없어지면 절망과 갈망이라는 위기가 촉발됩니다.

찾기라는 이 얽힌 매듭을 푸는 것이 관습적이고 영적인 찾기가 이루려는 목적입니다. 개인으로서는 아무것도 할 수 없으며, 개인 그 자체는 행위의 한 형태라는 깊은 이해입니다.

하지만 개별적인 자아라는 감각은 이 관습적인 찾기가 최후에 이루는 것조차 취할 수 있으며, 이를 통해 자신의 실재를 계속 회피하려 하고, "할 일이 없다"라는 만트라를 되뇌이며 자신의 고립이라는 상아탑 속에 갇혀 있습니다.

어느 순간 행복을 찾기는 스스로 소진되고, 자신의 부재 속에서 벌거벗은 알지 않기는 또 다른 방향, 알려져 있지 않은 방향에서 온 초대로서 드러납니다.

대개 이 초대는 스승이라는 형태를 띨 것입니다. 사실, 진정한 스승은 바로 알고 있음이며, 절망과 갈망이라는 위기는 사실 우리의 일상적 경험의 영역으로 뚫고 들어오는 알고 있음일 뿐입니다. 그 위기가 어느 강렬한 오후에 오든, 찾기가 진행되는 시기에 스며든 모호한 무감각과 결핍감에 오든 말이지요.

대부분 우리에게는 인간인 스승이 이 알고 있음의 첫 번째 형태이며, 그가 어떠한 형태를 띠든 간에 그와 관계를 맺으며 우리는 우리의 자아인 알고 있음으로 돌아갑니다.

어떠한 면에서 이 만남은 우리 삶의 한 장을 끝냅니다. 또 어떠한 면에서 새로운 장을 엽니다. 우리가 기존에 '수행' 혹은 '행위'라고 생각하던 것은 더 이상 선택지가 아닙니다. 불가능성입니다. 이와 동시에 현존에게 몸, 마음, 세상을 주는 것은 필연성이 됩니다.

바깥에서 보면 이것은 수행, 즉 개인이 원하는 목표를 이루기 위해 행하는 무언가처럼 보일 수 있으며, 겉으로는 보다 관습적인 영적 찾기의 방법과 다르지 않을 수 있습니다. 하지만 그렇지 않습니다. 완전히 다릅니다.

사실, 그것은 몸, 마음, 세상을 주는 것조차도 아닙니다. 이들을 되찾는 것이며, 이들과 단 한 순간도 분리된 적이 없었던 그것으로 이들이 다시 흡수되는 것입니다.

이를 수행이라 해서는 안 됩니다. 사랑이라 해야 합니다. 사실, 이미 사랑으로 있습니다.

* * *

|Q| 여러 가르침이 우리에게 깨달음에 이르기 위해 할 수 있는 일은 아무것도 없다고 말합니다.

우리는 그러한 말을 여러 번 듣거나 읽었습니다. 하지만 그렇다고 해서 할 일은 아무것도 없고, 의식이 전부이며, 개별적인 개체는 없다고 믿는 것은 솔직하지 못할 것입니다.

그러한 믿음은 우리를 처음보다 더 나쁜 상황에 놓이게 합니다. 우리는 분리를 믿는 원래의 신념과 그에 수반하는 느낌을 여전히 품고 있으며, 그 신념에게 불이원성이라는 허식을 덮어씌웁니다. 그 속에는 마음이 무지를 영속화할 뿐이라는 깊은 신념이 존재합니다.

만약 우리가 깨달음에 이르기 위해 할 수 있는 일은 아무것도 없다고 말한다면, 우리는 이해에 비추어, 우리 자신의 경험에 비추어, 혹은 전해 들은 말에 비추어, 신념에 비추어 그렇게 말하는 것입니다.

만약 그 말이 경험에서 생겨난 것이라면, 그것은 참입니다.

그런데 깨달음에 이르기 위해 할 수 있는 일은 아무것도 없다는 것이 우리의 경험이 아니라면, 분명 여전히 외관적이고 개인적인 개체가 존재하는 것입니다. 그 개인적인 개체는 외관적인 행하는 이, 혹은 느끼는 이, 혹은 생각하는 이, 혹은 즐기는 이, 혹은 감내하는 이입니다.

따라서 우리 자신을 그러한 행하는 이라고 믿는다면, 할 일이 없다고 말하는 것은 솔직하지 못합니다. 이는 모순입니다. 우리는 이미 무언가를 하고 있습니다. 외관적인 이에게 "맞아, 할 일이 있어"라고 말하는 것이 보다 적절할 것입니다.

할 일은 무엇이 있나요? 우리의 진정한 모습은 개별적인 개체이며 개인적으로 실행하는 이라는 신념과 느낌을 탐구해 보세요. 그 문제가 해결된다면 할 일이 있는지 없는지 묻는 질문은 생기지 않을 것입니다.

그러므로 "할 일이 없다"라는 표현과 "할 일이 있다"라는 표현은 둘 다 이들이 유래된 이해에 따라 참일 수도, 아닐 수도 있습니다. 결국에 이들은 상관이 없어지지만, 처음에는 둘 다 도움이 될 수 있습니다.

만약 둘 중 하나가 다른 것보다 더 참이라고 생각한다면 우리는 마음 수준에 갇혀 있는 것입니다. 부정이나 주장을 통해 마음을 용인하고 구현하며, 이 두 입장 사이에는 선택의 여지가 많지 않습니다. 사실, 이들은 동일한 입장입니다.

그러나 두 표현의 상대적 진실을 탐사한다면 우리는 어느 입장에 고착된 신조에서 자유로워집니다. 이 경우 문제는 앎 속에서 해결된다기보다는 이해 속에서 초월하게 됩니다.

사물의 투명성

기원, 실체, 운명

|Q| 삶에 의미나 목적이 있나요?

의미와 목적은 오직 마음속에만 존재합니다.

예컨대 깊은 잠에서는 마음이 존재하지 않으며, 그곳에는 어떠한 의미도 목적도 존재하지 않습니다.

경험의 본성을 묻는 질문에 답할 때 마음이 가라앉는 곳이 바로 그것의 의미입니다. 이것이 이해라는 경험입니다.

욕망이 충족될 때 몸이 가라앉는 곳이 바로 그 목적입니다. 행복 혹은 사랑이라는 경험입니다.

이해와 행복이라는 경험은 투명하고, 빛나며, 스스로 압니다.

그것은 비대상적 경험이기에 투명합니다. 존재하고, 살아 있으며, 경험되기에 빛납니다.

외부 동인이 아니라 자신에 의해 알려져 있기에 스스로 압니다. 자신을 아는 것입니다.

이 이해와 행복이라는 경험은 의식이 자신을 알면서 아는 경험입니다.

마음과 몸이 가라앉는 곳이 바로 의식이며, 의식은 마음과 몸이 녹아내릴 때도, 마음과 몸이 나타나기 전에도, 나타나 있는 동안에도 존재합니다.

그러므로 삶의 진정한 의미와 목적이란 의식 그 자체이며, 의식은 자신의 기원이자 실체입니다.

모든 외관의 운명이자 기원이자 실체입니다.

의식은 또한 모든 외관이 녹아내리는 곳이며, 이러한 의미에서 또한 모든 외관의 자연스러운 충족입니다.

하지만 외관이 무언가를 이루거나, 무언가가 되거나, 무언가를 완성한다는 의미에서의 외관의 충족도, 운명도 아닙니다. 모든 외관이 용해되는 곳은 모든 외관이 현존하기 이전과 현존하는 동안에 이미 존재하기 때문입니다.

사실, 그것은 이미 모든 외관의 바로 그 실체입니다.

모든 외관은 이미 그 기원부터 자신이 나아갈 운명입니다.

외관의 의미와 목적은 외관의 부재 속에 있습니다.

삶의 의미와 목적은 이미 삶 그 자체입니다.

일어날 수 있는 가장 경이로운 일은 이미 일어났습니다. 이미 존재합니다. 의식이 있고 존재가 있습니다.

가장 작은 티끌도 결국에는 의식과 존재의 현존과 동일성만을 드러 냅니다. 그보다 기적 같은 일이 과연 있을까요? 가장 경이로운 기적조차 이보다 중요한 것을 드러내지는 못할 것입니다.

오직 의식, 존재만이 있을 뿐입니다.

이것은 '나'로 알려져 있으며, 또한 행복, 사랑, 평온, 아름다움, 이해로도 알려져 있습니다.

그보다 더한 의미와 목적이 어찌 있을 수 있을까요?

스스로를 찾아다니는 사랑

|Q| 영적 찾기의 가치와 기능은 무엇인가요?

몸 수준에서 찾기의 목적은 행복을 일으키는 것이고, 마음 수준에서는 이해를 일으키는 것입니다.

그래서 행복과 이해는 이미 존재하며, 찾기를 통해 이들을 일으킬 수 있다는 느낌과 신념이 찾기 속에 있습니다.

즉, 행복과 이해는 어떤 활동의 결과로 언젠가 도달할 수 있는 간헐적인 상태로 해석되며, 은연중에 잃어버릴 수도 있는 상태로 해석됩니다.

욕망이 충족되면 행복이 경험됩니다.

질문에 답할 때 이해가 드러납니다.

우리는 욕망의 충족이 행복을 만들었고, 질문에 답하는 것이 이해를 일으켰다고 추정합니다.

사물의 투명성

그러나 근원적이고 항상 존재하는 행복을 드러내는 것은 욕망의 충족이 아니라 욕망의 끝입니다. 그리고 마음 활동의 배후에 있는 이해를 드러내는 것은 질문에 대한 답이 아니라 질문의 녹아내림입니다.

몸 수준에서의 욕망, 마음 수준에서의 찾기는 대부분 동요라는 형태를 띱니다. 이들은 결핍감, 즉 무언가가 옳지 않다는 감각, 무언가를 얻거나 무언가가 알려져야 한다는 감각이 변조된 것입니다.

이 동요가 의식 속에서 하는 활동이고 의식을 표현합니다. 모든 것, 말 그대로 모든 것이 의식 속에서 일어나고 의식을 표현합니다.

이 동요는 의식이 자신을 색칠하는 활동으로 묘사될 수 있습니다. 이러한 활동으로 의식은 자신을 자신으로부터 가리는 것처럼 보입니다.

그 결과는 무언가가 빠져 있다는 사유와 느낌입니다. 마치 의식이 "나는 존재하지 않아. 나는 나 자신을 경험하고 있지 않아. 나는 나 자신을 몰라"라고 자신에게 말하는 것과 같습니다.

하지만 바로 이 사유가 의식 속에서 나타나고 있으며, 그 자체가 의식을 표현합니다.

빠져 있다고 여겨지는 그 '무언가'가 바로 의식 그 자체입니다.

"나는 나 자신을 경험하고 있지 않아"라는 느낌을 경험하고 있는 '나'와 "나는 나 자신을 몰라"라는 사유를 생각하고 있는 '나'는 이미 일체입니다. 경험되거나 알려져 있지 않은 것처럼 보이는 일체입니다.

사실, 의식은 늘 오직 자신만을 경험하고 있지만, 자신을 자신으로부터 가리기에 자신이 존재하지 않는다고 느낍니다.

사실, 의식은 무언가가 빠져 있다는 느낌이 나타나 있는 동안에도 여전히 늘 자신을 경험하고 있습니다.

　그 느낌 자체는 여전히 의식이 자신을 아는 경험입니다.

　하지만 의식은 이를 모릅니다. 스스로 변장합니다. 자신을 가리기에 자신을 살피는 찾기가 시작됩니다.

＊ ＊ ＊

　의식은 자신이 늘 자신을 경험하고 있다는 것을 잊으며, 몸속 활동의 결과로 찾을 수 있는 행복이라는 상태와 마음속 활동의 결과로 찾을 수 있는 이해라는 상태를 투사합니다.

　행복과 이해는 의식이 아닌 다른 무언가, 대상적 자질이 있는 것, 늘 존재하지 않는 것, 찾을 수 있고 알 수 있는 것으로 해석됩니다.

　그러나 이처럼 바라면서 찾는 행복과 이해 그 자체는 단지 의식이 자신을 알면서 아는 경험일 뿐입니다. 이것이 바로 행복과 이해의 모습입니다.

　'찾기'라 일컫는 동요는 내재된 행복과 이해를 가립니다. 찾기는 그것을 만들지 않습니다.

　의식이 자신을 가리거나 잊을 때, 그것은 자신이 몸속 행복의 경험이나 마음속 이해의 경험이라고 여깁니다. 혹은 자신이 두 경험 모두라고 여깁니다. 그리고 나서 두 경험을 모두 찾기 시작합니다.

　그러나 행복은 몸속에서의 경험이 아니고, 이해는 마음속에서의 경험이 아닙니다.

행복은 의식의 또 다른 이름입니다. 의식이 욕망의 끝에서 자신을 경험할 때 자신에게 주는 특별한 이름입니다.

마찬가지로 이해는 의식의 또 다른 이름입니다. 의식이 사유의 끝에서 자신을 경험할 때 자신에게 주는 특별한 이름입니다.

행복과 이해 모두 의식 그 자체로서 이미 존재합니다. 이들은 찾기의 결과가 아니라 찾기보다 앞서 있습니다.

찾기는 단지 의식이 자신을 찾기 시작할 때 취하는 이름과 형태일 뿐이지요.

행복과 이해는 그 찾기의 끝에서 의식이 자신을 인식하는 경험입니다.

의식은 잊고, 찾고, 알게 되는 외관적 과정에서조차 결코 어디로 가지도, 자신이 아닌 것이 되지도 않습니다.

결코 현존을 잃을 수도, 찾을 수도 없습니다. 그것은 항상 존재합니다.

잊고, 찾고, 알게 되는 활동은 모두 동등하게 의식 자신의 존재 방식이며, 그 속에서 그것은 이름과 형태가 변화하는 자신을 늘 경험하고 있을 뿐입니다.

* * *

우리는 어떤 대상에 행복이나 평온을 만들 수 있는 능력을 부여한 다음 그 대상을 추구합니다. 바라던 그 대상을 얻고 나서 잠시나마 행복을 느낍니다. 그러고 나서 행복을 가져온 것이 바로 그 대상이었다고 잘못 가정합니다.

그러나 대상을 획득한 것은 욕망의 충족이 아니라 욕망의 끝에 이르게 했습니다. 진정한 욕망은 대상이 아니라 행복을 바랐습니다. 대상은 행복이 아니라 욕망의 끝에 이르게 합니다

욕망의 끝은 마음의 동요가 끝나는 것입니다. 자신 속에 있는 행복과 평온이 존재하지 않는다고 생각하고 느끼고는 결국 '다른 곳'에서 행복과 평온을 찾는 의식이 바로 이 동요입니다.

동요가 그치면 찾기가 끝납니다.

의식은 더 이상 "나는 존재하지 않기에 다른 어딘가에서 나 자신을 찾아야 한다"라는 사유와 느낌을 투사하지 않습니다. 그것은 이 투사를 거둬들이면서 결국 자신을 있는 그대로 경험하고, 자신을 음미하고, 자신을 힐끗 봅니다.

이 투사를 거둬들이면서, 우리의 갈망은 그것의 원천으로 돌아가게 됩니다.

행복과 평온은 이미 갈망 속에 존재하지만, 대상을 찾으려는 갈망에 가려져 있습니다. 갈망이 자신의 대상성에서 벗어나는 순간, 갈망은 행복과 평온 그 자체로서 드러납니다.

물론 의식은 늘 오직 자신일 뿐입니다. 그것은 자신을 결코 떠나지 않습니다. 그것이 어찌 어딘가로 갈 수 있을까요? 그것은 단지 욕망으로, "내가 행복해지려면 다른 무언가가 필요해"라는 사유와 느낌으로 자신을 가렸을 뿐입니다.

행복은 의식이 겪는 경험이 아닙니다. 행복은 의식의 모습입니다. 그래서 기쁨에는 원인이 없다고 하는 것입니다.

의식이 욕망(혹은 두려움)을 통해 자신에게서 도망가는 것을 멈출 때마다, 의식은 자신을 이 행복 혹은 평온으로 경험합니다. 이것이 행복을 바라는 욕망이 보편적인 이유입니다. 행복은 우리 각자인 의식 속에 있습니다.

의식이 자신을 알면서 아는 느낌이 바로 행복입니다.

내재된 행복을 드러내는 것은 욕망의 충족이 아니라 욕망의 끝이라는 것을 명확히 알게 된다면, 우리는 우리를 행복하게 해줄 대상을 더이상 찾지 않습니다. 우리는 행복을 표현해줄 대상을 바랄 수 있지만, 이 행복은 대상에 의존하지 않습니다.

* * *

행복에는 원인이 있을 수 없습니다. 오직 불행에만 원인이 있을 수 있습니다. 사실, 불행에는 늘 원인이 있으며, 그 원인은 늘 대상입니다. '불행'이라는 용어조차 그 속에는, 불행은 어떤 식으로든 행복을 가리고 있으며, 행복은 불행 속에 있다는 앎이 담겨 있습니다. 우리는 결코 불행하지 않음과 행복이 동일하다고 생각하지 않습니다.

행복은 불행의 반대가 아닙니다. 행복은 마음과 몸의 모든 행복한 상태와 불행한 상태의 배후에, 그 속에 존재합니다.

행복은 상대적이지 않습니다. 하늘이 오고 가지 않듯 행복은 오고 가지 않습니다. 행복이 나타나고 사라지는 것처럼 보인다는 사실은 상대적 수준에서는 분명히 참입니다. 마치 하늘이 나타나고 사라지는 것처럼 보이듯이 말입니다. 하지만 그렇다고 해서 그것이 절대적으로 참인 것은 아닙니다.

아름다움과 사랑처럼 행복도 상대적이지 않고 절대적입니다. 이들은 모두 의식 속에 있기에 변하지도, 사라지지도 않습니다. 이들은 의식이 자신을 알면서 아는 경험입니다.

사유가 끝나면서 마음이 녹아내리면 의식은 자신을 인식합니다. 이 인식을 일컬어 이해라 합니다.

몸에서의 감각이 끝나면서 몸이 녹아내리면 의식은 자신을 인식합니다. 이 인식을 일컬어 행복 혹은 사랑이라 합니다.

지각이 끝나면서 세상이 녹아내리면 의식은 자신을 인식합니다. 이 인식을 일컬어 아름다움이라 합니다.

이해, 행복, 사랑, 아름다움이라는 단어는 모두 의식과 동의어이며 '나'와 동의어입니다. 이들은 대상을 가리키지 않습니다.

평온은 마음을 넘어서고, 기쁨에는 원인이 없으며, 아름다움에는 형태가 없고, 사랑은 무조건적이고, 이해는 어떠한 대상도 알지 않습니다.

평온, 기쁨, 아름다움, 사랑, 이해가 있으며, 이들은 모두 현존의 투명하고, 빛나며, 비어 있는 알고 있음empty Knowingness이라는 경험입니다.

이들은 모두 어떠한 반대편도 없고, 어떠한 반대편도 알지 않는 하나의 사물입니다. 무조건적입니다.

모든 불행한 상태는 단지 이 의식이 자신을 잊는 것일 뿐입니다.

의식이 자신을 인식하지 못할 때, 보다 정확히 말하자면 의식이 이미 직접적으로 자신을 알고 있지 않다는 신념과 느낌을 품을 때, 단지 우리가 의식에게 붙이는 이름이 바로 평온, 기쁨, 아름다움, 사랑, 이해입니다.

이들은 상태로서는 상상에 불과하지만, 의식으로서는 사실입니다.

모든 것은 결국 이 무조건적인 사랑으로부터 비롯됩니다.

열려 있음, 민감함, 나약함, 얻을 수 있음

|Q| 솔직히 말하자면, 나는 내 고통을 없애고 싶습니다.

고통*을 일으키는 궁극적인 원인은 우리의 진정한 본성에 대한 무지입니다. 즉, 이는 우리의 진정한 본성에 무지한 것이며, 의식에 무지한 것입니다.

우리는 사실적이지 않은 것을 사실로, 사실인 것을 사실적이지 않은 것으로 받아들입니다.

모든 대상적 경험, 즉 마음, 몸, 세상은 생각하며 상상하고 감각하는 것과 보고, 듣고, 만지고, 음미하고, 냄새를 맡는 것으로 이루어져 있습니다.

---

* 여기서 다루는 것은 육체적 통증이 아니라 심리적 고통입니다.

사물의 투명성

이들을 모두 제거한다면 우리가 겪는 모든 고통을 포함해 우리의 온 대상적 경험에 무슨 일이 일어나나요? 그것은 사라집니다.

깊은 잠에서 고통은 어디에 있나요? 고통은 존재하지 않습니다.

그리고 우리가 어느 순간이든 우리의 경험을 깊이 들여다본다면, 거기에서 고통도 '현존하지 않음'으로 알게 됩니다. 사실, 깊은 잠과 현재 순간은 공통점이 많으며, 과거와 미래는 꿈의 상태와 공통점이 많습니다.

분명 고통이 현존하려면 개별적인 개체의 현존이 필요합니다. 그러나 그 개별적인 개체 자체는 현존하지 않으며 상상에 불과합니다. 그렇다면 우리는 개별적인 실체의 고통에 대해 무엇을 말할까요? 물론 고통은 강렬한 환영이지만, 중심으로 삼는 개체만큼 진정하지는 않습니다.

실제로 고통이 일어나는 동안 고통의 경험을 깊이 들여다보면, 우리는 고통이 중심으로 삼는 그것이 존재하지 않음을 알게 됩니다. 그것은 사유 혹은 감각으로 존재하지만 실체 그 자체는 존재하지 않습니다.

* * *

대상적 경험으로 돌아가봅시다. 생각하기, 상상하기, 감각하기, 보기, 듣기, 만지기, 음미하기, 냄새 맡기는 무엇으로 이루어져 있나요? 이들은 알기 혹은 경험하기로 이루어져 있습니다.

그리고 알기 혹은 경험하기를 이들로부터 제거한다면 무슨 일이 일어나나요? 이들은 사라질 것입니다.

알기 혹은 경험하기는 이들 모두에게 공통적인 성분이며, 이것 없이 이들은 존재하지 못합니다.

생각하기, 상상하기, 감각하기, 보기, 듣기, 만지기, 음미하기, 냄새 맡기는 알기 혹은 경험하기가 띠는 특정한 형태입니다.

그리고 알기 혹은 경험하기는 무엇으로 이루어져 있나요?

의식하는 것, 알고 경험하는 것으로 이루어져 있습니다. 즉, 의식으로 이루어져 있으며, 이 의식은 우리의 가장 내밀한 자아입니다.

만약 우리가 의식을 제거하려 한다면 무슨 일이 일어날까요? 그렇게 할 수 없습니다. 우리는 의식보다 더 멀리 우리의 경험을 거슬러 올라갈 수 없습니다.

우리가 이러한 추론 과정을 지적으로 따랐고 실제 경험 속에서도 따랐다면, 깨닫든 깨닫지 못하든, 같은 맥락으로 우리는 모든 대상적 경험의 진정한 실체가 의식 그 자체임을 인정한 것입니다.

우리는 알려진 것이 알기로 이루어져 있으며, 그 알기는 의식으로 이루어져 있다는 것을 인정했습니다.

당신, 나, 우리, 의식은 모든 사물의 실재입니다. 이것이 우리가 매 순간 겪는 경험입니다. 단지 지적인 생각이 아니라 우리의 살아 있는, 내밀한, 직접적인 경험입니다.

모든 경험 속에서 사실인 것처럼 보이는 것은 우리 자아의 바닷속에서 일어나는 파문입니다. 마음 재료, 생각하기, 감각하기, 지각하기로 이루어져 있으며, 꿈을 이루는 마음 재료가 사라지는 방식과 동일하게 사라집니다.

사물의 투명성

하지만 그 마음 재료의 실체는 바로 우리의 자아, 즉 의식입니다. 대상적 경험의 관점에서 그것은 사실적이지 않고 현존하지 않는 것처럼 보이지만, 사실은 바로 그 정수인 그 경험의 실재라는 것이 밝혀집니다.

유일한 문제점은 우리가 사실적이지 않은 것을 사실로, 사실인 것을 사실적이지 않은 것으로 받아들인다는 것입니다.

심지어 이조차도 문제가 되지 않습니다. 바로 그 외관, 그 외관적인 문제 자체가 우리의 자아, 의식의 항상 존재하고 변함없는 실재로 이루어져 있기 때문입니다.

* * *

|Q| 나는 이를 이론적으로는 이해합니다. 하지만….

이론적 이해는 오직 대상과의 관계에서만 가능합니다. 우리가 대상을 생각할 때 마음은 그 대상의 이미지 혹은 개념을 형성하지만, 결코 실제로 그 대상 자체와 접촉하지는 않기 때문입니다.

마음은 자신만의 기호, 즉 이미지와 개념으로 외관적 대상의 표현을 형성합니다.

그러나 의식에 대한 사유는 다릅니다. 마음은 대상적 특성이 없는 것을 표현할 수 없습니다. 그래서 마음이 의식으로 향해서 갈 때, 마음은 무너져내립니다. 마음은 단지 그곳에 갈 수 없을 뿐입니다.

3차원인 대상이 어찌 2차원인 평면에 들어갈 수 있을까요? 2차원인

평면이 어찌 1차원인 점에 들어갈 수 있을까요? 또 마음의 1차원인 대상이 어찌 의식의 0차원인 공간에 들어갈 수 있을까요?

마음이 의식을 '보거나' '이해하려' 하면서 마음은 무너져내립니다. 이는 바로 그 찾기라는 활동에 가려져 있던 항상 존재하는 의식을 드러냅니다.

이는 찾기의 타당성을 부정하지 않습니다. 오히려 그것을 입증합니다!

찾기가 자신의 원천으로 완전히 돌아가는 한, 찾기가 가진 가치란 자신을 한계에 이르게 해 그곳에서 녹아내린다는 것입니다. 그것이 녹아내리는 곳이 바로 그것이 찾던 것입니다.

생각하기는 생각하기를 없앨 수 없지만, 생각하기의 한계에 이를 수는 있습니다. 찾기는 찾기를 없앨 수 없지만, 찾기의 끝에 이를 수는 있습니다.

찾기가 부정되거나 좌절되지 않고 알아서 완전히 진행되도록 둔다면, 찾기는 자신의 자연스러운 한계에 이르게 될 것입니다. 하지만 물이 각설탕을 녹이듯이, 찾는 사유를 녹이는 것은 바로 의식입니다.

찾기는 알아서 진행되도록 둬야 합니다. 생각하기의 좌절이 아닌 생각하기의 녹아내림 속에서 의식이 드러나고, 의식이 자신을 음미하기 때문입니다.

찾기는 자신이 찾는 것을 결코 찾지 못합니다. 그 속에서 녹아내립니다.

마음의 관점에서 본다면, 현존이 드러나도록 하는 것은 찾기의 충족이 아니라 찾기의 끝입니다.

실재의 관점에서 본다면, 찾기의 끝에 이르게 하는 것은 바로 의식이 자신을 인식하는 이 경험입니다.

하지만 이것이 찾기를 멈추면 받는 혜택이라고 받아들여서는 안 됩니다. 오히려 찾기를 알아서 진행되도록 두고, 찾기는 자신의 한계를 완전히 탐사해야 한다고 받아들여야 합니다.

그래야만 마음은 이해 속에서 자연스럽게 끝나게 될 것입니다. 이해 자체가 의식이 자신을 알면서 아는 경험입니다.

이는 마음의 타당성이 부정되어 마음이 좌절되거나, 마음의 자연스러운 호기심이 노력으로 단련되는 상황과는 매우 다릅니다. 결코 그러한 마음은 진정 끝에 이르지 못합니다. 그것은 평온하지 않습니다. 그것은 억압되어 있습니다.

그러한 마음은 단지 신념을 형성할 뿐이며, 그렇게 자신을 영속화합니다. 마음은 그 신념에 머무르고, 그 위에서 잠이 들고, 자신을 마취하고, 자신이 끝에 이르렀다고 생각하며 자신을 속입니다. 이것은 이해가 아닙니다. 관성입니다.

경험의 본성을 탐사하는 과정이란 마음이 진정 자신의 한계에 이르게 되는 과정입니다.

마음은 이해를 알게 되지 않습니다. 그 속에서 죽습니다.

* * *

|Q| 하지만 어떻게 이러한 비대상적인 이해를 우리의 현실적인 대상적

삶에 적용할 수 있을까요?

우리는 그것을 적용하려 하지 않습니다. 우리는 단지 이 이해가 우리 삶에서 자연스럽게 자신을 표현하도록 둡니다.

우리는 지금껏 우리 삶에 무지를 적용해 왔나요? 아닙니다! 단지 외관을 실재로 오해했을 뿐이며, 그 태도는 저절로 우리의 이후 경험을 매우 효율적으로 조건화했습니다. 그것을 적용하려고 특별히 애를 쓸 필요가 없었습니다.

무지를 효과적으로 만들기 위해 우리가 무지를 우리 삶에 적용할 필요는 없습니다. 무지는 스스로 매우 잘 작동합니다.

이해도 이와 비슷합니다.

여기에서 나온 말들을 나름대로 잘 이해했다면, 우리는 단지 그 이해가 자신을 자연스럽게 표현하도록 둘 뿐입니다. 그것은 우리의 기존 이해가 애쓰지 않고 우리의 삶을 조건화했던 방식과 동일하게 우리의 삶을 조건화할 것입니다.

어두운 방에 들어가면 처음에는 아무것도 보이지 않습니다. 모양은 서서히 나타나기 시작하며, 결국 우리는 매우 명확하게 보게 됩니다. 이를 촉진하기 위해 무언가를 할 필요는 없습니다. 그저 자연스럽게 일어납니다.

마찬가지로 무언가를 아는 것이 아닌 알고 있음 그 자체인 이해는 알려져 있지 않은 방향에서 와서는 우리 삶의 모든 측면에 스며듭니다. 자연스럽게 일어납니다.

사물의 투명성

바깥에서 보면 많은 변화가 있을 수도 있고 없을 수도 있습니다. 이것은 중요하지 않습니다. 그런데 안쪽에서 보면 평온, 자유, 행복, 사랑이 점점 더 많아집니다. 오래된 습관은 여전히 나타나지만, 오해하고 있는 생각은 더 이상 그러한 습관을 북돋지 않습니다. 오래된 습관은 점점 더 드물게 나타납니다.

이 변화는 서서히 혹은 급격하게 나타납니다. 이는 중요하지 않습니다. 누가 신경 쓸까요? 신경 쓰는 이는 현존하지 않습니다. 이러한 습관 중 일부는 영원히 남아 있을 수 있습니다. 그래서 어떻다는 거죠? 우리 모두에게는 몸과 마음 수준에서 조건화된 성격이 있습니다.

아드바이타, 비이원성은 우리 각자의 성격 속에 있는 모든 개인적인 요소를 단조롭게 가리지 않습니다. 사실, 오히려 그 반대입니다.

'개인'이란 구분되지 않음을 의미합니다. 개성이란 각 몸/마음이 표현하는 구분되지 않는 전체를 나타내는 고유한 표현입니다. 우리가 무지라는 구속복을 벗을 때, 즉 우리 자아에 무지하기를 멈출 때, 개성은 줄어들기보다 오히려 번성하는 경향이 있습니다.

이와 비슷하게 비이원성은 느낌에 대한 면역이 아닙니다. 사실, 그 반대입니다. 완전한 열려 있음, 민감함, 연약성, 여유 있음입니다.

실제로 고통은 감정 그 자체라기보다는 느낌에 대한 우리의 저항입니다.

그래서 우리는 이 이해를 사용하려 하지 않습니다. 그 이해가 우리를 사용하도록 둡니다. 우리의 삶을 형성하도록 둡니다. 또 다른 구속복을 입히고 어떻게 작동해야 하는지 지시하지 않습니다.

의식이란 절대적인 자유입니다. 우리는 이 자유가 원하는 대로, 원하는 방식으로, 원하는 곳에서, 원하는 때에 자신을 표현하도록 둡니다.

어떤 몸/마음에서는 이 자유가 조용하고 민감한 특성이라는 모양을 띨 수 있지만, 어떤 몸/마음에서는 이것이 거칠고 원기 왕성한 방식으로 자신을 표현할 수도 있습니다.

우리는 외관에 현혹되어서는 안 됩니다. 이해의 특징은 바로 내적 자유의 태도를 가지고 있다는 것이며, 이 내적 자유의 태도는 모든 가능한 표현과 의사소통 수단을 사용합니다.

* * *

|Q| 느낌과 몸은 이러한 탐구에서 어떠한 역할을 하나요?

마음 활동 대부분은 느낌을 피하도록 설계되어 있습니다. 예컨대, 반복적이고 강박적으로 생각하는 것은 어떠한 형태이든 보통 그 표면 아래에 불편한 감정의 샘이 있다는 징후입니다.

머지않아 이러한 불편한 느낌은 마음이 세운 전략과 대응기제를 통해 퍼져나가기 시작합니다.

첫 번째로 드는 충동은 생각하기와 활동을 통해 그 느낌을 도피하는 것입니다. 이러한 방식으로 찾기의 순환은 계속해서 생성됩니다.

하지만 찾기가 이해 속에서 끝날 때마다 마음이 느낌을 도피할 수 있는 길은 하나씩 막히게 됩니다.

그 결과 불편한 느낌이 다시 떠오를 때, 우리는 부정과 회피의 가능성은 점점 더 줄어들고 있음을 알게 됩니다.

우리는 더 이상 이러한 느낌을 도피하지 않습니다. 우리에게는 그것에 맞설 용기가 있습니다. 우리는 그것을 절대 처리하지도, 다루지도 않으며, 마찬가지로 그것을 부정하지도, 회피하지도, 억압하지도 않습니다.

생각하기를 통해 느낌에서 회피하려는 충동은 여전히 나타나지만, 그 충동 자체가 또 다른 불편한 느낌에 불과하다는 것이 보입니다.

이윽고 이러한 느낌을 도피하지도, 회피하지도, 조작하지도, 덮어버리지도 못한다는 깊은 확신이 나타납니다. 그것을 그렇게 할 필요도 없습니다. 그리고 이 확신과 함께 그것에 맞설 용기가 생깁니다.

우리는 단지 그것을 그대로 둘 뿐입니다.

의식이자 우리인 열려 있음, 민감함, 나약함, 얻을 수 있음은 모든 사물을 허용합니다.

우리의 느낌에 맞설 이 용기와 열려 있음은 더욱더 깊은 층에 있는 느낌이 나타나도록 초대합니다.

이는 영적인 길이 처음부터 늘 평온하게 보이지는 않는 이유입니다. 불편과 동요의 수준은 외관상 자주 증가하곤 합니다.

그러나 이는 실제로 일어나고 있는 일을 잘못 해석한 것입니다. 생성되고 있는 것은 불편과 불안이라는 새로운 층이 아닙니다. 드러나고 있는 것은 바로 느낌의 오래된 습관입니다.

처음에는 이러한 느낌이 우리의 주의를 차지합니다. 그것은 강박적인 것처럼 보입니다. 하지만 그것을 회피하려는 충동이 점점 줄어들면서,

찬성이나 반대를 의논하지 않고 그것을 그대로 두는 '맞이하는 공간'이 점점 더 주목받게 됩니다.

한때 뒷배경에 있거나 혹은 심지어 강박적인 느낌에 가려져 있는 것처럼 보였던 우리 자신의 알아차림이라는 '맞이하는 공간'이 나타나기 시작합니다. 그 결과 느낌은 물러나기 시작합니다.

사실, 느낌은 실제로 물러나지 않습니다. 기존에 느낌에 의미와 타당성을 부여했던 정신적 주석이 없어지면 그것은 점점 더 무해한 신체적 감각으로 경험됩니다.

이렇게 그것은 영향력을 잃습니다. 그것은 중화됩니다. 우리가 그것을 다뤄서가 아니라, 단지 그것이 자신의 모습으로 보이게 되었기 때문입니다.

그것을 몸에서의 감각이라고 하는 것조차 지나칩니다. 우리가 어떤 대상을 탐사하듯 그것을 탐사한다면, 그것의 바로 그 실체가 그것이 나타나 맞이하는 현존의 실체라는 것을 알게 됩니다.

그것에는 분리하는 힘이 없습니다. 그것 속에는 고통이 없습니다.

이러한 감각은 물병에 떨어진 우유 방울과 같습니다. 이 감각은 우리의 자아라는 바다를 통해 물결이 퍼지는 흐름과 같습니다.

시간과 기억

|Q| 흔히들 시간을 환영이라 하지만, 내 삶을 돌아보면 기억은 시간의
현존을 입증하는 것 같습니다.

기억은 시간을 입증하는 것 같습니다. 하지만 우리가 기억을 자세히
들여다본다면, 우리는 기억이 사실 의식의 시간 없는 변함없음을 입증
한다는 것을 알게 됩니다.

기억은 시간이라는 외관을 창조합니다. 그 시간 속에서 대상은 서
로 독립적으로 존재하고, 그 시간을 거치며 대상은 진화한다고 여겨집
니다.

그러나 우리는 '현재 순간' 뒤로 무한히 뻗어 있는 과거를 경험한 적
이 없습니다. 그리고 우리는 미래로 영원히 굴러가는 '현재 순간'을 경
험한 적도 없습니다.

시간은 우리 삶에서 일어나는 모든 사건을 담는 그릇과 같다는 생각은 사실 마음속에서 의식을 시간적으로 표현한 것입니다.

마찬가지로, 공간은 세상 속 모든 대상을 담는 그릇과 같다는 생각은 마음속에서 의식을 공간적으로 표현한 것입니다.

사건은 시간 속에서 나타나지 않으며, 대상은 공간 속에서 나타나지 않습니다. 이들 모두 의식 속에서 나타납니다.

의식 속 외관에 불과한 어떤 대상이 존재할 때, 그 대상에 대한 이후의 회상은 분명 아직 존재하지 않습니다. 그것은 현존하지 않습니다. 마찬가지로 의식 속 사유에 불과한 회상이 일어날 때, 원래의 대상은 더 이상 존재하지 않습니다. 그것은 현존하지 않습니다.

즉, 두 대상은 의식 속에서 동시에 나타날 수 없습니다. 하나가 존재하면 다른 하나는 존재하지 않으며, 그 반대도 마찬가지입니다.

그렇다면 현존하지 않는 대상을 어찌 기억할 수 있을까요? 그럴 수 없습니다. 결코 대상을 기억할 수 없습니다.

두 번째 사유인 회상과 첫 번째 사유인 대상을 외관상 연결하는 것은 사실 세 번째 사유입니다. 그 세 번째 사유가 존재할 때 대상도, 대상에 대한 회상도 존재하지 않습니다. 따라서 이 세 번째 사유는 경험과 관련없는 개념입니다.

시간과 기억은 그 세 번째 사유로 외관상 창조되지만, 세 번째 사유 없이는 현존하지 않습니다.

동시에 우리는 첫 번째 대상이라는 경험이 어떤 식으로든 기억의 형태로 여전히 존재하고, 그 경험이 완전히 사라지지 않았다고 깊이 확신합니다. 맞습니다! 그때 진정으로 존재하던 것은 지금도 진정으로 존재합니다. 그것은 의식입니다! 대상은 자신의 외관적 실재, 외관적 연속성을 의식으로부터 빌립니다.

아무것도 사라지지 않았습니다. 그때 대상이라는 모양을 띠던 것이 지금은 대상에 대한 '회상'이라는 모양을 띠고 있습니다.

그러나 이러한 이해로 '그때'라는 생각은 무너져내리고, '지금'이라는 생각도 함께 무너져내립니다. 두 생각은 서로에게 의존하기 때문입니다.

따라서 그러한 시간과 기억은 결코 경험되지 않습니다. 기억이 입증하는 것처럼 보이는 대상의 외관적인 연속성은 사실 의식의 연속성입니다.

그것은 항상 존재하는 지금입니다.

* * *

기능이 일어날 때 컴퓨터 화면에 나타나는 회전하는 원은 빙글빙글 돌아가는 하나의 점으로 이루어져 있는 것처럼 보입니다.

사실, 원은 무수한 개개의 점들로 이루어져 있습니다. 개개의 점은 연속적으로 빠르게 나타났다 사라집니다.

이렇게 단일한 점이 빙글빙글 움직인다는 환영이 창조됩니다. 우리가 이러한 사실을 안다고 해도, 이 환영은 여전히 매우 설득력 있습니다.

무수한 간헐적인 외관은 단일한 점이라는 외관을 창조합니다. 점들은 서로 관련이 없습니다. 이들은 오직 화면, 배경과만 관련이 있습니다. 이들의 유일한 공통점은 바로 화면이라는 배경입니다.

각 점이 나타나면서 비치는 것은 바로 점들 뒤에 있으며, 점들 속에 있는 화면입니다.

움직이는 점이라는 외관적인 연속이 가리키는 것은 화면의 영속성입니다. 사실, 움직이는 점은 없습니다.

마찬가지로 시간 속 연속성은 사실 의식이 항상 존재하는 것입니다.

기억이 가리키는 것과 외관에 외관적 연속성을 부여하는 것은 시간의 연속성이 아니라 의식의 항상 존재하는 배경입니다.

개별적인 자아는 그러한 하나의 점이고, 의식의 현존으로 외관적 연속성을 부여받습니다. 아인슈타인이 말했듯, "개별적인 자아는 의식 속에서의 시각적 착각입니다."

'나'라는 감각이 빛나는 연속성은 현존이 항상 존재하는 것ever-present 입니다.

* * *

우리는 이 항상 존재함을 대상, 몸/마음에 잘못 부여합니다.

기독교 전통에서는 이러한 실수를 일컬어 '원죄'라 합니다. 이것은 시간 속에서 존재하는 개별적인 개체의 이야기가 탄생하게 되는 근원적인 실수입니다. 모든 심리적 고통은 이 근원적인 실수에 의존합니다.

시간을 초월하는 현존은 시간 속에서 존재하는 대상이 되는 것처럼 보입니다.

사물의 투명성

항상 존재하는 것은 시간 속 연속성과 공간 속 영속성이 되는 것처럼 보입니다.

영원한 지금은 자신을 움츠려 시공간의 무한한 확장 속으로 들어갑니다.

하지만 그렇게 하면서도, 이 영원한 지금은 그대로 있는 것을 결코 멈추지 않습니다.

* * *

|Q| 대상 없는 경험을 하는 것이 과연 가능할까요?

이 질문에 답하기는 어렵습니다. 질문 그 자체에 우리가 대상을 경험한다는 암묵적인 가정이 있기 때문입니다. 물론 대상의 외관은 있으나, 사실 경험은 늘 대상이 없습니다.

경험적 증거가 없는 대상과 출발해 그곳에서 의식으로 돌아가려고 하는 대신, 경험의 절대적 사실인 의식과 출발해 그곳에서 대상으로 가려고 해보세요. 그것은 불가능합니다!

그래서 우리는 단지 우리 경험의 사실에 머무르면서 경험의 본성에 대한 우리의 뿌리 깊은 확신과 확실성이 이 초연한 관조 속에서 풀어지도록 둘 뿐입니다. 그 결과, 세상은 제자리로 돌아가게 됩니다.

|Q| '자신을 경험하는 의식'은 일반적으로 비경험을 의미하나요? 만약

그렇다면, 경험이 없을 때 '경험하기'를 한다는 것은 무엇을 의미하나요?

추정컨대 경험은 대상을 암시하고, 대상이 없으면 경험도 없는 것 같습니다. 이를 인정한다면, 보통 대상과 함께하는 경험이라고 여겨지는 것을 묘사할 때 '경험'이라는 단어를 쓰게 되며, 대상과 함께하지 않는 경험을 가리킬 때 '비대상적 경험'이라는 단어를 쓰게 됩니다.

다시 말하자면, 대상이 실제 경험으로 존재한다는 확신이 있는 한 우리는 이 문제를 실제로 해결할 수 없습니다. 우리의 일반적인 관점에서 보면, 우리가 잠에 들면서 대상은 서서히 사라지며, 이윽고 깊은 잠에 이르면 어떠한 대상도 전혀 경험되지 않습니다. 그래서 우리는 보통 깊은 잠을 경험이 없는 상태로 여깁니다.

당장 우리가 잠정적으로 대상의 현존을 받아들인다고 해도, 모든 경험의 본질적인 성분은 의식 그 자체입니다. 지금 이 책과 같은 대상이 제거된다면 경험하기에 무슨 일이 일어날지 스스로에게 물어보면 이를 쉽게 확인할 수 있습니다. 아무 일도 일어나지 않습니다! 그것은 계속될 것입니다. 비록 약간 다른 특성을 가지더라도 말입니다. 하지만 의식이 제거된다면 경험하기에 무슨 일이 일어나나요? 그것은 완전히 사라질 것입니다.

따라서 대상의 경험하기라는 부분은, 만약 그러한 대상이 존재한다면, 의식에 속합니다. 대상에 속하지 않습니다. 깊은 잠, 말하자면 의식이 대상적 경험 없이 홀로 있을 때, 의식의 경험하기를 함은 완전히 늘 그대로, 순수한 경험하기로 남아 있습니다.

　대상이 외관상 현존하는 동안 존재하는 경험하기는 대상이 부재하는 동안 존재하는 경험하기와 다름없습니다. 그것은 단지 각각 대상적 경험과 비대상적 경험으로 불릴 뿐입니다. 이는 개별적이고 독립적인 대상의 현존을 떠올리는 마음을 위해 양보한 것입니다.

　의식이란 곧 경험한다는 것Experiencingness입니다. 의식은 늘 존재하기에 경험하기도 늘 존재합니다. 어찌 이 경험하기가 자신을 언제나 경험하지 않을 수 있을까요?

달빛과도 같은

의식은 "나는 마음이다" 혹은 "나는 몸이다"와 같이 우리 경험의 진정한 본성을 표현하지 않는 것처럼 보이는 사유와 느낌에서조차 존재합니다.

이러한 사유와 느낌에 스며드는 동일감인 이 '아이엠I am'이라는 부분이 바로 의식의 현존입니다. 이 '아이엠I am'을 몸과 마음과 무심코 연관 지을 때만 우리가 개별적이고 한정적인 개체라는 신념과 느낌을 초래합니다.

의식은 우리가 아는 가장 내밀한 것입니다. 우리가 관계 속에서 찾고 사랑하는 내밀성이 바로 우리 자신의 자아의 내밀성입니다.

의식은 자신이 무엇과 동일시되든 상관없이 '나'라는 감각으로서 빛납니다.

의식이 마음이나 몸에 한정적인 것처럼 보인다는 사실이 의식이 한정적이라는 것을 의미하지는 않습니다. 이는 우리가 의식을 그렇게 경험하는 것처럼 보인다는 것을 의미합니다. 의식은 그렇게 자신을 경험하는 것처럼 보입니다.

우리, 즉 의식은 우리 자아를 한정적이라고 경험하는 것처럼 보이며, 우리는 이러한 외관적 한계로 일어나는 필연적인 결과를 즐기고 감내합니다. 그러나 의식은 실제로 이렇게 한정되지 않고, 다른 어떠한 사유나 느낌으로도 한정되지 않습니다.

달이 자신만의 빛으로 빛나는 것처럼 보이더라도, 이 외관은 달을 빛내는 것이 태양빛이라는 사실을 바꾸지 않습니다.

* * *

세상의 모든 외관에서, 현존은 외관의 특성과 독립적으로 존재합니다.

모든 대상의 현존은 존재의 현존입니다. 이는 마치 우리 자신에 대한 어떠한 사유든 느낌이든 간에 그 속에 있는 동일감이 의식의 현존인 것과 같습니다.

현존 혹은 존재가 세상에 그러하듯이, 의식은 나 자신에게 그러합니다.

어떠한 사유든 느낌이든, 그 속에 있는 '나'라는 감각은 단순히 의식하지 않습니다. 그것은 존재합니다. 그것은 의식인 동시에 존재입니다.

'나'는 의식입니다. '엠am'은 존재입니다. '아이엠I am'이라는 경험은 우리가 아는 가장 내밀하고 친숙한 경험입니다. 그것은 의식과 존재가 일체라는 경험입니다.

달빛과도 같은

이 일체가 자신을 몸과 세상으로 나눌 때, 일체는 자신을 자신으로부터 가립니다.

 마찬가지로 모든 대상은 의식 속에 나타나며, 대상의 현존은 의식의 현존과 분리될 수 없습니다.

 따라서 어떠한 대상을 경험하든 우리는 그 속에서 의식과 존재의 일체를 경험합니다.

 그래서 우리가 우리 자신에서 출발하든, 세상에서 출발하든, 우리는 의식과 존재의 일체로 되돌아오게 됩니다.

 신비주의자는 자아의 본성을 파고드는 탐구에서 출발하는 경향이 있습니다. 예술가는 세상을 파고드는 탐구에서 출발하는 경향이 있습니다. 하지만 둘 다 결국, 의식은 세상의 근본적인 실재이고, 의식과 존재는 하나라는 동일한 결론에 이르게 됩니다.

자연스러운 상태

의식은 모든 사물과 자연스럽게 하나입니다. 경험의 총체와 하나입니다.

하지만 이따금 의식은 자신을 수축시키고, 자신을 움츠려 몸속으로 들어갑니다. 이러한 자기 수축에는 지속적인 유지 관리가 필요합니다.

이를 관리하지 않으면 자기 수축은 서서히 풀어지고, 의식은 자신의 자연스러운 상태로 돌아갑니다.

의식이 외관적이고 개별적인 개체로서 자신의 자기 수축을 관리하는 주된 두 방법이 바로 욕망하기와 두려워하기입니다.

욕망이 충족되는 순간 욕망은 끝납니다. 욕망의 끝으로 자기 수축을 관리하는 것이 끝나며, 그 결과 의식은 자신에게 돌아갑니다. 즉, 그것은 자신의 끝없는 본성을 다시 경험합니다. 이 경험을 일컬어 행복이라 합니다.

사실, 의식은 자신에게 돌아가지 않습니다. 단지 자신을 인식했을 뿐입니다. 자신이 이 끝없는 열려 있음, 맞이함, 민감함이라고 다시 압니다. 더 이상 다른 것인 척하지 않습니다. 더 이상 자신을 자신으로부터 숨기지 않습니다.

의식은 자신을 움츠려 몸과 마음이라는 틀 속으로 들어가는 것에 매우 익숙해져 있습니다. 그래서 이 자기 수축에서 벗어날 때 흔히 고양감 혹은 확장감이 수반됩니다.

의식은 자신 속에서 자신으로 머무르는 것에 점점 더 익숙해집니다. 의식이 더 이상 개별적인 개체로 가장하지도, 자신을 찾으려 자신 바깥으로 나가지도 않는다면, 자신 속에서 자신으로 자연스럽게 머무르는 것은 정상적이고 평범해집니다.

사실, 한때는 매우 정상적이고 평범해 보였던 자기 수축은 이제 비정상적인 것이 되었습니다.

신성 모독은 "나는 신이다"라고 주장하는 것입니다. 그러나 개별적인 개체는 완전히 현존하지 않습니다. 그래서 그것이 신이 되는지, 혹은 그와 관련해 다른 무언가가 되는지 묻는 질문은 없습니다.

진정한 신성 모독은 "나는 개별적인 개체다"라고 생각하는 것입니다. 그 사유로 의식은 자신의 끝없고 보편적인 주권을 부정합니다. 의식은 자신의 자유를 포기합니다. 그렇게 하는 것도 의식의 자유입니다!

* * *

사물의 투명성

이 자유로 의식은 생각하고, 상상하고, 감각하고, 지각하는 기능을 통해 마음, 몸, 세상을 투사합니다.

자연스러운 상태에서 이 투사는 의식 속에서 일어나는 것으로 알려지고 느껴집니다. 이 투사의 모든 부분은 의식의 표현으로서, 의식 그 자체로서 동등하게 알려지고 느껴집니다.

하지만 이따금 의식은 경험의 총체를 두 진영으로 나눕니다. '나 아님' 진영의 일부분인 모든 것을 일컬어 '세상'이라 합니다. '나' 진영의 일부분인 모든 것을 일컬어 '몸/마음'이라 합니다.

의식은 "나는 이것이 아니다"라는 사유와 느낌과 함께하며 세상을 자신 바깥에 투사합니다. 그리고 의식은 "나는 이것이다"라는 사유와 느낌과 함께하는 동시에 자신을 그 사유와 느낌과 동일시합니다. 의식은 그렇게 자신을 몸/마음에 한정합니다.

매일 아침 몸, 마음, 세상을 투사하고 매일 밤 그 투사를 거둬들이는 이러한 순환은 낮 동안에도 여러 차례 일어납니다. 심지어 의식이 자신의 끝없는 자유를 인식하게 되어도 이 순환은 완전히 동일한 방식으로 계속됩니다.

중단되는 것은 의식이 자신을 투사의 한 부분과 동일시하고는 자신을 다른 부분과 분리하는 습관입니다. "나는 내 투사의 이 부분이지만, 저 부분은 아니야", "나는 몸이지만 세상은 아니야"라는 사유와 느낌이 중단됩니다.

의식은 자신의 일대기가 있는 개별적인 개체라는 이미지를 계속 투사할 수도 있지만, 더 이상 자신을 이 투사에 한정하지 않습니다.

이따금 그것은 다시 나타날 수 있지만, 실제 경험이 입증하지 않은 오래된 습관임이 빠르게 인식됩니다. 그것은 버려집니다.

개별적인 개체를 투사하는 것에는 문제가 없습니다. 삶의 여러 측면에서 필수적입니다. 오직 문제가 되는 것은 그것과의 한정적인 동일시입니다.

의식이 이러한 투사의 전 영역이 자신 속에서 일어난다는 것을 명확히 본다면, 의식은 더 이상 그것을 '나'와 '다른 이'로 분리하지 않습니다.

의식은 자신 속에서 자신으로서 모든 사물을 봅니다.